U0951759

湛庐文化
Cheers Publishing
a mindstyle business
与思想有关

小斯坦利（本照片及之后的9张照片均来自亚历珊德拉·米尔格拉姆的私人收藏）。

犹太男孩成人礼照片，1964 年。

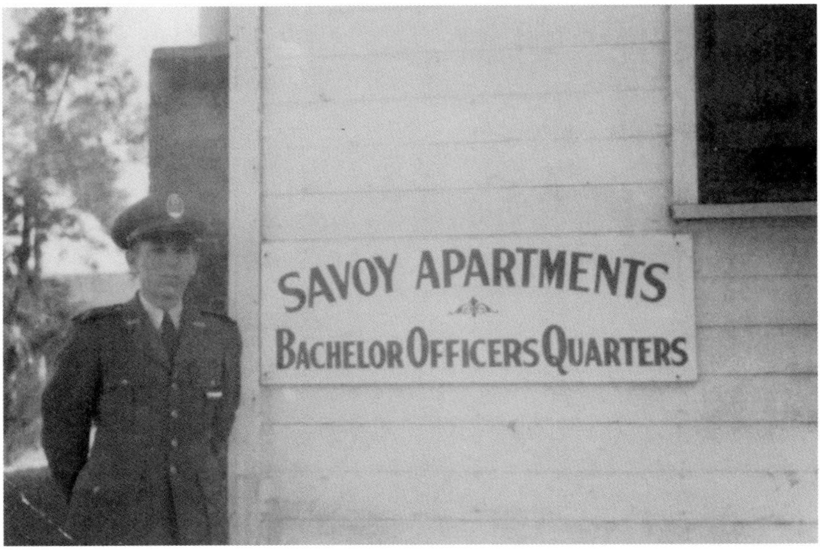

皇后大学期间，在佛罗里达州接受空军 ROTC 培训。

1953年6月10日启程去欧洲，与母亲阿黛尔和父亲塞缪尔合影。

1961年春天服从实验结束后，与萨莎在实验室中。

耶鲁服从实验中的一名被试。

在坎布里奇的家中与米歇尔在一起，1966 年 1 月 15 日。

米尔格拉姆、萨莎、米歇尔、马克在巴黎，1973 年。

在纽约城市大学研究生中心的办公室，1974 年。

20 世纪 70 年代末，与学生进行地铁研究。

这张照片拍摄于 1977 年，米尔格拉姆当时心情特别放松，身边是各种版本和译本的《服从权威的实验观点》。

电影《我如伊卡洛斯》（*I... comme Icare*）拍摄期间，米尔格拉姆、萨莎与亨利·维尼尔（Henri Verneuil）（左）和伊夫·蒙当（Yves Montand）（右）在摄影棚中。

这是米尔格拉姆（右）最后一张照片。他与同事兼朋友欧文·凯茨（Irwin katz）一起庆祝学生克里斯蒂娜·泰勒（Christina Taylor）通过博士论文答辩。照片拍摄于1984年12月20日下午4点，几个小时后，米尔格拉姆离开了人世。

THE MAN WHO SHOCKED THE WORLD

THE LIFE AND LEGACY OF STANLEY MILGRAM

好人为什么会作恶

[美] 托马斯·布拉斯（Thomas Blass）◎著
赵萍萍◎译

浙江人民出版社
ZHEJIANG PEOPLE'S PUBLISHING HOUSE

THE MAN WHO SHOCKED THE WORLD 媒体评论

本书是米尔格拉姆经过深入思考和认真整合后所做的一次科学研究，是对几乎整个近代史的一次深刻的科学隐喻，从奥斯维辛集中营一直延伸到米莱大屠杀。这种不可避免的关联中带有一种阴郁悲痛的含义。

——**《滚石》**（***Rolling Stone***）

米尔格拉姆的实验给人留下了深刻的印象，是社会心理学界最原创的实验之一……带有欺骗性和操纵性的实验手段得出了重要的结论，帮助我们进一步了解到权威的可怕力量。事实上，这种了解过程往往非常艰难且缓慢。如此重大的发现，我们不应该加以阻止。

——**《评论》**（***Commentary***）

我们只应对米尔格拉姆教授的研究予以赞赏。此外，我还要说，实验结果和分析过程的呈现方式清晰准确，非常容易理解。尽管这可能并不是学术论文的常态。

——**《分析心理学》**（***Journal of Analytical Psychology***）

这些实验非常适合以书的形式公布于众。它们引发了激烈的争论，其中还包括对米尔格拉姆个人道德层面的强烈攻击，因为他欺骗被试，有的人甚至将其称为残酷的欺骗。也许，米尔格拉姆在做这些实验的时候，也像那些被试一样，显示出的只是对“科学”权威的服从。

——《英国精神病学杂志》（*British Journal of Psychiatry*）

我们可以说实验非常冷酷，根本不应该进行；我们可以质疑，这种复杂的欺骗到底能得出多少真相……但是实验结论就摆在那里，真实地摆在那里，并且被不断地重复着。其撼动人心的意义是我们无法回避的。

——《新闻周刊》（*Newsweek*）

在本书中，米尔格拉姆教授对人类服从权威需求的研究几乎登峰造极，但有些研究结果显得松散、不够精确，这多少有些美中不足。

——《警察评论》（*Police Review*）

米尔格拉姆的作品非常之重要，不仅因为它解释了人类如何服从，也告诉了我们如何才能更好地反抗。

——《星期日泰晤士报》（*Sunday Times*）

如果发现一些不受欢迎的人类真相是“不道德的”，这些实验的确不道德。但是正如这些实验所显示出来的，道德，或者至少说是公共道德，也许还有太多我们并不了解的地方。

——《泰晤士报文学评论副刊》

（*London Times Literary Supplement*）

历史上有太多真实的先例供我们研究探索，难道这种人造的虚假手段真的能让我们获得更多的启示吗？

——**《星期日电讯报》**（***The Sunday Telegraph***）

听说第一个实验的时候，我以为那只是演示罢了，不是真正意义上的实验。这个研究缺乏一个整体的指导理论和实验意义，很多实验结论都显得模棱两可。在 20 世纪 60 年代的社会心理学研究中，欺骗和虚假盛行。令人悲哀的是，在历史的长河中，服从研究将成为这一时期社会心理学研究的代表。

——**《当代心理学》**（***Contemporary Psychology***）

我相信，《服从权威的实验观点》的出版不仅理所应当，而且确确实实为人类做出了重要的贡献。但是我也必须承认自己对米尔格拉姆研究的偏爱，我认为这个研究原创、经典、系统化，与社会有着密切联系，是社会心理学研究的经典范例。

——**《澳大利亚心理学杂志》**（***Austrilian Journal of Psychology***）

布拉斯对米尔格拉姆的研究进行了价值非凡的考量……为科学史领域做出了重要贡献。

——**《出版人周刊》**（***Publishers' Weekly***）

本书对米尔格拉姆以及他的研究和学术动机进行了详尽的描述……文笔出色，资料丰富，见解深入，视角独特，发人深思。

——**《泰晤士报高等教育副刊》**

（***The Times Higher Education Supplement***）

这是一本非常具有可读性的传记。布拉斯丝丝入扣地讨论了米尔格拉姆最重要、最具争议的研究成果，剖析了其深远的涵义，文笔犀利，富有激情。

——**《华盛顿邮报》（*Washington Post*）**

米尔格拉姆绝非只是一名普通的科学家而已，托马斯·布拉斯也绝非只是一名平凡的传记作者。这是一本非常出色的人物传记。

——**约翰·达利，《泰晤士报文学评论副刊》（*The Times Literary Supplement*）**

一本出色、有趣、详尽的传记……推荐专业读者或喜欢心理学的大众读者阅读。

——**《超心理学》（*Metapsychology*）**

……一本非常重要的书，对这位杰出科学家的一生进行了完整的回顾，引人共鸣。

——**《好书相伴》（*Curled Up With a Good Book*）**

细致深刻地阐述了米尔格拉姆的研究，尤其是服从实验……对学术界和这位天才科学家的内心世界进行了大胆探索，非常具有启迪意义。

——**《耶路撒冷邮报》（*Jerusalem Post*）**

正是因为斯坦利·米尔格拉姆的勇气，我们才得以了解一些我们不愿承认的人性事实。正是因为布拉斯这本细致入微、可读性非常高的作品，我们才能反省这扇人性的大门如何开启。

——《布法罗新闻报》(*The Buffalo News*)

最好的心理学家传记之一，强烈推荐。

——《图书馆杂志》(*Library Journal*)

在我看过的心理学家传记中，真正喜欢者寥寥。但这本书如同一颗璀璨珍宝，幽默与智慧并举，带领我们走进这位“真正电醒世界”的心理学家的生活之中。

——大学委员会AP中心(The College Board AP Central)

为了完整地呈现米尔格拉姆的一生，布拉斯做出了巨大的努力，硕果累累。本书中详尽的资料和档案绝对具有权威性。

——《人事心理学》(*Personnel Psychology*)

一本全新的、备受瞩目的米尔格拉姆传记。

——《星期日电讯报》(*Sunday Telegraph*)

这本传记成功地让整个世界的目光再次聚焦在米尔格拉姆的身上，这位科学家的研究改变了我们看待这个世界的方式。

——《行为科学书籍服务》

(*Behavioral Science Book Service*)

布拉斯生动地描绘出这位机智雄辩的科学家的肖像，令人爱不释手。无论从哪方面来说，这位骄傲的“首席歌唱家”都可算是一位天才。

——《今日心理学》（*Psychology Today*）

一本非常棒的传记，栩栩如生地呈现了这位在我记忆中不大好相处的同事。如果你是一名社会科学家，如果你研究的领域涉及实验伦理、服从，以及其他与米尔格拉姆相关的主题，这本书将给你带来启迪。

——托马斯·裴迪格鲁，《社会力量》（*Social Forces*）作者

可读性非常强的一本书，是一部生动有趣的传记，重点推荐。

——《选择》（*Choice*）

在这本书中，感动与恐惧交织更迭。

——《发现》（*Discover*）

电车上的犹太男孩

1944 年夏天，在匈牙利盟友的协助下，德国纳粹在布达佩斯开始实施抓捕犹太人的行动，并将他们押送到奥斯维辛的死亡集中营。行动总指挥就是臭名昭著的阿道夫·艾希曼。

多瑙河将布达佩斯一分为二：东部的布达和西部的佩斯。布达鲜有犹太人的影子，大多数犹太人都居住在佩斯。搜捕行动期间，一位犹太母亲和她两岁的儿子在拜访完亲戚之后，坐着电车从佩斯返回布达的家。事实上，她不久之前还住在佩斯。1939 年，德国政府为了大规模诱捕犹太人，甩出了“到东部重新安顿工作”的诱饵，数万名德国犹太人掉进了这个陷阱，而其他国家的犹太人大都未曾意识到，人间地狱即将到来。这位明智的母亲敏锐地察觉到了危险。于是，她设法弄到一份伪造的天主教身份证明，搬到了布达。

电车驶过跨越多瑙河的大桥，车轮发出有节奏的咔嗒声。忽然，男孩稚嫩的声音打破了这种节奏。他问道:“妈妈，为什么我不像其他犹太男孩一样戴帽子?”车上有很多乘客，没准还有匈牙利纳粹军队组织箭十字党徒，男孩的问题很可能带来可怕后果。母亲急中生智地对孩子说:“我们到站了。”然后抓起男孩的手就下了电车。他们下车的地方是桥的中央，距离目的地还很远。居然没有人拦截他们，这真是一个奇迹。

我就是那个拉着母亲的手站在桥上的男孩。长大之后，我的思绪常常会飘回电车上那危急一幕。时间似乎在那一刻停驻了，好让我的母亲有足够的时间做出正确反应。我也时常问自己:那一刻到底有什么特别之处?可以肯定的是，如果当时的背景是第二次世界大战之前，母亲肯定不会带着我从电车上逃下来。那么，为什么她在那一刻如此恐惧呢?

上大学之后，社会心理学拓宽了我对人类行为的看法。我逐渐意识到，从更广义的角度来说，儿时提出的那个问题可以引申出欧洲犹太人大屠杀中的一个重要心理学谜题:那些杀害了600万犹太人的纳粹德国及其盟国的刽子手，那些曾经的普通人，怎么会对他们的犹太同胞做出如此令人发指的滔天罪行?有的人虽然没有直接参与杀戮，却对身边的罪行采取了默认的态度。这里面的心理学机制是什么?

在读研究生期间，我第一次接触了斯坦利·米尔格拉姆的服从实验以及他对人类服从权威问题做出的精辟分析。服从研究是社会心理学历史上最著名的研究之一。他在发表的第一篇实验论文中，开宗明义地将他的研究与大屠杀结合起来。第二次世界大战末期至今，心理学界一直试图对大屠杀做出解释。在米尔格拉姆之前已经有很多心理学家对纳粹的滔天罪行进行了深刻的思索和研究。米尔格拉姆之所以与众不同，是因为他通过实验室实验这一科学方法解释了犯罪者的行为。

这种方法帮助他实现了两个看似完全对立的目标:一方面，大屠杀如此极端和充满暴力，在分析的过程中保持冷静客观的态度并非易事。相对于其他的质疑方式，米尔格拉姆的实验方法确保了一定程度的客观性。另一方面，他及时而恰当地向世人揭示了破坏性服从的本质，那些实验中潜藏的可怕含义令任何人都无法冷静旁观。

米尔格拉姆是心理学界最多产、最不拘一格、最富有创新性的学者之一。进行服从实验之时，他刚刚博士毕业，在耶鲁任助教，正处在个人事业起步之时。服从研究结束后，他拓展了自己的研究范畴，进行了小世界现象（又称为“六度分离理论”）、丢信方法（lost-letter technique）以及城市心理地图（mental maps of cities）等研究。数十年前，我开始对科学家头衔背后的米尔格拉姆感到好奇，随着对他了解的逐步深入，我发现他的性格一如他的研究，不同寻常、复杂多变。

过去的 20 年来，我一直都在研究米尔格拉姆，研究他的成就，研究他这个人。一路走来虽然扩展了我的视野，也让我内心很沉重。很显然，纳粹统治匈牙利那段时间给我留下了痛苦的回忆，这是我对服从实验产生特别兴趣的重要原因之一，但写作此书最重要的原因并不在此。我相信，米尔格拉姆的研究成果会让每个人都有所受益，因为它解读的是最基础的人类互动，它的力量足以改变你我看待这个真实社会世界的方式。

Thomas Blass

THE MAN WHO SHOCKED THE WORLD

测一测：七大著名社会心理学实验，你知道几个？

在社会心理学史上有一些非常著名的实验，它们以令人震惊的结论颠覆了人们的传统认知，让我们更深刻地认识人性，为后世带来了深远的影响。这些实验你都了解吗？它们分别是由哪位社会心理学家完成的呢？

1. 从众实验（Conformity Experiments）

当其他人都持一致意见时，即使有人认为这样是错的，也会随大流地将错就错。

A. 库尔特·勒温（Kurt Lewin）
B. 所罗门·阿希（Solomon Asch）
C. 约翰·达利（John Darley）
D. 利昂·费斯廷格（Leon Festinger）

2. 斯坦福监狱实验
（The Stanford Prison Experiment）

情境可以立刻改变一个人的行为。一旦被指派了特定的角色，即使是一个温文尔雅的绅士，在某些情境下也会变成嗜血的狂魔。

A. 菲利普·津巴多（Philip Zimbardo）
B. 埃利奥特·阿伦森（Elliot Aronson）
C. 亨利·泰弗尔（Henri Tajfel）
D. 哈罗德·凯利（Harold Kelley）

3. 服从权威（Obedience to Authority）

人类有一种服从权威命令的天性，在某些情境下，人们会背叛自己一直以来遵守的道德规范，听从权威人士去伤害无辜的人。

A. 罗伯特·西奥迪尼（Robert Cialdini）
B. 所罗门·阿希
C. 菲利普·津巴多
D. 斯坦利·米尔格拉姆（Stanley Milgram）

4. 旁观者效应（Bystander Effect）

如果一个人被要求单独完成任务，责任感就会很强，会做出积极的反应。但如果要求一个群体共同完成任务，群体中的每个个体的责任感就会很弱，面对困难或遇到责任往往会退缩。

A. 约翰·达利
B. 戴维·麦克莱兰（David McClelland）
C. 比布·拉塔内（Bibb Latane）
D. 马丁·塞利格曼（Martin Seligman）

5. 认知失调（Cognitive Dissonance）

当一个人的行为与自己先前一贯对自我的认知产生分歧时，如果不能改变行为，就只能改变对自我的认知，来消除这种不舒适、不愉快的感觉。

A. 迈克尔·加扎尼加（Michael Gazzaniga）
B. 戴维·麦克莱兰
C. 埃利奥特·阿伦森
D. 利昂·费斯廷格

6. 晕轮效应（Halo Effect）

人们对一个人的某种特征形成好或坏的印象后，会倾向于据此推论此人其他方面的特征。本质上是一种以偏概全的认知上的偏误。

A. 斯坦利·米尔格拉姆
B. 罗伯特·西奥迪尼
C. 哈罗德·凯利
D. 约翰·达利

7. 社会认同理论（Social Identity Theory）

认为个体对群体的认同是群体行为的基础。

A. 菲利普·津巴多
B. 亨利·泰弗尔
C. 约翰·特纳（John Turner）
D. 马丁·塞利格曼

你都答出来了吗？
扫码获取“湛庐阅读”APP，
搜索“好人为什么会作恶”，
查看测试题答案。

认识真实的社会世界

> 太多的人只是遵命而为。只要他们相信命令来自一个合法的权威，就不在乎做什么，也不再受道德的约束……这也许是我们从这个研究中得到的一个最基本的教训：那些只是做着分内事、从未质疑自我角色的普通人，可能会在可怕的毁灭性活动中充当帮凶。
>
> **——斯坦利·米尔格拉姆，1974 年**

1963 年秋天，斯坦利·米尔格拉姆在公众中掀起了轩然大波。全美各大报纸竞相报道他在耶鲁社会心理学实验室中的惊人发现。这就是著名的“服从实验”。实验显示，那些普普通通的康涅狄格州纽黑文的居民们，在实验中会毫不犹豫地向无辜受害者施以痛苦甚至可能致命的电击，而受害者的行为根本不应该受到如此可怕的惩罚。该实验对外公开的实验目的是研究体罚对学习的影响。被试在实验中的任务就是：每当“学生”在单词配对中犯下一个错误，就要对其施以强度逐级增加的电击，从 15 伏特一直到 450 伏特。结果显示，在惩罚“学生”的过程中，65% 的被试坚持到最后使用了 450 伏特。而他们这样做只是因为主试的要求。

这个石破天惊的结果引发了社会各界的争议，并对很多领域产生了深远影响，这种影响不会因时间的流逝而有丝毫减弱。它们直截了当地证明，普通人可以在权威人物的命令下进行破坏性活动，甚至不必对他们进行武力胁迫。那些非人类的不道德行为并非只是恶魔或者变态的专利。从更广泛的意义上来说，米尔格拉姆的发现重塑了我们的个人道德概念，让我们意识到社会压力能够如此强烈地影响我们的行为。也许你会认为，在道德困境中，人的道德准绳会指挥我们的行动，但服从实验却以一种戏剧化的方式告诉世人：**在一个社会压力强大的实际情境中，道德观念也会被我们轻易地践踏在脚下。**

社会心理学溯源

社会心理学是心理学的一个分支，主要研究他人如何直接或间接影响我们的思维、感受和行为。由于绝大多数人类日常活动都是与其他人进行互动，因此，社会心理学的主要研究范围是各种常态人类行为，包括第一印象、吸引、敌意、群体压力、无助等。

这个领域有着古老的渊源，自人类试图了解和推测他人行为的那一刻起就存在了。古代文献中很多关于社会行为的精辟见解流传至今。比如，在犹太学者几千年前撰写的《犹太法典》中有这样一句话：不要只看容器，要看容器里面装的东西。这句话其实表达的是一个众所周知的真理：说服者的个人魅力、种族或性别会影响人们对说服者观点的接受度，但这些因素与这个观点没有任何关系。现代实验研究已经反复验证了这个现象。

尽管渊源古老，但是社会心理学作为一门实验科学却是新鲜事物，真正的历史只有 100 多年。1897 年，心理学家诺曼·崔普利特（Norman Triplett）在《美国心理学》杂志上发表了一篇有关实验室实验的文章，证明在有直接竞争对手的情况下，被试完成工作任务（缠钓鱼线轴）的速度要比单独工作时快。这标志着社会心理学第一个实验的诞生。

美国的社会心理学兴起于第二次世界大战之后。当米尔格拉姆在 1960

年开始自己的职业生涯时，这个学科在美国正处于鼎盛时期。战后数年中，社会心理学家个个野心勃勃、自信满满，认为他们能够提出新理论和新方法，对社会行为进行全新的解读。

20 世纪 60 年代的社会心理学界之所以如此自我感觉良好，主要有两个原因。一个原因是，很多社会心理学家发现，社会心理学在第二次世界大战期间的实际应用效果非常显著，可以用来鼓舞士气，进行社会宣传和调查研究，还能协助完成一些旨在改变公众态度和行为的政府项目。比如说，为了节省稀缺物质，社会心理学家可以说服消费者改变饮食习惯，选择一些不可口但有营养的食物。而这种自信的另一个更重要的原因源于社会心理学家库尔特·勒温（Kurt Lewin），他被公认为“实验社会心理学之父”。

行为主义风行一时

20 世纪的前半叶，美国心理学术界的主导力量一直是行为主义。行为主义运动的发起人是约翰·霍普金斯大学的心理学家约翰·华生（John Watson）。他试图开创一种客观的实验行为科学，并将内在体验研究作为伪科学而摒弃。1913 年，他在学术期刊《心理学评论》（*Psychological Review*）上发表了一篇文章，吹响了行为主义的号角。这篇文章后来被看作是“行为主义者宣言”，开篇这样写道：

> 行为主义者眼中的心理学，是自然科学中一个纯粹客观的实验分支……该方法的重要部分不是内省形式，实验数据的价值不取决于它们是否可以用来解释意识。

实验心理学应该研究哪些课题？怎样的方法算是最根本的方法？当时业内对这些问题有一个普遍的观点，这个观点可以追溯到 19 世纪的心理学家威廉·冯特（Wilhelm Wundt），他于 1879 年在莱比锡大学成立了第一个心理学实验室。冯特认为，心理学实验的目的是通过内省的方法研究心灵的内在，即人类的意识。虽然成为一名内省心理学家需要进行严格的强化训练，但事实证明这种方法并不可靠。因为不同的心理学家在不同的实验室中采用相同的方法，得出的结论却千差万别。华生的宣言无疑是对这种普遍观点的一次反击。

华生对内省心理学的批评是正确的，但是他的理论却有些矫枉过正。他完全脱离了内省心理学，彻底摒弃了主观感受，认为那不属于科学探索的范畴。华生行为主义最重要的继承人是 B. F. 斯金纳（B. F. Skinner），他将“强化”作为其激进行为主义的核心概念。斯金纳认为，对一个刺激行为的反应进行强化，得出一个有回报的结果，刺激和反应之间就会建立联系。举个例子，笼子里的鸽子发现，如果啄红色圆盘，下面的托盘中就能出现食物，但啄绿色圆盘不能出现食物。在这个例子中，红色圆盘是刺激，食物是强化。一段时间后，鸽子就能学会不断啄红色圆盘，不再理会绿色圆盘。

20 世纪上半叶，行为主义作为社会心理学的一个学派在美国兴盛一时。1924 年，弗劳德·奥尔波特（Floyd Allport）的著作《社会心理学》出版，这是确定将社会心理学作为大学标准课程的第一本教科书。这本书也受到了行为主义的影响，强调学习和条件反射在社会行为中的角色。

对行为主义者而言，社会行为其实并不“社会”。社会心理学依旧是一门研究个体的心理学，其他人只是另外一种刺激：社会刺激（social stimuli）。社会刺激就像物理刺激一样，会产生习得反应。该方法的支持者约翰·达希尔（John Dashiell）在 1935 年发表的文章中，专门用一章的篇幅回顾了 1914 年到 1934 年间出现的社会心理学研究。他在文章中表示：“我们要谨记的是，个体和周围人之间是一种客观的刺激 - 反应关系，我们要讨论的不是什么全新概念，采用的原则基本上是应用于非社会情境的原则。”这一章节中还记录了各种实验，实验目的基本相同，都是用来检验当个体进行手工工作、单词测试和猜谜等行为时，如果有他人在场，个体行为会受到怎样的影响。但是相对而言，这些实验的类型过于单一、效果乏善可陈，无法展示真实社会中丰富而复杂的交互行为。

发现情境的力量

库尔特·勒温和他的学生们通过设计精巧的实验，将实验方法应用于重要的社会行为之中，为结束强化理论的统治做出了重要贡献。

勒温是一名德国犹太心理学家。1933 年 1 月希特勒担任德国总理，犹太人限制法令逐步升级。勒温预料到犹太人在纳粹德国将不再有容身之地，于是辞去了柏林大学的教师工作，在纳粹展开大规模屠杀之前逃离了德国。1935 年，他在康奈尔大学任教，两年之后，又在艾奥瓦大学工作了 9 年。

早在柏林大学任教期间，勒温就以其创新性的理论和研究闻名遐迩，很多海外学生慕名而来，包括来自美国的学生。他来到艾奥瓦州之后，又有一批新学生受其教诲，其中很多人后来都成为社会心理学的中流砥柱。在柏林期间，他的研究范围包括动机、记忆、性格和儿童发展。来到美国之后，他的兴趣转向了社会心理学，完成了一系列先驱性的实验，于 1939 年首次发表了研究结果。一位社会心理学历史学家认为这些实验“在程序上的大胆创新具有划时代意义”。作为一名移民，他经历了德国和美国两种截然不同的社会环境，因此对不同领导人物如何影响群众的问题特别敏感。他和他的学生诺那德·利比特（Ronald Lippitt）及罗夫·怀特（Ralph K. White）合作设计了一个实验范式，研究三种领导风格产生的影响，分别为：民主型、独裁型和放任型。

THE MAN WHO SHOCKED THE WORLD **领导风格实验**

三名研究人员招募了一些 11 岁男孩被试，分成三个组，每星期见一次面，一起进行诸如制作面具等活动。每个小组都由一名研究人员领导，他们扮演的角色就是上面提到的三种风格的领导者。

独裁型领导总是单方面做决定，从不与小组成员商讨，他基本上保持着一种高高在上的姿态，与小组成员保持距离，对成员进行批评或表扬的时候不做任何解释。相比之下，民主型领导总是很友善，会与全体成员一起做决定，对小组成员进行鼓励和指导。他在对这些男孩做出评价时，都会详细呈明缘由。放任型领导虽然友善，但提供帮助的方式是被动的，只在小组成员请求的情况下才会提供信息。这些领导者会在三个小组间进行轮换，每一组成员都能经历三种领导模式。

研究人员对男孩的行为进行了持续、系统的观察，结果发现，民主组和独裁组的生产力基本相同，均高于放任组，但三个小组的成员都很青睐民主型领导。在独裁型领导的管理下，男孩们最具侵略性。

勒温是一个热情而富有感染力的人，加之学生们对其衣钵的传承和推广，他的很多重要理论后来都成为定义现代社会心理学的核心概念。首先，他的理论可以将社会交互行为中的那些无形特征具体化，比如领导风格等，因此就可以在实验室中对这些特征进行检验。其次，他的实验方法可以为一些重要的社会问题提供答案。

勒温学生中成就最为突出的就是利昂·费斯廷格（Leon Festinger），他于1957年提出了认知失调理论（cognitive dissonance）。该理论的基础是：出现认知分歧是一种令人不愉快的状态，就像饥饿或口渴一样，人们在出现这种状态之后会努力寻找解决方式。费斯廷格和他的学生们进行了一系列影响深远的实验室实验，对该理论引出的各种假设进行验证。与米尔格拉姆同时代的很多社会心理学家都受到勒温及其学生的影响，他们探求社会心理学过程中的各种可能性，然后利用强有力的实验方法予以证明。

勒温的第三个理念发展成为现代心理学中另一个重要派别：情境主义（situationism）。他提出了一个叫作“生活空间”的概念，这个空间包括在“此时此刻”的具体情境中，作用于个体的所有潜在力量，行为就是生活空间的函数。勒温的“生活空间”概念强调共时和情境定因。另一位重要的社会心理学理论家和实验家爱德华·琼斯（Edward E. Jones）对这个概念进行了强化：

> （勒温）认为个体是心理空间中的一个点，受这个空间中的所有力量的驱使，向某个特定的方向运动……这种观点将人类看作长久进化历史的产物，强调个体对公共环境做出的有别于他人的独特反应。此外，勒温还将人类看作环境力量交互的一个点，认为个体与其他位置相同的人分享同时期知觉和相关的行为。

像大多数社会心理学家一样，米尔格拉姆也是一位情境主义者，他坚信即刻情境具有改变人类行为的强大力量。但是，是什么令他鹤立鸡群，成为 20 世纪最重要的社会科学家之一，又是什么使他的研究如此与众不同呢？答案就是：**他能够超越即刻情境中的可见力量，揭示情境中的某些无形力量。**米尔格拉姆的研究始终贯穿着这个主题：情境中的无形力量。那些无法言传的社会规则和标准，对行为产生的影响远远超过我们的预期。这也正是本书所要表达的主题。

通过阅读本书，读者将了解米尔格拉姆如何用独特的实验将这些无形标准具体化。这些实验方法包括：在纽约的地铁中，让一位年轻人请求年纪稍长的乘客给她让座；研究普通人在看过一个特别制作的电视节目后，是否会模仿电视中的行为从慈善捐款箱中偷钱。米尔格拉姆发明了很多轻松有趣的新方法，比如丢信方法和小世界方法。他用这些实验去挖掘那些无形的规则和标准，并经常以出乎意料的方式告诉我们：通过直觉预测自我和他人的行动并非总是那么准确。

米尔格拉姆自身就是一个复杂的个体，他的性格和行为中有很多谜一样的地方。人们对他的看法往往呈现两个极端，要么特别敬爱，要么特别鄙视。但正是永不满足的好奇心和源源不断的创造力，使他成为当代最杰出的科学家之一。他的这种特质也值得我们重点关注。

米尔格拉姆的好奇引领他不断拓展着社会心理学的疆土，探索着各种未知领域，比如城市心理地图和“熟悉的陌生人”。他的好奇心带给他的最大成就，莫过于引领他发现了两个普遍的人类行为现象。其一是人们对权威的极端服从性；其二是在一个巨大的网络中，点与点之间只需步骤极少的“六度分离”就可以连接在一起。这无疑是超越时间和空间的重大发现。

米尔格拉姆永无休止的好奇心让他自愿冲锋在科学的边缘地带，不畏冒险。特别是他的服从研究，振聋发聩又饱受争议。读者在本书中将看到，这些实验已经超越了常规学术的边界，受到众多领域的关注，包括法律、商业道德和医学。此外，这些实验还激发了艺术想象力，衍生出大量电影和戏剧作品。米尔格拉姆的研究以各种不同的形式出现在数不胜数的文章中，在现代生活中留下浓墨重彩的一笔。

这是一个关于斯坦利·米尔格拉姆的故事，关于他的生活，关于他独具特色的创造力，关于他如何影响了我们的世界。

THE MAN WHO SHOCKED THE WORLD

目录

01

THE MAN WHO SHOCKED THE WORLD

无名社区走出了高才生

米尔格拉姆成长于人口混杂的移民社区，最终以优异的成绩进入哈佛。哈佛多元化的师资力量、丰富的知识体系以及广泛的社会关系，激发了他对社会科学的极大兴趣。

1933 年 8 月 15 日，斯坦利·米尔格拉姆出生于纽约的布朗克斯。父亲为塞缪尔·米尔格拉姆（Samuel Milgram），母亲为阿黛尔·米尔格拉姆（Adele Milgram）。两人都是来自东欧的犹太裔移民，他们相识于美国，于 1931 年 2 月结婚。之所以移民美国，是因为这片土地在他们心中就是一个完美的“黄金麦地那”（Golden Medina），一个遍地都是金子般机遇的地方，这几乎是所有犹太人远赴美国的初衷。

塞缪尔是一个糕点师，身高 1 米 73，容貌神似南斯拉夫的铁托总统。第一次世界大战之后，他于 1921 年从匈牙利移民至美国。几年之后曾在德国短暂居住，在那里做学徒。斯坦利记忆中的父亲“特别结实，多年在店里揉面团的经历练就了他粗壮的双臂。他的面庞散发着犹太人特有的温暖光芒，高颧骨又表明了他的匈牙利血统”。

阿黛尔 1908 年出生于罗马尼亚，5 岁时随母亲移民美国。她身材娇小，温文尔雅，浑身洋溢着快乐开朗的气息，一点小事都会让她开心大笑，深受家族中孩子们喜爱。她在家族中德高望重，人们遇到难题时都会向她征询意见，处理家庭纠纷自然也少不了她的协调。

犹太小子的快乐童年

斯坦利出生在南布朗克斯博伊顿大街（Boynton Avenue）1020号一个小型公寓楼里。在公寓楼的西面，美丽的布朗克斯河蜿蜒向东缓缓流去。南边是布鲁克纳大道（Bruckner Boulevard）。1925年的布朗克斯大部分地方都是农田，斯坦利出生的这个地方在当时还没有一个正式的名字，只能算是个“无名社区”，但是邻里间的气氛非常融洽，所有人都在为过上好日子而忙忙碌碌，这股劲头让这无名社区充满了活力。

多年之后，斯坦利这样描述他成长的地方：

> 这里总是热热闹闹的：丰满活泼的女人们穿着格子棉布外套，腰系围裙，坐在公寓楼门前的椅子上沐浴着阳光。她们快乐地或织毛衣或闲谈，时不时摇一摇旁边的婴儿车。孩子们在周围跑来跑去。有时候，楼上打开的某扇窗子里会传出母亲的声音，那是她们拖着长腔呼唤自己的孩子：“西——蒙——”或“伊——文——”，听起来就像唱歌一样。
>
> 社区里的移民大多都是来自东欧的犹太人，来美国的时间都不短了。有的在小商店里打工，有的自己开小店。还有一些人是公司职员、秘书或学校老师，这无疑提升了这个社区的档次……无论是点心师、印刷工、职员还是家庭主妇，所有人对未来都有着诸多计划和理想，不仅仅为了他们自己，也是为了那些在大街上踢球的孩子们。但在这些孩子眼中，世界的尽头就是这里的糖果铺。

斯坦利是萨姆[①]和阿黛尔的第二个孩子。他有一个姐姐名叫玛卓丽（Marjorie），比他大一岁半。斯坦利的名字取自他去世的爷爷西姆查（Simcha），希伯来语意为“快乐”。

① 萨姆是塞缪尔的昵称。下文玛姬是玛卓丽的昵称。——译者注

5 年后，斯坦利的弟弟约尔(Joel)出生了。关于这位即将到来的新成员，斯坦利最早的记忆就是，他和姐姐坐在公寓楼门廊的大理石台阶上，对即将到来的新宝宝进行种种猜测：“我们知道妈妈要去医院生孩子。关于婴儿是男是女，我和玛姬争论不休，她坚持会有个小妹妹，我则希望有个小弟弟。不过我们有一点共识，这个问题可不是我们说了算，要看医院的决定。”

约尔慢慢长大，总是跟在哥哥的身后一起胡闹，搞恶作剧。这样密切的关系一直持续到青少年时期。他们“狼狈为奸”的故事不仅让童年充满了快乐，还加深了兄弟情谊。在日后的岁月中，两个人无论相距多远都始终保持着紧密的联系。

斯坦利自儿时起就表现出过人的智商。上幼儿园的时候，母亲每天晚上都会辅导姐姐做作业，他就一直待在旁边听着。有一晚，他母亲和姐姐谈论的是亚伯拉罕·林肯。正巧，第二天，幼儿园老师就让孩子们说说这位总统。小斯坦利举起手，将昨晚“偷听”到的谈话重复了一遍。老师惊异万分，甚至让校长领着小斯坦利在所有班级的孩子们面前背诵这段话。

在 77 小学读书期间，他的聪明劲儿更是名声远扬。的确，小学老师心目中的斯坦利是一个出色的学生。他的弟弟约尔在成年后也对哥哥的成就深感自豪。但相比之下，小学时候的约尔只是一个毫不起眼的孩子，学习成绩也差强人意。哥哥的出色表现更是令他相形见绌。约尔上三年级的时候，他的老师斯蒂勒女士也曾是斯坦利的老师。有一次，约尔的考试成绩很差，令斯蒂勒老师颇为失望。她在发卷子的时候不断提醒约尔，他哥哥当年表现多么多么优秀。

课余时间，男孩子们大多是在学校操场和街道上踢球。斯坦利不擅长体育，基本上不参与这些体育活动。一位表兄给了他一套化学设备，他把大部分课外时间都花在摆弄这些设备上了，有时还会邀请朋友参与到自己的实验中来。这应该算是他的科学启蒙阶段。有一次他们在一个大细口瓶中装上钠，放进布朗克斯河。这个“钠炸弹”发出的火光和声音让四周的母亲们大为惊恐，纷纷跑过去看个究竟。各种实验总是能让斯坦利兴趣盎然。他曾在采访中说："做实验对我而言就像呼吸一样是天性。我试图去了解世间万物到底是如何运转的。"

斯坦利的童年生活中，有两件事情尤其值得一提。因为这两件事情就像先兆一样，预示了他职业生涯的发展方向。第一件事情与群体力量有关。斯坦利这样写道：

> 那是夏季的一天，一个孩子被飞驰而过的汽车撞倒。社区居民举行示威，要求政府将博伊顿大街改成单行道。一群示威者站在人行道上，举着制作粗糙的标语。人群齐声喊："静坐示威！静坐示威！"马路中间横着几个牛奶箱子做的路障。示威者坐在牛奶箱子旁边，阻止车辆来往。警察赶来后与示威群众进行协商，这件事情就解决了……我想，如果我出生在一个高档社区，这种事情就不会发生。但那不是高档社区，而是20世纪30年代的布朗克斯，绝非懦夫之地，我们的要求实现了，马路最终改成了单行道。

第二件事情发生在斯坦利四五岁的时候。当时，比他大一岁半的表兄斯坦利·诺登（Stanley Norden）也生活在这个社区。这两个孩子的名字都源自他们的祖父。有一天，表兄跟着母亲来家里做客。大人在厨房里聊天，孩子们在卧室里玩耍，表兄坐在两张床之间的地板上。米尔格拉姆回忆道："我决定用一条皮带来'测量'两张床之间的距离。但是在这个过程中，皮带不小心滑落，皮带扣上尖锐的凸起砸在表兄的头上，流了点血。表兄开始哭，跑到自己的母亲那里告状。"米尔格拉姆被母亲大声斥责了一通，他也哭了。他并非有意伤害表兄，这只是一个意外，他对自己的错误感到非常难过。"尽管如此，为此受到责骂还是让人很难过。但是我好像并没有从中吸取什么教训。很多年以后，我不是又试图测量某些东西，结果又有人批评我没有考虑到给他人带来的风险吗？"

1941 年 12 月 7 日，日本轰炸珍珠港，美国正式加入第二次世界大战。米尔格拉姆一家当时搬到了沃德大街的 1239 号，距离之前的出租房只有两个街区远。马路的一侧是一栋栋看起来几乎一模一样的双户砖房，门前有一块小得可怜的草坪。他们就住在这样一栋房子的二层。新家更宽敞一些。约尔刚刚出生，他们需要一个更大的空间容纳新成员。

米尔格拉姆的父母有着强烈的犹太文化认同感，每当有亲戚拜访的时候，家中都回荡着抑扬顿挫、音调优美的意第绪语。在 13 岁犹太男孩成人礼之前，斯坦利曾在专门的语言学校中学习了几年的希伯来语。但是这家人并不那么严格地遵循犹太教的生活方式。他们会过一些犹太人的节日，比如逾越节和犹太新年。但节日的意义对他们而言更多的是家庭团聚，宗教色彩已经淡化了。

斯坦利 13 岁那一年，第二次世界大战刚刚结束不久。他在自己的男孩成人礼上做了一个简短的演讲，表达了他对战争的思考。

> 此刻，我成了一名真正的成年人，感受到了作为一名真正的以色列人的快乐。但此刻也是一个庄严的时刻，因为我知道在战火蹂躏的欧洲，很多犹太同胞都经历了巨大的痛苦。此刻更是一个思索犹太传承的时刻。我不知道是否会沿袭父辈的方式保持这些传统，但是我会尝试了解我们的民族，尽全力承担历史赋予我们所有人的责任。这是一个转变的时期，整个世界正在经历巨变。也许，我生命中的第 13 年将成为尤为重要的一年，因为它标志着犹太人民新时代的开始，这将是正义和自由的时代，是以色列人回到迦南故乡的时代……谨愿所有迫害、痛苦和战争彻底结束，愿以色列 *bimhareh beyomanu*（希伯来语：快速地在我们这个时代）建于锡安。阿门。

1947 年秋天，斯坦利升入詹姆斯·门罗中学（James Monroe High School），学校离家几条街远。他的中学同学和密友伯纳德·弗莱德（Bernard

Fried）还记得，学校的建筑漂亮又实用，配有一流的设施和教学设备。这所高中成立于 1925 年，属于同一批示范学校中的一所。这批示范中学的外形类似，宽敞壮观，令人印象深刻。米尔格拉姆上学期间的学生人数大约为 3 500 ~ 4 000 名。据报道，这里的戏剧舞台是当时纽约所有学校中最大的，仅次于无线电城音乐厅（Radio City Music Hall）。大门入口处有一块大理石牌，上面铭刻着威廉·皮特（Willam Pitt）的座右铭："法律的终点就是暴政的起点。"

学校采取分班制，高智商的好学生都会被安排在荣誉班。米尔格拉姆的智商为 158，全校第一，自然也是荣誉班的一员。他学习成绩出色，暑假也马不停蹄地参加各种学习班，每个学期都参加一两个课外班，只用三年就完成了中学的全部学业。

与斯坦利同期毕业的校友中，有一位名叫菲利普·津巴多（Philip Zimbardo）的学生。他后来也成了一名社会心理学家，并曾当选美国心理协会主席[①]。津巴多最为著名的研究是斯坦福监狱实验（Stanford Prison Experiement）。实验随机选取普通大学生来扮演罪犯，将他们关在一个模拟监狱中。实验后期，这些学生的行为都出现了巨大转变。津巴多还记得米尔格拉姆是同届学生中最聪明的一个，当其他学生还在看《每日新闻》这样的小报时，他就已经开始看成年人专属的《纽约时报》了。

在门罗中学期间，除了学习之外，斯坦利还有很多其他的爱好。他是荣誉团体"阿瑞斯塔（Arista）社团"成员，是校报《科学发现者》（*Science Observer*）的编辑，还担任学校戏剧演出的编剧工作。每年毕业之时，他都负责编写毕业照下面配着的两行押韵诗。当时，菲利普·津巴多是他们班级中最受欢迎的学生之一。米尔格拉姆为津巴多配的诗是这样的：

> 菲尔副主席高又瘦，
> 蓝眼睛征服女孩心。

① 津巴多的著作包括《津巴多普通心理学（原书第 7 版）》《雄性衰落》等，中文简体字版由湛庐文化策划、中国人民大学出版社和北京联合出版公司出版。——编者注

在为自己的毕业照配诗的时候，他写下了两句古怪的话：

当代最奇怪的事，
我写我的小小年鉴诗。

与心理学一见钟情

1950 年秋天，斯坦利高中毕业，成为皇后学院（Queens College）的新生。选择这所学校的最主要原因是这里离家很近，而且属于纽约城市大学的分校，可以免学费。皇后学院的原址曾是一所少年犯工读学校，斯坦利刚入学时的学校规模还很小，只有 6 栋密集的建筑，围绕着一个铺着草坪的四方院。只有雷姆森大楼（Remsen Hall）是全新的，这是专门为该学院修建的建筑。玛卓丽也在这里学习，她记得这个学校是“离家最近的市立大学，让你真的有上大学的感觉”。除了离家近之外，皇后学院的学术氛围也相当不错。1953 年，福特基金会（The Ford Foundation）对全美的大学进行排名，该校名列人文科学第二，社会科学第十，被称为“市立大学体系中的哈佛”。

上大学之前，斯坦利的兴趣点是“硬科学”[①]，主要是化学和生物学。但到了皇后学院之后，他思想中一些“柔软”的部分开始占上风，对“软科学”越发感兴趣。他在学校中主修政治科学，但也辅修了很多其他课程，比如英国文学、音乐和艺术等。他的学习成绩非常突出，获得过学校政治科学奖（School Award in Political Science）和辩论优异证书（Certificate of Excellence in Forensics），还是国家政治科学荣誉社团（National Political Science Honors Society）成员、美国大学优等生荣誉学会（Phi Beta Kappa）会员。他是很多课外活动中的主力干将，曾担任大学国际关系俱乐部的主

① 英语中，自然科学又称硬科学（hard science），人文科学又称软科学（soft science）。——译者注

席和辩论社团的副主席。他也涉足过音乐领域，曾与一名同学合作了一部百老汇风格的音乐剧，而中学时养成的吟诗爱好也被带到了大学。

1953 年，即大学三年级的暑假，他千里迢迢来到欧洲，骑着一辆电动自行车游览了法国、西班牙和意大利，最后到达的地方是意大利热那亚的美国领事馆，当时已是 9 月初，他口袋里只剩下 2 美元。他告诉领事馆的工作人员自己口袋空空、身无分文。为此，一名好心的年近五旬的助理领事为他提供了一点儿经济资助。为了能以最省钱的方法回美国，他找到一艘从德国开往美国的船，请求船员让他免费搭船回美国。船员们最初拒绝了这个请求，但凭着一股子执着劲儿，他终于如愿以偿，被安排在船上做电报员，甚至还有一个舒服的小房间。这种执着在日后的生活和工作中帮了他很大的忙。

在这三个欧洲国家中，他在法国停留的时间最长，从 7 月 15 日到 8 月 14 日。为了能够比较熟练地说法语，他还在巴黎大学参加了一个短期语言课程，法语口语练得相当熟练。在他声名鹊起以后，出现在法国的电视节目中，流利的法语让观众误以为他是地道的法国人。那年夏天他遇到了自己的初恋，爱上了一位叫弗朗茜的法国姑娘。与此同时，他也爱上了这个国家，后来曾多次故地重游。

但是不幸却在这一年末降临米尔格拉姆家。他的父亲萨姆突发脑血栓，在睡梦中离开了人世。那段时间他白天睡觉，晚上起来在面包房干活，因此可以和约尔分享一张床。12 月 11 日的晚上，约尔听到父亲的闹钟响，但是萨姆却再也没有站起来。

整个家庭经受了巨大的痛苦。除了精神上的打击之外，一家人也失去了重要的经济来源。由于萨姆为了筹钱买面包房而退掉了人寿保险，家人无法得到保险金，家庭陷入无以为继的危机。但是阿黛尔是一个聪慧的女人，她选择从苦难中崛起，而不是被逆境打垮。由于过去一直在面包房里帮萨姆干活，她很快就在另一家面包房找到了工作。但斯坦利的学业没有受到太大的影响，因为皇后学院免学费，此外他还获得了纽约州雷振茨奖学金（New York State Regents Scholarship），4 年共 1 400 美元。玛卓丽毕业后开始在一所小学教书，她计划次年结婚，在这之前还可以帮助母亲一段时间。

父亲的突然辞世让斯坦利下定决心，一定要想办法保护自己未来的家庭，不要因为自己去世而受到经济方面的影响。此外，这件事情让他开始担心自己也会像父亲一样早早过世。事实上，结婚后第一年，斯坦利就曾对妻子说，希望自己能够活到 55 岁。当时他的身体很健康，这句话似乎太不合时宜了。他的妻子回忆道：

> 他不停地说希望能活到 55 岁，我看着他，不知道该说什么好。无论在身体上还是精神上，斯坦利都是我见过的最健康的人之一……如果患了伤风感冒，他不加理会很快就能好。后来，当他再说希望活到 55 岁时，我就对他说："你和你的父亲不一样。"

米尔格拉姆从皇后学院毕业，获得荣誉文学学士学位。由于主修政治科学，他对驻外事务处的工作很感兴趣。1952 年春天，大学二年级的时候，他曾经写信给美国国务院的评审委员会，希望了解该处对工作申请人教育背景的要求，并索要考试模拟题。毕业那一年，他申请了哥伦比亚大学国际事务学院（School of International Affairs）的研究生，很快就被录取。

但接下来发生的一系列事情彻底改变了他的事业轨迹。第一件事情与他的好朋友伯纳德·弗莱德有关。斯坦利在皇后学院上学期间，伯纳德·弗莱德在纽约大学主修生物。但是弗莱德一直考虑在研究生阶段改学心理学。他密切关注心理学的发展情况，对这个领域有着比较深入的了解。弗莱德清楚地记得在毕业那一年，"我和斯坦利待了一整天，主要是我给他讲述……我对心理学的看法"。他认为，这次谈话对米尔格拉姆后来选择心理学有着重大的影响。

此外，随着学习的深入，斯坦利对政治科学有了清楚的认识。那时候的政治科学思维方式多是哲学式的，但斯坦利不是思想派，而是行动派，因此对未来研究政治科学并不是很热衷。1954 年春季学期的一天，米尔格拉姆在毕业班社会科学研究班上做了一次演讲，一位旁听的系主任对他的表现十分赞赏。他建议米尔格拉姆毕业后到哈佛的社会关系学系（Department of Social Relations）读研究生。米尔格拉姆从未听说过这个专业，那位系主任给了他一份介绍。这份介绍让他有了一种醍醐灌顶的感觉。他生平第一次了解到，很多政治科学家感兴趣的团体现象，比如领导风格和大众说服，还可以用实验方法进行研究，而在实验方法的前沿阵地上冲锋的都是社会心理学家。

20 世纪 50 年代，福特基金会的行为科学部（Behavioral Science Division）设立了一项奖学金，鼓励大学本科生学习行为科学。其他专业的大学生如果选择行为科学为研究生专业，基金会将为他们提供每年 1 800 美元的奖学金。斯坦利申请了这个计划，并于 1954 年 4 月收到一份电报，通知他申请已经批准。那一年，该计划收到了来自 57 所大学的 103 份申请，共有 22 人获得了奖学金，其中 8 名奖学金获得者将有幸到哈佛的社会关系学系深造，米尔格拉姆就是其中之一。

虽然获得了奖学金，但他却没有达到去哈佛攻读社会关系学的标准。由于在皇后学院期间没有参加过任何一门心理学课程的学习，缺乏足够的基础知识，他的申请被哈佛驳回。1954 年 5 月 30 日，在写给哈佛社会关系学系的信中，他表达了被拒绝的失望之情。他认为，整个奖学金申请过程中存在一个内在的矛盾：如果他曾经选修心理学的课程，那就不能申请福特奖学金，因为该奖学金是为非心理学专业的学生设立的。他在信中说，为了弥补“专业基础不足”的问题，他将在夏天参加哥伦比亚大学的一个心理学课程，每星期 5 天，总课时相当于普通心理学一学年的课程。此外，他还将在皇后学院人类和社会科学系主任的指导下，进行大量的专业阅读。

很快，他就收到了哈佛社会关系学系高等学位委员会（Committee on

Higher Degrees）主任高尔顿·奥尔波特（Gordon Allport）的回复。奥尔波特当时也是研究生部的主任。他对米尔格拉姆的夏季突击补习计划提出了异议。他认为，仅靠夏天的突击难以确保他在秋天顺利入学。他建议米尔格拉姆向哈佛特殊学生办公室（Office of Special Students）提出申请，以特别学生的身份在哈佛读一年的预科，弥补专业上的不足。奥尔波特会亲自告知特殊学生办公室，“是本系建议你提出该申请”。此外，他还表示，米尔格拉姆以特殊学生身份入学之后，他会在课程选择上予以指导。一年之后，“估计就可以申请来年的正式学生了……当然，你夏天的学习计划也是很有用处的”。米尔格拉姆听从了奥尔波特的建议，6 月 30 日，哈佛特殊学生办公室批准了他的申请。

奥尔波特在信中明确表示，预科期间主要学习心理学大学本科课程。一年预科结束之后，转为正式学生的可能性很大。但是米尔格拉姆有自己的想法，他希望能在夏天尽可能多地完成本科课程，预科期间就可以继续学习博士学位课程。如果第一年的学习效果很好，并且在第二年顺利转为正式研究生，他就可以提出申请，将预科期间所学课程的学分纳入总成绩。如此一来，即使是作为一名特殊学生进哈佛，他也会如期毕业，而不是浪费一年的时间。

他大幅度增加了暑假的学习计划，一口气在纽约的三个高等学府学习了 6 门心理学大学课程，分别是：在布鲁克林学院（Brooklyn College）学习人格心理学和社会心理学折中法课程，在亨特学院（Hunter College）学习普通心理学和社会心理学格式塔方法，在纽约大学学习儿童心理学和一门社会学课程语言与社会。所有科目的成绩都是 A。

奥尔波特为米尔格拉姆提供了很大的帮助。为此，米尔格拉姆在一封信中表达了他的谢意：“您和系里提供了慷慨的建议和指导，我对此表示最诚挚的感谢，期待着与您和社会关系学系愉快而富有成效的合作。”奥尔波特在信中叮嘱米尔格拉姆：秋天来到校园之后，一定要来找他。然后“我们共同制订一个对你的学业最有利的计划”。

这段书信往来奠定了两个人未来关系的基调。奥尔波特不仅是斯坦利的导师，还是他学术生涯中最重要的朋友，一直给予他最大的鼓励和支持。奥尔波特欣赏斯坦利勇往直前、永不妥协的冲劲，当他感觉这名学生需要些忠告时，会巧妙地施以压力，却不会激发米尔格拉姆的逆反情绪。斯坦利对奥尔波特的建议和忠告也表示出充分的尊重，尽可能冷静行事，避免显得好出风头。

奥尔波特去世后，斯坦利曾用充满尊重和爱戴的语气回忆道：“高尔顿·奥尔波特是我一生的良师益友。他为人谦逊，总是那么精神焕发，你能感受到他的关爱……他让我强烈地意识到自身的潜力，在精神和情感上给予我巨大的支持。他对人有着一种深刻的关怀。”

选择哈佛是米尔格拉姆事业发展历程上的关键一步。他终于从宽泛的兴趣爱好中精选出一条最适合他的道路。他在这里遇到了很多朋友，其中一些人成为他的毕生挚友。此外，虽然他在皇后学院期间曾经有过几次约会，但那不过是过眼云烟罢了。到了哈佛后，他变得越来越自信，这有助于他建立更加严肃的爱情关系。

但是在 1954 年的那个夏天，年轻的米尔格拉姆并没有意识到即将到来的人生转变。他感到开心只是因为可以离开列治文山的小圈子。他觉得周边的同龄人大多无聊乏味、无知粗野，这让他备感孤独，如饥似渴地希望寻找到志同道合的同伴。此外，继续研究生学业还有一个附加的好处：可以让他避免征兵入伍。他已经准备好拥抱哈佛，哈佛准备好迎接他的到来了吗？

穷小子的坎坷求学路

1954 年秋天，米尔格拉姆来到了位于马萨诸塞州坎布里奇的哈佛大学，踏上了心理学之旅的起点。当时的哈佛社会关系学系是一个生机勃勃、欣欣向荣的团体。该专业成立于1946年，目标是将社会心理学、临床心理学、社会人类学和社会学4门学科整合为一体。该系的创办者高尔顿·奥尔波特、亨利·墨瑞（Henry Murray）、克莱德·克拉克洪（Clyde Kluckhohn）和塔尔科特·帕森斯（Talcott Parsons）就是4门学科的翘楚。他们坚信，将4门学科整合在一个学术框架中进行统一管理，具有不可估量的发展潜力。4人中对学术融合态度最积极的是社会学家帕森斯。

他们的理想绝非海市蜃楼。第二次世界大战期间，行为科学和社会科学家在美国联邦政府的支持下参与了政府备战工作，成果显著。比如，社会心理学家库尔特·勒温与人类学家玛格丽特·米德（Margaret Mead）一起，开展了一项改变公众消费习惯的政府计划，目标是节约稀缺物质。此外，还为战略情报局（Office of Strategic Service, OSS；中央情报局CIA的前身）成立了一个培训学校。

高尔顿·奥尔波特是社会心理学和人格研究的先驱人物。早在1935年，他就将"态度"这一概念确定为社会心理学的核心，现代教科书中对态度的定义绝大多数都是基于他的观点。他在偏见和宗教信仰方面也做出了开创性贡献，对内在和外在宗教取向进行量化区别。所谓内在宗教取向（intrinsic religious orientation），就是对信仰的核心价值观有着深刻的依属感，外在宗教取向（extrinsic religious orientation）则是利用宗教信仰来完成个人的其他目标，比如地位和他人认同等。

亨利·墨瑞的贡献主要是在人格心理学方面。他最著名的成果就是主题统觉测验（thematic apperception test, TAT），目前，临床心理学诊断依旧会采用这个投射测验方法。

人类学家克莱德·克拉克洪用了40多年的时间研究纳瓦霍印第安人（Navajo Indian），对人类的普遍行为进行了深刻的探索，著作颇丰。

塔尔科特·帕森斯的毕生目标则是将社会科学的各个学科统一起来，为了达成这个目标，他在其著作和教学活动中一直试图构建综合理论，制定通用术语。尽管屡有批评之声，他还是获得了广泛的认可，成为该领域中的领导人物，并于1949年被推选为美国社会学协会（American Sociological Society）主席。

1946年《美国心理学家》（*American Psychologist*）上发表的一篇文章标志着社会关系学系的诞生，从中可以解读社会关系学系成立的真正缘由：

> 虽然学科界限依旧存在，但这种现象在过去的10年中已经出现了巨大改变。社会文化和心理学已经形成一个科学综合体，这一点在学术界中有目共睹，只是这个综合体尚无一个广为接受的名称。我们建议哈佛采用“社会关系”一词来命名这个正在崛起的学科，并予以扶持。这个新学科研究的不只是传统社会科学范畴中的事实和理论，还研究心理学范畴中的社会个体，以及人类学范畴中的文明社会模式和文化模式。

想要实现跨学科融合的目标，首先要做两件事情。第一，成立社会关系实验室，促进4个学科成员间的研究合作。第二，在研究生课程安排上增加一些特别要求，确保每个研究方向的学生都能同时了解4个学科的内容和方法。在第一年的学习中，所有研究生都要在该系的4个分支学科中各选一门核心课程，这4门课程又称“资格课程”。为了展示社会关系学科的融合性，不同资格课程的班级经常会联合授课。米尔格拉姆在第一学期选择了两门课程：社会人类学问题及概念，临床心理学问题及概念，这两门课程中超过1/3的学时是联合授课。学生还要通过每门核心课程的资格考试，考核他们在4个领域中的知识水平。课程表中还有一门课程叫作“社会关系201”，各个学科的教师会依次在课堂上讲述对各自学科发展前景的看法，以促进学科融合。

但是，学科融合只是在哈佛校园内的革新，校园外依旧是传统的学术和职业分类。具有前瞻性的创始人们没有忽略这个现实。因此，尽管该系秉承整合理念，但在颁发学位的时候，只为本科毕业生颁发社会关系学的学士证书，对研究生则有另一套标准，博士研究生毕业的时候，会根据他们的专业分别授予社会人类学、临床心理学、社会心理学或社会学的博士学位[①]。

斯坦利在哈佛的那段时间，正是社会关系学系的“黄金时代”，该系每年都能收到数百份入学申请，远远超过实际招收人数。米尔格拉姆刚入学的那年，社会关系学系共有 110 名学生。对于一个成立时间不到 10 年、尚处于婴儿期的研究生专业而言，如此受欢迎实属罕见。1954 年，福特基金会委托几家评估委员会对这个新学科进行评估，结果令人振奋。此外，正像这个系的创始人所期待的那样，所有学生都积极踊跃地参与到跨学科合作之中。这种合作结出的第一个硕果就是《自然、社会和文化中的人格》（*Personality in Nature, Society, and Culture*）。这本书后来成为心理学和其他社会科学专业学生的必读书籍。书中有一句话，寥寥几字，语言平实，却反映出人性中的一个重要真理。

> 每一个人的某些方面都：
> 1）像所有人；
> 2）像有些人；
> 3）不像所有人。

斯坦利在哈佛学习的这几年中，对社会科学中的很多学科都产生了浓厚兴趣。由多个专业的教师组成的师资队伍提供了丰富多彩的学术激励，令他迅速成长。他也给系里的教师和学生留下了颇为深刻的印象。罗杰·布朗（Roger Brown）是米尔格拉姆的导师及毕生挚友。他回忆道：

> 斯坦利·米尔格拉姆在哈佛读研究生的时候，我还是一名助理教

① 美国的博士学位一般都是由本科毕业生直接申请。——译者注

授。我曾在几次研究班和阅读课程中遇到他。当时有一个持续了一学期的语言心理学研究班，关于这个研究班，我唯一清楚的记忆就是斯坦利。他参与讨论的方式可不像有的书呆子。他带来了一个录音带，上面录制了各种语言心理学现象：舌头抖动的声音、夸张华丽的词藻、婴儿的牙牙学语、精神病患者大段的疯言疯语等。他对这些资料进行了巧妙的编辑和整理后，放给我们听。让我们识别这些声音，然后可能还会对其进行一番解释。斯坦利在阅读课上的表现也让我记忆犹新。记得在上群体行为的阅读课时，他经常把书本搁在一边跑到波士顿，对着路人拍照，带回来很多奇奇怪怪的照片。

在哈佛的第一年，米尔格拉姆住在博金斯大楼的研究生宿舍。当时学生房间中没有电话，只在每个楼层的走廊中有一部付费公用电话。不过这个电话没有人值守，电话铃会响个不停，直到某个学生忍不住冲出房间接电话，然后挨个房间去找电话里要找的人。没有谁愿意承担接听电话这个苦差事。为了解决这个问题，米尔格拉姆想出了一个点子，他在一张卡片上写下了一条规则，贴在电话旁边：

为了公平地分担接电话的重任，每个真正接到电话的学生都应该负责接听两次电话。这是为了防止万一某次电话找你，而你人又不在。

他为这个行为真空地带制定了一条规则，指引大家做出恰当的行为。5年之后，他在1959年结束了在挪威和法国为期两年的研究，回到哈佛继续完成博士学业。有一天，他临时要在校园里的一个宿舍楼中使用付费电话。当他拿起听筒，看到电话旁边贴着一张卡片，上面写着："为了分担接电话的重任，本校的传统是，每个接到电话的学生负责再接听两次电话……"他发现，这样的纸条已经贴满了整个校园。

社会关系学系的总部埃莫森大楼（Emerson Hall）位于哈佛校园的东北角，其外形见棱见角，陶红色的装饰凸显了一种低调的优雅。这栋大楼唯一张扬的设计，就是在大门的两旁耸立着两个巨大的砖制圆柱。北门顶部的石板上刻着《诗篇》中的一句话："人算什么，你竟顾念他。"这句话无声地提醒来往众人，这栋大楼在其早期曾是哈佛社会福音传播者的总部。

很多杰出的哲学家都曾在埃莫森大楼的教室中授课，比如乔治·桑塔耶纳（George Santayana）、阿尔弗莱德·诺思·怀特海（Alfred North Whitehead），以及美国心理学奠基人之一威廉·詹姆斯（Willam James）。19 世纪末期，詹姆斯在哈佛的哲学系成立了心理学实验室，培养出美国第一位心理学博士。当时，著名的女作家葛楚德·史坦（Gertrude Stein）在拉德克利夫学院（Radcliffe Collge）学习时，曾选修了詹姆斯的哲学入门课程，上课地点就在埃莫森大楼。哈佛校园中一直流传着她的一件逸事。期末考试的过程中，她在考卷上写着："我不想考下去了，还不如出去的好。"写完，她就起身走出了考场。据说威廉·詹姆斯在她的考卷上这样评分："史坦女士，你真正了解了哲学的意义，给你一个 A。"

奥尔波特的办公室也位于埃莫森大楼中，紧挨着系里其他的管理办公室。9 月 27 日，就在米尔格拉姆来到坎布里奇后不久，他就去见奥尔波特，咨询新学期应该选择什么课程。之后两人曾多次见面，共同设计出一个学习计划，确保米尔格拉姆在学年结束的时候可以与一年级的正式生平起平坐。

博士生的课程可以根据个人情况进行一些变动，但无论哪个专业的学生，第一学年都要学习 4 门资格课程并通过这 4 门课程的期末考试，这些考试也叫作资格考试，是博士学位的硬性课程要求。米尔格拉姆在秋季学期学习了社会人类学和临床心理学的资格课程，在第二年春季学期学习了社会学和社会心理学资格课程。高尔顿·奥尔波特在 1955 年 6 月 9 日的一封信中通知米尔格拉姆："系里投票的结果是，你通过了社会心理学博士学位的资格考试。"他这 4 门考试的成绩分别为 B+，A，A－和 A。米尔格拉姆在第一学年还通过了其他 3 门课程的考试，成绩都是 A。要知道，第一年的学习压力特别大，几乎所有的一年级学生都被压得喘不过气，米尔格拉姆能获得如此优异的成绩，证明了他过人的天分。

鉴于他突出的表现，1955—1956 学年，系里批准他转为正式研究生。1956 年秋天，正如他所愿，研究生院承认了他在第一学年学习的所有课程，第一年的努力没有浪费，特殊学生的身份没有耽搁他拿博士学位。

米尔格拉姆在第一年学习了一门叫作认知过程（Cognitive Processes）的课程，教师是杰罗姆·布鲁纳（Jerome Bruner）。他和高尔顿·奥尔波特、罗杰·布朗一样，都是米尔格拉姆学习过程中的重要导师，和他保持了毕生的友谊。布鲁纳在 20 世纪 40 年代和 50 年代进行的研究推动了心理学界的“认知革命”，这场革命最终结束了机械行为主义在心理学界的统治地位。布鲁纳曾向系主任罗伯特·奈普（Robert Knapp）寄去了一份进展报告，汇报了 8 位来哈佛学习的行为科学奖学金获得者的情况，布鲁纳在报告中说，米尔格拉姆“研究成果突出”。事实上，在认知过程的班级中，米尔格拉姆的成绩最优秀，是一名“优秀的逻辑学家”。

米尔格拉姆不仅在现实生活中硕果累累，精神上也享受着巨大的满足感。他在第一学年师从高尔顿·奥尔波特、罗杰·布朗、塔尔科特·帕森斯、杰罗姆·布鲁纳。这些都是他喜爱的导师，对于米尔格拉姆而言，这些前辈打开了一扇了解世界的新窗户，传递给他一个重要的指导信息：社会现实和物理现实中一样，存在着一个潜在的架构，可以用各种工具掌握这个架构，比如对照实验、调查研究法、人格和态度自陈法等。

在哈佛的学习不仅让他接触了新观点，还激励他开创自己的新天地。第一学年即将结束的时候，他感兴趣的课题多达十几个。更重要的是，他已经将社会心理学确定为事业的发展方向。罗伯特·奈普曾经向所有行为科学奖学金的获得者发了一份调查问卷，其中一个问题就是：你是否制订了与行为科学事业相关的长期规划？米尔格拉姆这样回答：是的，我从今年起真正爱上了这门学科。如果可能的话，我会继续朝这个方向努力。我希望一直学习，最终获得社会心理学博士学位，接下来，我可能会在一个规模适中的大学里找一份心理学教师的工作，教书育人，继续我的研究。

然而，有一段时间，米尔格拉姆差点就“养不起”这个“学术新欢”。1955 年春天，米尔格拉姆向福特基金会提交申请，请求延长一年奖学金。令他失望的是，系主任罗伯特·奈普通知他，尽管福特基金会欣赏他的优异成绩，但是基金会的政策规定，行为科学奖学金为期一年，不能延期。第一学年结束之前，基于他一年来的优异表现，系里推荐他申请全额奖学金，但是哈佛奖学金委员会中心（Central Scholarship Committee）没有批准他的申请。

没有了经济来源，米尔格拉姆的研究生学习无法继续，如果他离开学校，来年可能就要参军。1953 年 7 月，“越战”已近尾声，政府终止了军人权利法案（GI Bill of Rights），退伍军人不再享受教育方面的津贴。因此，军旅生涯对他的学术事业没有任何好处。

1955 年初夏，米尔格拉姆下一学年的费用问题依旧没有着落，这让他愁眉不展，忧虑万分。6 月 6 日，尽管奖学金不能延期是“无法改变的政策”，他还是再一次向行为科学奖学金办公室提出申请信，重申了延长一年奖学金的请求。这一次，奈普的回信虽然充满同情，但答案依旧是否定的，事实上，这个结论已经不存在任何回旋余地，因为福特基金会的董事们已经决定停止所有的奖学金。

回想过去的一年里，他顶住了沉重的学习压力，征服了一长串令人头皮发麻的阅读书目清单，熬过了一场又一场漫长的资格考试。这一切他都挺过来了，而且获得了骄人的成绩。现在，那些努力似乎都变成了一场空。他甚至开始自我怀疑：我是谁？我究竟要去向哪里？他忽然感到如此迷茫。那年夏天，他在曼哈顿的海军准将饭店（Commodore Hotel）找了一份临时工作，尽管收入根本无法支付学费，但钱不是这个工作的重点，这只是他每个夏天的例行活动罢了，至少可以让他在这个茫然失措的时刻找件事情做。他在这个饭店做夜班职员，上班的时候可以忙里偷闲地学习。不工作的时候，他就回到皇后区的家中，阅读各种心理学书籍，在自己身上做睡眠学习法实验。这份工作虽然没有什么特别的目的，但他可以借此忙碌起来，而不是坐在房间里听着“绝望”一步步逼近的声音。

事情在那年夏天的中旬开始出现转机，他的愁眉逐渐舒展，心情由阴转晴。7月21日，他收到了奥尔波特的秘书埃莉诺·斯布莱格（Eleanor Sprague）寄到他家中的一封信，这位消息灵通的女士在信中说：米尔格拉姆已经被排在教学/研究助理奖学金申请名单的前列，获得资助的机会很大。她还说：“心理学专业需要学生的帮助，这是毫无疑问的，而你是最合适的人选。秋季学期中，无论是教学还是研究上肯定都有需要你的地方。”

如她所料，米尔格拉姆获得了哈佛第二年学习的研究生助理奖学金。这笔钱解决了他的燃眉之急，让这个抑郁的夏天终于云开雾散。在哈佛的第二年发生了一件重要的事情，他将师从所罗门·阿希教授（Solomon E. Asch），这位导师对他确定未来的学术研究方向起到了至关重要的作用。

阿希与从众实验

所罗门·阿希在心理学领域广受赞誉，最擅长将深刻的哲学理念和创新的系统实验结合在一起，为理念得出一个明确而清晰的结论。来哈佛之前，他曾在斯沃斯摩尔学院（Swarthmore College）授课，1955—1956学年秋季学期，他以客座讲师的身份受邀来到哈佛的社会关系学系，顶替这个学期去英国剑桥度假的杰罗姆·布鲁纳。布鲁纳和奥尔波特都认为，这是邀请阿希加入哈佛的最佳时机。

奥尔波特指派米尔格拉姆在这一年中担任阿希的助手。秋天，米尔格拉姆成为阿希“社会关系107”课程，即社会行为的心理学基础的助教。阿希很高兴与斯坦利共事，并在一封致系主任塔尔科特·帕森斯的信中表达了他的这种看法。正是这封至关重要的信，确保了米尔格拉姆在毕业之前一直都享有助理奖学金的待遇。

阿希最著名的学术成就是从众实验。他设计了一种简洁有力的实验范式来研究从众现象。阿希之所以对从众感兴趣，是因为当时心理学界"只是片面强调个体的奴性会屈从于集体的力量，而不去探究个体的独立性，不去思考个体和环境之间的关系所产生的影响"。阿希强烈反对当时学术界的这种态度。他对人性的看法更加乐观，他认为，人的社会行为并不是对社会压力的被动反应。那通常是一个更加理性的过程，是对所有可供选择的行为方式进行主动理性权衡的最终产物。

当时，业界基本上是用行为主义的机械方法研究社会对个体的影响的。阿希的观点代表了与这种方法的彻底决裂。行为主义者认为，在学习和维持新行为的过程中，强化和奖励扮演着核心角色；我们之所以屈服于社会压力，是因为过去的经验告诉我们，只要附和其他人的意见，通常会得到一个有奖励的结果。信奉刺激 - 反应的行为主义者认为，由于过去的强化，他人的意见就变成了刺激，会自动激发个体做出从众反应。库尔特·勒温及其学生们将社会心理学从行为主义的束缚中解脱出来，而阿希在社会交互上的观点更加理性，是对勒温理念的进一步补充。

阿希从众实验程序的基本设计，就是将个体放在一个群体情境之中，个体在这个情境中发现自己的判断与其他人的判断有着直接的冲突。罗杰·布朗称这个实验范式是被试的"认知噩梦"。

THE MAN WHO SHOCKED THE WORLD **阿希从众实验**

当被试在规定的时间来到实验室时，会看到 7 名被试坐在桌子前。主试指引他和大家坐在一起，然后对这位被试说，这个实验的目的是研究知觉判断。主试将给被试看 18 组卡片，每组 4 张，一张画着标准线，其他 3 张则画着不同长短的线，其中一张与标准线长度相同。被试要在 3 条不同长短的线中，找到与标准线相同的线。小组中的每名成员依次说出他们的结果，被试排在最后一名。这个实验乍一看上去似乎太简单了。但是被试很快就会面临进退两难的局面。事实上，其他 7 人都是假被试。他们将在 18 次实验中给出 12 次错误答案，这 12 次实验被称为“关键”实验。

在开始的两组线条辨析中，所有人的结论都是一样的，一切进行得似乎都很顺利。在第三组卡片中,3 号线应该是正确的答案。但是第一名“被试”宣布答案是“1 号线”，第二名被试亦然。随着越来越多的参与者陆续给出“1 号线”答案，那名真正的被试可能会想：不对啊？轮到他宣布答案时，他已经陷入了困惑和挣扎之中，但他必须马上做出决定：相信自己的判断还是附和大多数人的判断？结论令阿希很惊讶，在 18 组线条判断中，被试在约 1/3 的判断中附和了“伪群体”的答案。

阿希以这个实验为基础，做了一系列的变体实验，借此判断影响从众比例的因素。比如：改变伪群体规模的大小；改变知觉任务的难度，即 3 条备选线的长度差别；创造一个非一致性群体，即伪群体中有一名成员将给出正确答案等。

向权威发起挑战

不必再为经济问题发愁，米尔格拉姆又恢复了自信，在哈佛的第二年越发自由自在、随心所欲。他那无拘无束的个性也展露无遗：冲动，经常冒出很多富有想象力的怪点子，时不时展现出古怪的幽默感，有时候还有点儿骄傲自满。他与年轻教师聊天的时候通常都直呼其名，比如 1955 年秋季学期主持社会和临床心理学研究班的理查德·索罗门（Richard Solomon）、乔治·曼德勒（George Mandler）等，这绝对违反了哈佛的正统规范。他喜欢和朋友约翰·沙弗（John Shaffer）一起即兴编些俏皮话或者写打油诗。喜欢在马路上与陌生人攀谈，有时候又会在宿舍中坐一两个小时，闭着眼睛，在脑海里构思一些特别有意思的电影。

此外，他还有了一个“不良嗜好”，偶尔和几位关系密切的同学一起服用佩奥特（Peyote，一种有致幻作用的仙人掌）。著名临床心理学家罗伯特·帕默（Robert Palmer）就曾是这些同道中的一位。帕默还记得服用这种仙人掌后的感受，当时他开车穿过坎布里奇的大街，周围的光线变得色彩缤纷，闪亮鲜艳。走进房间后，他还能在铺着油毡的地上看到飘忽的红色和绿色光团。

1956 年的春季学期开始，米尔格拉姆依旧担任阿希的研究助手。他在这个学期选修了 4 门课程。2 月 21 日，就在开学后的第三个星期，他收到斯布莱格女士的通知：按照规定，接受助理奖学金的学生最多只能选修 3 门课，他违反了这个规定，必须减少课程的数量。米尔格拉姆在回复中抗议她如此解读系里的规定，并且表示如果她是正确的，他计划向院长提交请愿书。他还用带着点讥讽的语气写道：“鉴于您的观点可能是正确的，我已经准备好招募一名秘书，用漂亮花哨的字体手写一份请愿书；而且要用拉丁文，这肯定会有效果。”但是，埃莉诺·斯布莱格就像一本“活法典”，对系里各种书面或非书面的规定都烂熟于胸，不可能在这个问题上犯错。事实当然证明她是对的，米尔格拉姆向院长提出的请愿也被驳回。他不得不把科目降到规定的 3 门。

后来，他曾经致信高等学位委员会的代理主任弗雷德里克·莫斯提勒（Frederick Mosteller），要求报名参加两门暑期课程，这也超过了系里的规定。这封信的口气稍显放肆。信的结尾这样写道：“在我看来，您的部门应该不会拒绝我的计划。贵部门如果不发出通知，我将视其为同意。”这封信的口气颇为傲慢自大，可能也是因为如此，他一定是“收到了通知”，因为他的学生成绩单显示，那年暑期他只参加了一门课程的学习。

02

THE MAN WHO SHOCKED THE WORLD

不同的文化，不一样的从众行为

米尔格拉姆的跨文化实验有着深远而划时代的影响力，因为它呈现了一个重要的里程碑，将民族性格的研究主题从沙发椅上的思索，转化为客观的科学性探究。

米尔格拉姆选择的博士论文题目是“国民性”（national character）。所谓国民性就是一种文化区别于另一种文化的特征。1953 年夏天的欧洲之旅让他开始对跨文化差别产生了浓厚的兴趣。进入哈佛之后，这种随性的兴趣逐渐转变成更严肃而系统化的学术思考。1955 年春天，他为奥尔波特的社会心理学资格课程提交了一份国民刻板印象（national stereotypes）的分析报告。一年后又参加了罗杰·布朗的国民性阅读课，通读了上百篇与这个主题相关的文章和多部书籍。1955—1956 学年担任阿希助理期间，通过阿希的群体压力实验，他学习到了实验方法这个有力的工具，并在纷繁无序的跨文化问题海洋中，找到了一个很有研究价值的课题：比较两个或多个国家的从众水平。

如何以实验方法研究“国民性”

在他心目中最理想的论文导师莫过于奥尔波特。他们此时已经建立了非常密切的师生关系，此外，文化差异和群际关系同样也是奥尔波特广泛的研究兴趣之一。最重要的一个原因还是在于奥尔波特指导学生的方式。他总是能给学生一个足够大的发展空间，让他们一直保持着自己的研究方向。奥尔波特的另一名学生汤姆·裴迪格鲁（Tom Pettigrew）这样说："高尔顿告诉他的学生们，他坚信每个人都有着独特的性格。他在教学的过程中也贯彻着这个信条。他支持我们始终按着自己的方式追求自己的理想……"

米尔格拉姆计划在1956—1957学年完成所有博士学位课程，然后在1957—1958学年进行博士论文的课题研究。因为他计划在国外进行该研究，所以需要些经济支持。1956年秋天，在对一些组织提供的奖学金进行了一番调研后，他认为社会科学研究会（Social Science Research Council，SSRC）的研究培训奖学金最契合他的需求和条件。

奥尔波特已于这一年的春天出国度假。米尔格拉姆不愿在老师休假期间打扰，但社会科学研究会奖学金申请的截止日期是1957年1月7日，奥尔波特大概要等到12月初才能回国，米尔格拉姆等不到年底了。他在10月17日给正在意大利的奥尔波特写了一封长信，希望奥尔波特担任他的博士论文导师。他这样描述自己的研究想法：

> 您远在欧洲，我却要拿一些本来应该与系里商议的事情烦扰您，真的很抱歉，但是事情已经迫在眉睫……我计划在1957—1958学年开始写毕业论文，题目是"国民性"……在哈佛所有教师中，我最希望您做我的论文导师。我知道和您相比，有些教师对国民性的研究似乎更加主流。但是我感觉与您的看法更加不谋而合。正如您在《偏见的本质》（*The Nature of Prejudice*）第6章"群体差异的科学研究"中所说："我预计会有这样或那样的不同见解，但这些不同见解都处在一个具有广泛一致性的背景之中。"

米尔格拉姆还告诉奥尔波特，在研究有关国民性的文献时，他发现这些文章大多是断章取义，仅仅基于主观印象，没有对实际行为进行直观、系统的观察和客观、科学的研究。他在担任阿希助理的过程中接触了实验方法，并希望能以实验的方式完成自己的研究。他的计划是在英国、法国和德国对阿希的从众实验进行跨文化重复，但对实验细节进行了一些改动，将判断线条长度改为辨别一组声音。只需提前录制好“压力组”的错误回答，在实验过程中不需要假被试到场，这样可以节约费用。

他在这封信最后表示，尽管他对这个计划的热情“持续不断地高涨，但我不指望别人也能感同身受……如果您觉得这个点子还可以，希望您能做我的论文导师”。

当时正在罗马的奥尔波特在回信中表示，他很高兴米尔格拉姆对国民性这个课题感兴趣，并进行了充分的准备工作。总体而言，他认可米尔格拉姆的研究方向，对他的实验动机表示了赞许。只要能找到一种双方都满意的合作方法，他就愿意做米尔格拉姆的论文导师。但是，他对那个实验还有些担忧之处：“恐怕你设计的实验行不通。主要是因为你对实验设备、被试和欧洲人的配合度过于乐观。这都是些麻烦事，最终会让你陷入无休止的沮丧之中。”他建议米尔格拉姆将这件事情延后到他 12 月初回到坎布里奇，然后进行面对面的商讨。

奥尔波特回哈佛后，和米尔格拉姆一起将研究计划整理成一个更加现实可行的方案。从最初的三个国家改成两个国家：美国和挪威。奥尔波特之所以提议挪威，是因为奥斯陆的社会研究学院（Institute for Social Research）应该是进行跨文化研究的理想场所。该院曾成立了一个比较社会研究组织（Organization of Comparative Social Research，OCSR），对背离群体标准的现象进行多国比较研究，这是当时为数不多的利用实验方法进行的跨文化研究之一。可惜这个组织很快就解散了。该研究院中有些成员对跨文化研究很有兴趣，比如拉格纳·罗米维特（Ragnar Rommetveit）和斯坦·洛肯（Stein Rokkan）。估计他们会欢迎米尔格拉姆和他的实验。

接下来，奥尔波特致信罗米维特和洛肯，并在信中附上米尔格拉姆向社会科学研究会提交的申请复印件。奥尔波特在信中询问，该学院是否允许米尔格拉姆在那里进行实验，并为他提供一些必要的帮助。奥尔波特还说："米尔格拉姆今年 23 岁，是一位热情积极的年轻人，充满了干劲，反应敏锐，真诚友好，我想你们会喜欢他的。"两位教授在回信中都对米尔格拉姆的计划表示了很大的兴趣。他们向米尔格拉姆介绍了一些可以协助他完成实验的同事。这份名单中既有社会研究学院内部的成员，也有奥斯陆大学心理研究所的成员，该研究所隶属于社会研究学院。

米尔格拉姆在 1956 年的最后一个星期向社会科学研究会提交了研究培训奖学金申请，并于 1957 年 3 月 26 日收到社会科学研究会的回信，告知他目前已被列入备选名单。备选人员很少，但最终结果如何，还要看奖学金获得者中是否有人撤回申请。很显然，的确有人撤回了申请，因为两个星期之后，即 4 月 10 日，他获得了这笔奖学金，一年 3 200 美元。

命运似乎在向米尔格拉姆微笑。但麻烦接踵而至，米尔格拉姆在两个月后收到奥尔波特的信，告诉他："6 月 6 日系会议上的投票结果：你未能通过统计学考试。"研究生如果想获得博士学位，必须通过几项必考科目，统计学就是其中之一。但统计学每年只考一次，这就意味着米尔格拉姆最早也要等到明年才能再次参加考试。

奥尔波特也将这一意外通知了社会科学研究会的常务董事埃尔布里奇·西博利（Elbridge Sibley）。西博利对此"深表遗憾"，因为米尔格拉姆提交的研究申请中有很多的数据分析，统计学是必须具备的能力。眼看着奖学金就要成为泡影，米尔格拉姆写信给西博利，表示尽管统计学考砸了，但他曾在 1956 年夏天参加过一个优等生统计学课程，他确信自己的统计学水平能够胜任研究项目的需求，这一点他周围的人也有共识。如果西博利对他的统计能力不满意，米尔格拉姆提议，他可以在去挪威之前提交一份周详的"统计学专题论文"，详细阐述研究中将要使用的数据分析方法。此外，奥尔波特和弗雷德里克·莫斯提勒也证实了米尔格拉姆的统计学水平。

最终，西博利同意米尔格拉姆继续推进他的研究计划，不需要在统计学问题上进行额外的准备。莫斯提勒的证明是米尔格拉姆顺利获得奖学金的关键，因为他是统计学领域中的权威。

从7月起，社会科学研究会每个月都会给他拨一笔研究经费。这个夏天他利用这笔钱在哈佛学生中进行了一些预备实验。

但是米尔格拉姆的挪威之旅还有最后一个需要解决的问题。论文委员会将召开一次会议，对他的论文题目进行审批。如果审批不通过，他依旧无法如愿。当时正值暑假，委员会中的大多数成员都离开了哈佛，会议推迟到9月23日举行。在会议上，委员会向米尔格拉姆提了一些参考意见，当然，这是大学论文评审必走的过程。委员会顺利批准了他的申请。奥尔波特在会后写给米尔格拉姆的信中，总结了委员会的意见，并在信的末尾表达了对米尔格拉姆的信心：

> 我想再次重申，我们都知道实验设计需要进行一些改动。我们希望你能灵活地适应新环境，多听取挪威新同事的建议。此外，如果你想把论文题目改成“挪威鲱鱼市场”之类的，最好先和我们商量。
>
> 真挚地祝愿你在未来的一年中获得成功！
>
> 此致
>
> 高尔顿·奥尔波特

10月5日，米尔格拉姆踏上了开往奥斯陆的远洋客轮“卑尔根峡湾号”。这是一艘刚刚投入运营的客轮，往来于挪威和美国之间。到达奥斯陆的当天没有什么特别之处，金秋十月的北欧，秋风略带寒意，阳光明媚，人来人往，行色匆忙。几天后，他在写给一位女性朋友的信中开玩笑地说，社会研究学院的人派来一位可爱的金发女秘书去港口接他，但两个人却在港口错过了。

相比巴黎、罗马或马德里，他觉得奥斯陆更像是一个典型的美国城市。马路上飞驰着大块头的汽车，人们的穿着打扮很像一些美国小城镇的居民。但女孩子们各个漂亮迷人、身材高挑，“可比矮小的斯坦利高”，当然，与他个头般配的女孩子也不少，他很希望能有机会结识几位漂亮女郎。他还很武断地认为，奥斯陆“明显不如哥本哈根那么具有吸引力，事实上，这里真可算是魅力乏善可陈”。但是随着时间的推移，他对奥斯陆有了更加细致入微的了解，并且逐渐爱上了这座城市和这里的人们。

到达奥斯陆一个月之后，他就给奥尔波特写信说：“大自然对这片土地的馈赠并不慷慨，我对这里的人们创造出来的成就深表敬意。但应该有人委婉地告诉这些现代维京人，格里格（挪威著名音乐家）与巴赫不可同日而语，易卜生（挪威著名文学家）也无法跟莎士比亚相提并论。”

接待米尔格拉姆的机构是社会研究学院，但该院没有适合米尔格拉姆做实验的房间。最终，他们在奥斯陆大学心理学系的地下室找到了一个合适的实验地点。心理学系与社会研究学院有着密切的合作关系。米尔格拉姆在挪威的主要导师拉格纳·罗米维特就同时在这两个部门中供职。除了来自研究院和心理系的帮助，还有两位可以为他指点迷津的著名美国社会心理学家：耶鲁大学的欧文·贾尼斯（Ivring Janis）和密歇根大学的丹尼尔·卡茨（Daniel Katz）。他们当时以富布莱特（Fulbright）访问学者的身份在奥斯陆大学工作。

在奥斯陆的第一个月，他主要忙于准备繁复的实验细节：钻孔，接电线，录制实验指令，编排配对的音调，录制压力组成员的声音。最后一个步骤就是对各种录音资料进行编排，制造压力组在实验室中的假象。为了能用被试本国的语言进行实验，米尔格拉姆聘请心理学博士生古特姆·兰加特（Guttorm Langaard）帮忙。除了可以用他的声音在实验中充当主试之外，他还可以帮助米尔格拉姆招募被试以及打点其他的琐事。

11 月中旬，实验的方方面面已经就绪，随时准备迎接被试。为了使他的研究成果更具普遍性，他要尽可能保证担当被试的学生来自挪威的东南西北。这不是一件难事，因为奥斯陆大学是当时挪威唯一一所综合性大学，学生来自挪威各地，从南部的奥斯陆到北部的北极圈。

THE MAN WHO SHOCKED THE WORLD 跨文化从众实验

他对每一位被试说：实验共有6位参与者，所有人到齐才能开始，因此要尽可能早一点儿来到实验室。当被试走进实验室，会看到一个长凳上堆着几件外套。实验工作人员让他把外套也放在长凳上。实验室里有6个小房间，门上有号码，被试被领到一间用挪威文写着的“6号被试”的房间门口。这些细节是为了让被试感觉其他被试都已到齐。6号门打开着，里面是一个小房间。被试就位之后戴上耳机，面前摆着一个麦克风。

实验任务是判断声音的长短。被试首先听到两个不同的声音，然后其他的5名“被试”会依次说出哪个声音更长，被试被安排在最后发言。当然，其他的5个“答案”都是米尔格拉姆预先录制好的。实验共有30组声音，5名假被试会在16组声音中同时给出错误答案。在这16个关键实验中，被试也面临着在阿希从众实验中的心理斗争：他们是应该坚持自己的独立判断，还是屈从于群体的压力，说出同样错误的答案？

被试并不知道其他5名被试根本不存在，他听到的只是这些人的声音。米尔格拉姆通过精确地播放这些声音，制造了多人进行实验的假象。录音衔接非常巧妙，以至于在实验结束之后，当米尔格拉姆告知实情时，很多被试根本不相信他们是这里唯一“活着”的被试。

米尔格拉姆拒绝传统礼俗观念的束缚，喜欢随时随地展示他那富有活力的幽默感。比如，人们通常认为，科学论文就应该刻板严肃，不加渲染，有时候甚至会在无意中产生令人昏昏欲睡的效果。但米尔格拉姆的论文却拒绝刻板严肃。他在这次实验的报告中这样解释虚拟压力组的好处：这些“参与者”永远都能配合研究人员的工作时间，随叫随到。此外，磁带上的人在重播的时候不会要求支付版税。

在第一轮的关键实验中，被试给出错误答案的比例是 62%。每次实验结束之后，米尔格拉姆都会与被试进行一次面谈，收集一些定性信息，然后告知实验的真正目的和细节。几乎所有的被试都否认或低估了群体对他们的影响。尽管米尔格拉姆在奥斯陆学习了一点儿挪威语，但在实验初期，他还是担心与挪威当地人沟通的问题。然而他很快发现这种担心毫无必要，因为这 150 名大学生被试各个英语流利，没有任何沟通障碍。他在一封信中以很诧异的口气说：“他们每个人的英语水平都很好，我无法用语言描述我的惊讶。”

第一轮实验是整个系列实验的“基准情境”。在第二轮实验中，米尔格拉姆的实验目的是：如果为“说出正确答案”设定一个条件，是否会影响从众的比例。他告诉被试，实验收集的数据将用来设计飞机安全信号，也就是说，被试的答案正确与否，可能会带来严重的后果。结果，从众比例降低到 56%。但是和第一轮实验中的 62% 之间并不存在显著差距。该条件也用于后来的各种变体实验中。

尽管米尔格拉姆在第二轮实验，即飞机情境中强化了错误答案的后果，实验中依旧有超过 50% 的被试屈服于群体压力。在基准情境和飞机情境中，虽然被试给出正确答案的方式不同，但两者有个共同点，都要求被试公开说出自己的回答，至少被试自认为如此。米尔格拉姆想：如果被试不以口头表达的方式说出答案，他的行为会不会更加独立？还是说，从众倾向根深蒂固，被试在别人听不到的情况下依旧会服从群体的压力？

第三轮实验中，一组新的被试进行了同样的“飞机情境”实验，但有一个重要的不同点：被试在听到其他人的答案之后，将自己的答案写在纸上，没有人会了解他的答案是什么。在这个“私密情境”中，从众比例进一步下降，但下降的幅度不如预期那么明显，依旧接近50%。

理论假设和实验结果哪个更重要

米尔格拉姆的论文主题是对挪威和美国进行从众比较。他计划收集完挪威的实验数据后回美国，在美国大学生中重复挪威的实验，然后对两国的数据进行比较。在递交社会科学研究会的申请附带的研究计划书中，他估计美国人的从众比例可能高于挪威人。这个假设基本上源自他阅读的相关研究报告，但这些报告大多只是知识分子的主观臆断，没有太多的事实依据。米尔格拉姆的实验目标正是要利用客观而恰当的实验方法，为文化间的行为差异提供客观依据。他对这些差距到底是什么并不是很感兴趣，他更关心的是：是否可以通过客观的实验方法将这些差异识别出来。

这种理念背离了战后社会心理学界的一种普遍观点。当时的社会心理学家相信，只有那些以理论为基础、以检验方向性假说为目标的研究才是通往纯科学的高贵之路。这是社会心理学源于自然科学中的传承。此外，这些社会心理学家还有一个不言而喻的下意识动机：提出一个假设并在实验中验证假设，标志着研究人员具有引以为傲的科学嗅觉和远见卓识。

米尔格拉姆坚定地站在社会科学的阵营中，但并不赞同业界过于强调验证假设的实验态度。

> “实验法是为了证实假设”是一个普遍的社会心理学谬误。有时候，我们有理由去猜测一个实验的结果，但是这种猜测通常既不可靠也不理想。在本次研究中，群体压力实验的作用是担当一个可控的观察和测量工具。在跨国研究的层面上，我们对各个国家的情况

并不了解，甚至无法获得一些最简单客观的资料，因此，实验就不再需要假设，它最多只能算是一个温度计。测量的方式与我们从阅读中得出的假设之间没有必然的联系。

实验结果显示，挪威的从众比例很高，米尔格拉姆在与被试和其他人进行沟通的过程中，逐渐了解了挪威人真正的行为和价值观，加之在奥斯陆生活中的直接观察，使他意识到之前做出的挪威人比美国人更“个人主义”的猜测是错误的。他发现挪威的社会中笼罩着一种平等主义思潮，这里推崇的是集体团结和一致性，从集体中突兀出来、引起太多的注意，都是被挪威社会排斥的行为。米尔格拉姆的挪威同事还向他介绍了“詹特准则”（Janteloven）①，这个不成文的社会道德规范中包括 10 条“戒律”，体现的就是挪威和其他斯堪的纳维亚地区国家的集体团结规则。其中有 3 条这样写道：

不可自诩更优秀
不可自诩更博学
不可自诩更智慧

米尔格拉姆在完成了前三个情境实验之后，给奥尔波特寄去了一份详细的进展报告。他指出，挪威实验结果的基本模式类似于他在哈佛所做的预备实验，这完全推翻了他之前所做的假设：“我之前以为，挪威人的独立性会远远高于美国人，但实验结果否认了这一点。”此外，他还得出了这样一个结论：“你无须在挪威住太久就会了解这样一个事实：挪威人的气质、外貌以及生活方式要比其他欧洲人更像美国人。由于选择了一个没有可比性的国家，寻找国家之间的实验差异变得特别困难。”

① 丹麦作家阿克塞尔·桑迪摩斯（Aksel Sandemose）在 1933 年出版了《越轨的逃亡者》一书。在虚构的“詹特”小镇中，人人必须遵守“詹特准则”，核心思想就是要求人人一致。——译者注

面对这样的结果，米尔格拉姆不得不思考到底哪个国家更适合与美国进行比较。他首先想到的就是法国。1953 年的巴黎之旅给他留下了一个更加自由主义的印象，他感觉法国这个国家不会像挪威那样具有社会共识性，法国的传统似乎鼓励批判，鼓励意见多样化。他在写给奥尔波特的信中说："对我而言，法国似乎是一个非常好的选择，这就意味着实验将从斯堪的纳维亚体系转向拉丁体系。挪威人和法国人彼此都将对方看作完全不同的人种，没准结婚了都没法生孩子。"

前几个情境实验的结果耐人寻味，出乎大多数人的意料，包括米尔格拉姆。他认为，除了最初计划的几个实验情境之外，还需要再做一些变体实验，进一步界定挪威人从众性的范围。但是，如果只是在大学生中进行实验，就会一直存在普遍性的问题，无法保证实验结果代表绝大多数人群。尽管学生来自挪威各地，但是当时奥斯陆大学的学生只占挪威人口的千分之一。因此，米尔格拉姆认为有必要寻找校外被试，对这三个实验情境进行重复。

奥尔波特对米尔格拉姆的进展感到很高兴。他觉得米尔格拉姆修改过的计划有理有据，很有说服力，并祝愿米尔格拉姆的实验顺利进行。实验计划的改变意味着米尔格拉姆需要延长在挪威停留的时间。当时已近 2 月中旬，他估计可能要在 5 月末才能完成所有的挪威实验，而奖学金的截止时间是 6 月末。很显然，不管他和奥尔波特选择哪个国家进行对比实验，他都需要为下一个学年的研究寻求资助。

就在他为这个问题而烦恼时，恍若"天降奇迹"一般，他收到了一封来自埃尔布里奇·西博利的信，通知他社会科学研究会启动了一项"博士论文完成奖学金"计划，将在未来的一年中为他提供资金，助他完成博士研究。米尔格拉姆需要填写一份申请表，提交他的研究计划，还需要熟悉他研究进展状况的人提供一份机密评估，这当然就是奥尔波特的分内事了。奥尔波特在写给西博利的信中毫不吝惜对米尔格拉姆的溢美之词："米尔格拉姆十分聪明，他的研究已经取得了极佳的进展，如果可能，希望您再为他提供一年的支持。”1958 年 3 月 20 日，米尔格拉姆接到通知，他获得了一年的延期。

他先在大学生中进行更多的变体实验。其中一个实验中，米尔格拉姆想了解被试对声音批评的敏感度。他先录制了一些冷嘲热讽的评价，比如：“真够卖弄的。”录制这些评价的磁带装在另外一个录音机里。如果被试在实验中没有服从压力组，而是给出了正确答案，米尔格拉姆马上就会把这种评价插进去。这种加入了同伴谴责的“谴责情境”，将从众比例提高到了 75%。

很多被试在实验后的采访中表示，他们之所以跟随大多数人的判断，是因为不确定自己的答案是否准确，如果他们能够克服自我怀疑可能就会更加独立。为此，米尔格拉姆做了最后一个变体实验，检验被试的这种自我解释。米尔格拉姆对实验过程进行了修改，被试在听完声音之后，如果感到不确定，可以摇铃请求主试将某组音调重放一遍，进行再确认。结果，从众率下降到约 69%，事实上，在“摇铃情境”下，20 位被试中只有 5 位请求重放录音，大多数被试都没有使用这个机会。这个事实强有力地证明，被试屈从于群体的回答，的确表明了他们的从众倾向，并不仅仅是因为他们怀疑自己的答案。

为了验证如此高的从众比例不仅限于大学生，米尔格拉姆对一组来自电气公司的工人进行了实验，这家公司类似于美国通用电气（General Electric）或西屋电气（Westinghouse）。米尔格拉姆在实验中又加入了一些细节，使实验显得特别逼真。他先找到这个公司的其他工人，录制了一些伪压力组声音。这样，被试听到的压力组声音就带着与他们类似的口音，实验情境显得更加逼真。米尔格拉姆对这组工人重复了两个情境的实验：飞机情境和谴责情境。

他发现工人比学生更独立。在飞机情境的实验中，工人的从众比例是

49%，学生则是 56%。而在谴责情境中，工人的从众率为 68%，学生则是 75%。但是这种差别从统计学的角度来看并不显著，依旧可以算是同一水平。从这个角度来看，两组被试的从众比例近乎相同，米尔格拉姆得出了一个结论：总体而言，实验结果证明了挪威人的普遍行为特征。

实验也有伦理

在实验结束后 2 个月左右，米尔格拉姆向学生被试发了一份调查问卷，了解他们对实验中一些伦理问题的反应。

第一个问题是：实验刚结束时的感受如何？大多数人都表示对自己的表现感到很不满意，因为他们没有弄清楚到底发生了什么。

第二个问题是：你现在认为这个实验符合伦理还是不符合伦理？答案有 4 个选择：1）特别不符合，2）不符合，3）符合，4）不知道。共有 91 名被试回答了这个问题，没有人选择第一个答案，选择第二个答案的有 8 人，第三个 14 人，69 人选择了第四个答案，占了大多数。

第三个问题是：你现在对参加这个实验的感受如何？从“特别高兴”到“特别遗憾”，共有 5 个选项。没有人选择最后一个，93 位受访者中只有 1 个人感到“遗憾”，大部分受访者（70 人）都表示他们很高兴或特别高兴参加这个实验。在之后引发强烈社会争议的服从实验中，米尔格拉姆也曾在实验后的调查中再次提出了这个问题。

他在总结调查问卷时写道：

> 尽管实验中存在着欺骗的成分，但大多数被试似乎都很高兴能够参与实验。可能有这样几个原因：首先，他们明白，这种欺骗的目的主要是为了科学的进步而不是为了个人利益。其次，我们在实验结束后尽快将实情告诉被试，这也让他们很欣慰。无论他们在实

验中的表现如何，由于我们最终把实验的真实目的和方法告诉了他们，这就代表着对他们的充分信任。实验是否成功，取决于他们是否认可和支持这种信任。

我们可能在20分钟的实验过程中伤害了他们的尊严，但是，当我们在实验结束后将这种信任传递给他们时，就是对他们尊严的肯定。大多数被试都接受一个事实：欺骗是这个实验中的一部分，他们没有从伦理的角度对其加以谴责。但这并不意味着他们的回答可以为这个实验定性。调查问卷只是一种辅助手段，不是为了掩饰实验中不符合伦理的因素，这种调查结果与实验有着密切的关系。

他对实验伦理的关注在当时的心理学研究中显得特别不同寻常。当然，阿希是一个例外。阿希在从众实验的报告中就谈到了与实验相关的伦理问题。比如，他在一份报告中指出：（实验）情境将一种特别的责任加在了研究人员肩上，他们有义务对实验参与者予以某种程度的保护。而笔者的经验是，与实验过程中短期的痛苦或不适相比，研究人员处理实验的方式更加重要。米尔格拉姆曾经读过阿希的实验报告，但是在向奥尔波特汇报伦理问卷的情况时并没有提到阿希，而是将其归功于另一位社会心理学家理查德·克拉奇菲尔德（Richard Crutchfield）。除此之外，没有提及任何其他可能启发过他灵感的前辈。但是，我们应该有理由假设，米尔格拉姆对实验伦理问题之所以如此敏感，阿希的实验报告以及作为阿希助理的经历功不可没。

海外留学的小插曲

米尔格拉姆把大部分的时间和精力都花在了实验上，先是在挪威，接下来在法国。但他还是能抽出时间参与社交活动、广交朋友、参加当地的学生文化活动、给家人和朋友写信、假期去欧洲各国旅行等。生活并不枯燥单调。

他在写给一位纽约朋友的信中吹嘘道：哈佛传来消息，他的博士论文研究被认为是系里最重要的研究之一。然后他又承认，事实并非如此，因为他本人就是这个流言的始作俑者。除了给家人写信之外，他还时不时给他们寄些小纪念品。有一次，他给约尔寄了几个挪威木雕。后来他对弟弟坦白，那些木雕其实都是按照他的模样刻出来的，他还在信中说："一个地方的气候和饮食习惯会极大地改变人的外表与性格，真令人感到惊讶。"

他将工作中的每次进展都悉数告诉他的母亲。母亲也会在回信中说，对儿子取得的成就感到特别骄傲，并闲聊起新买的小汽车和看过的电影。她的确是一位对孩子关怀备至的母亲，在信中细致入微地嘱咐米尔格拉姆，开他那辆大众车出门一定要特别小心，不要花光了户头上的钱，还很好奇地问他是否遇到过一些不错的犹太女孩等。米尔格拉姆去英国之前，她温柔地建议儿子应该为英国的旅行准备一两套好西装："但一定要是那些在美国也拿得出手的好衣服。"但在出发之前，她又希望他不要去，因为英国正在闹流感。

不过，米尔格拉姆写回美国的信偶尔也有情绪低落的时候。他曾经写给哈佛同班同学约翰·沙弗一封语气尖刻的信，其中一些语句好像预言一样，预示了他在未来的学术道路上的重要方向。

> 我真正的精神家园并不在法国、地中海国家、英国、斯堪的纳维亚或是德国北部，而是在中欧，在慕尼黑、维也纳、布拉格这样的地方……我应该出生在1922年，出生在一个说德语的布拉格犹太人社区中，长到20岁后死在毒气室里。我怎么会出生在布朗克斯的医院里呢？我永远都无法理解。

米尔格拉姆在挪威的业余活动丰富多彩，其中给他留下深刻印象的就是滑雪，这项运动很快就成为他的快乐之源。他常去离奥斯陆不远的诺德马卡滑雪，那剔透的山中美景令他迷醉折服，无法自拔地爱上了这项运动。

在写给斯布莱格的信中，他这样描述："我刚来到奥斯陆的时候，根本不会滑雪；当我离开奥斯陆的时候，也不是个中好手。但是我却永远不能忘记在奥斯陆的那些傍晚时分，当我沿着宁静的山间雪道向山下滑去，看到跳台滑雪的人腾空而起，洒下茫茫雪花。在夕阳中，这些云雾一样的雪花晶莹闪亮。"

女孩子们也是挪威之行的美好回忆之一。1958 年 1 月，他遇到了一位英国女孩罗莎琳。在接下来的三个月中，她都是斯坦利固定的女伴，直到她回国。他们会在周六一起滑雪，一起在斯坦利的公寓里做晚饭。斯坦利特别喜欢她，虽然这种感情并不是爱情，她的相伴总是让斯坦利感到幸福和满足。

在城市周边的山丘上建着很多学生公寓，他在奥斯陆的这一年中一直都住在这里，与一些挪威学生合住。他的一位室友叫艾恩·奥拉弗·布伦特兰（Arne Olav Brundtland），其未婚妻就是未来的挪威女首相格罗·哈莱姆·布伦特兰（Gro Harlem Brundtland）。在那间狭小的公寓中住了 5 名学生，但是令斯坦利惊喜的是，大家相处得非常好，形成了一个关系密切的小团体。一年后当米尔格拉姆去法国的时候，分离让每个人都颇为伤感。

挪威人让米尔格拉姆感到很温暖，但这里的气候就不那么令他舒心了。离开挪威后，他曾写信给一位挪威朋友，回忆起挪威的天气：当奥斯陆进入雨季，整个城市顿时变得泥泞不堪。瓢泼大雨冲刷着旧城中的那些尿液颜色的围墙。肺炎和鼻窦炎频发，令人备感沮丧低落。雨过天晴之时，阳光浓烈刺眼，将城市中的一切都淹没在一片琥珀色之中。

米尔格拉姆在挪威停留的时间比预计的长。尽管他在 3 月底完成了学生实验，但在寻找校外被试的过程中遇到了些困难，这个问题直到 5 月中旬才解决。到了 7 月中旬，他完成了电气公司工人的两个情境实验，之后又在奥斯陆停留了一个月，主要是为了利用大学里的计算机设备处理实验数据。他将数据输入 IBM 的穿孔卡片后进行分析，最终完成了一份初步的研究报告。8 月中旬，他离开奥斯陆来到巴黎。

很显然，他更加喜欢巴黎，并很快适应了这里的生活。自 1953 年夏天的首次巴黎之行已过去了 5 年，这个城市几乎没有什么变化，依旧那么妩媚迷人，令他心旷神怡。

> 巴黎是我最喜欢的城市。它是如此美丽……秋天，棕褐色和金黄色的枫叶散落在卢森堡花园的古典大理石雕像周围，空气中弥漫着袅袅秋烟的香气，塞纳河渲染着棕色、橘色和深红色，这些都是巴黎秋季的颜色。奥斯陆是一个小镇，哥本哈根是一个城市，纽约是一个大都会，而巴黎则是文明之地……

不过，他对法国人的印象就要复杂得多。来到巴黎后不久，他在写给哈佛同学扫罗·斯腾伯格（Saul Sternberg）的信中就表示，他对与法国人合作的前景表示悲观，至少可以肯定的是，不可能像与瑞典人合作那么愉快。他说："法国人大多自私狭隘，满嘴谎言，像醉醺醺的青蛙一样令人讨厌，和他们共事，堪比与一群狂妄的骡子打交道。"

但这种厌恶感逐渐变得客观。几个月后，在写给另一位朋友的信中，他觉得与巴黎相处得越来越和谐："当我感到沮丧的时候，只需走出去，站在那些人头攒动的市场、喧闹狭窄的街道或是热闹的广场中，就会深刻地意识到自己还是凡俗世界的一部分。法国有一种浓重的世俗之气。这里的人们放声大笑、高声吵闹，他们蹙眉、戏弄、欺骗、哭泣、歌唱、砍价、争吵、微笑、愤怒、悔改，这一切都让我感觉他们是我的同类……"

就像在奥斯陆一样，他很快就融入了巴黎的学生圈子。先是在左登大街（Boulevard Jourdan）的维克多里昂基金会（Foundation Victor Lyon）公寓落了脚，这是一栋面向学生的宿舍楼。他租了一间装修现代的单人房间，房租每月 20 美元，有一扇漂亮的落地窗，可以欣赏到楼下一个古典花园的全貌。此外，他设法弄到了法国政府发放的学生餐补，每天只需不到 60 美分就能吃饱吃好。他在写给朋友的信中透露，他用了些花招才住进维克多里昂，但没有透露具体是什么花招。按规定，只有在巴黎上大学的正式学生才能住进这样的公寓楼中并获得餐补，想必他在资格审查的时候做了假。

但他在这里的好日子却出现了一个不和谐音符。这栋公寓楼有一名特别刻板独断的女管理员，她要求所有学生必须严格遵守学生公寓的规定，就像一只猫头鹰一样监视着所有人。1958 年，她威胁米尔格拉姆，如果他总是这样白天睡懒觉、晚上没完没了地打字，就把他轰出去。她认为米尔格拉姆的行为违反了规范，乃放肆之举。最终，米尔格拉姆还是想办法留了下来，但与这位“管事大姐”的关系却达到了剑拔弩张的地步。他用流利地道的法语写了一篇文章，投递到《维克多里昂报》（*Le Journal de Victor Lyon*，一份由住在这里的学生们创办的内部小报），用辛辣的语调批评这位管理员在这里制造了压抑气氛。

> 对于管事大姐而言，我们公寓楼最重要的物品既不是科学书籍，也不是艺术类学生的素描本，更不是学生写的文章，而是夜间保安拿着的那个令人嫉妒的小本本，本子上列出所有晚 10 点之后归宿学生的名字，然后上报……我认为，这标志着维克多里昂开始出问题了。

尽管其他的学生也曾在这份小报中表达了不满，但米尔格拉姆的这篇批评真正触怒了这位女管理员，为此她将一纸投诉寄给远在美国的哈佛社会关系学系。但这段插曲有惊无险，因为很多其他公寓楼的管理员都站在米尔格拉姆这一边。塔尔科特·帕森斯收到了来自学生公寓管理员的几封信，其中一封写道：“感谢这份报纸，学生们的意愿得到了伸张，那些文章中陈述的都是事实。而他（米尔格拉姆）的坦率、幽默和平等友善得到了学友们的一致称赞……他在整个事件中的行为都是恰当的。”社会关系学系的高等学位委员会专门就此事召开了一次会议。由于有那些证明信件，这件事情最终不了了之。但是委员会对这个问题的讨论记录还留在米尔格拉姆的毕业档案里。

挪威人和法国人谁更从众

在法国进行的研究能否顺利进行，米尔格拉姆对此表示悲观，奥尔波特也有同感。而事实比他们预想的还要糟糕。他到达巴黎两个月之后才找到一个合适的地方做实验室。杰罗姆·布鲁纳亲自出马，联系了巴黎大学社会心理学实验室的罗伯特·帕戈（Robert Pagès）和丹尼尔·拉加什（Daniel Lagache）。在这两位教授的帮助下，米尔格拉姆终于在巴黎南部约 6.4 公里远的安东尼找到了合适的实验地点。那是一栋大型学生公寓综合楼，学生很多，方便他寻找被试，他可以挨个房间请求学生参与实验。

就像在挪威一样，这里的学生来自法国各地，可以确保实验的地域普遍性。尽管实验地点是法国，但是米尔格拉姆要保证法国的实验程序与挪威相同。他对细节可谓一丝不苟，举个例子，挪威和法国实验中使用的磁带和录音机都是一样的，只是上面录制的压力组声音是法语，“在法国和挪威使用的录音机转数相同，都是 50 转。我们尽可能保证磁带运转速度公差达到最小值”。

米尔格拉姆在法国也做了 5 个实验：基准实验、飞行情境实验、私密情境实验、谴责情境实验和摇铃情境实验，如表 2-1 所示，与挪威实验完全相同。有的读者可能会有这样的疑问：米尔格拉姆的实验目的是对挪威人和法国人的从众性和独立性进行直接行为比较，为什么要在每个国家都做多个变体实验呢？为什么不在两个国家重复一个实验？一个实验应该就能提供足够多的信息了。米尔格拉姆对此给出了如下的解释：

> 如果只在挪威和法国做一个实验，然后基于实验结果得出实验结论，那未免太肤浅了……如果我们关注的是国家间的差异，就应

该对多个实验得出的测量样本进行比较，而不只是比较两个国家单一的从众情况。很多无法控制的因素都能提高或降低两个国家的从众水平，但是在一个国家中，这些因素可能会对测量结果产生完全一致的影响，而不会影响这些测量结果之间的相互关系。

那么，相比挪威的学生，法国学生的实验结果如何？法国被试服从群体压力的平均比例大约为50%，而挪威实验的平均水平为62%。从统计学的角度来看，这是十分显著的差异。此外，还有一个值得关注的现象，这种整体差异具有一致性：法国被试在所有5个情境实验中的从众比例都比挪威的小。

表2-1　　挪威和法国5个情境实验中关键实验的从众比例

情境	关键实验中的从众比例（百分比）	
	挪威学生	法国学生
基准实验	62	50
飞行实验	56	48
私密实验	50	34
谴责实验	75	59
摇铃实验	69	58
平均百分比	62	50

而且，尽管挪威被试的从众水平高于法国，两个国家在5个实验中的结果波动模式却是一样的。比如，两国的学生在飞行情境中的从众比例低于基准情境，而谴责情境的从众比例最高，如图2-1所示。

两个国家的从众实验还有其他一些差别。在摇铃情境中，被试在给出答案之前可以选择重复收听声音。20名挪威被试中，只有5人要求重复收听，而大部分法国被试，即20个人中的14人都做出了重复收听的选择。此外，在所有的法国被试中，只有一人自始至终都屈从于群体压力，其他被试至少有过一次反抗群体的表现。在挪威实验中，从未出现反抗行为的完全从众被试比例为12%。此外，法国学生在实验过程中还表现出了强烈的个人主义色彩，他们更加主动，有时候甚至是喜怒无常。在谴责情境中，超过一半的法国被试对“虚拟同伴”的谴责反唇相讥，有两个人甚至做出了激烈的表现。这种现象在挪威实验中几乎不存在。

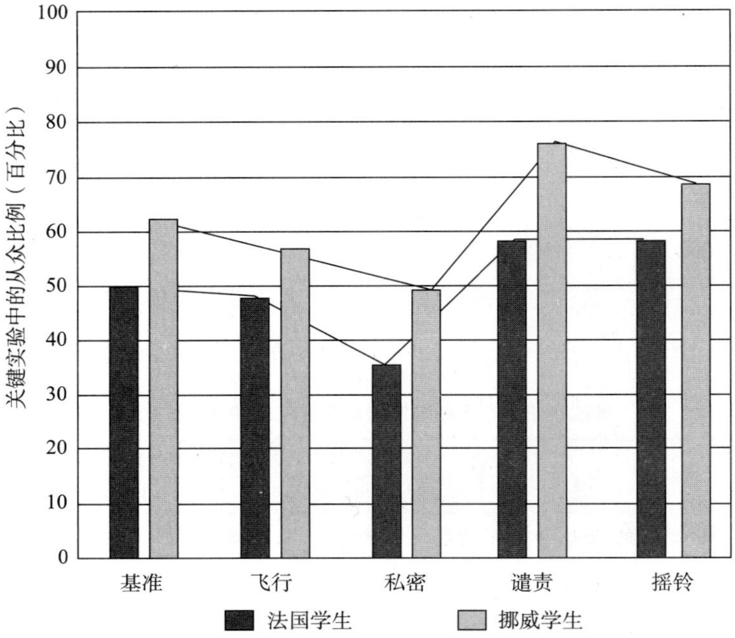

图 2-1　挪威和法国 5 个情境中从众比例的差异

米尔格拉姆还打算寻找一些法国工人进行实验，但是他需要准备 5 月份的统计学考试，如果继续进行工人实验，可能会耽搁他的学习，只好作罢。

米尔格拉姆的实验开创了跨文化研究的新篇章，具有深远的意义。在他之前，科学家在研究国民性这个课题的时候，多半就是坐在椅子上冥思苦想，然后得出一些没有什么事实依据的结论。米尔格拉姆的实验标志着以科学方法探索真相的开端。米尔格拉姆在回忆这些实验时表示，实验室内的发现与实验室外日常生活所体现出来的国家文化之间，有着令人惊异的一致性。他指出，挪威人有着强大的群体意识和社会责任感。他说：“这种社会凝聚力将所有人连接在一起，因此，从众比例高就不令人感到意外了。”

相比之下，法国的社会凝聚力稍弱，但言论自由度更强。这多少让个体对社会压力有了免疫力。他还指出，法国向来有表达不同意见的传统，十分看重批判，这种倾向“似乎经常超越理性的边界”。米尔格拉姆认为，这就可以解释为什么法国被试的从众比例相对低。

2月底，米尔格拉姆完成了法国学生实验，准备在3月乘船回美国。但是他的回程计划却被一个意外拖后了几个星期，因为他的法国女朋友有可能怀孕了，他需要点时间确认事实是否如此。他写信给一位挪威的朋友说：“每次发生类似这样的事情时，我都下决心从此以后戒掉这种不靠谱的行为，不再与人同床共枕，但是……哎……”

米尔格拉姆生命中一段对他影响深远的篇章结束了。他之所以在未来成长为一名兴趣广泛、兼收并济的学者，欧洲这一年半的经历无疑功不可没。他的一位研究生利昂·曼恩（Leon Mann）回忆道：

> 斯坦利的兴趣和鉴赏力特别国际化，而且很欧洲，无论是关于城市、电影、戏剧、文学、哲学、历史、社会还是政治运动等。斯坦利的个人气质也很像一名欧洲知识分子：说话温和，好刨根问底，对很多话题都感兴趣，甚至包括说话时的手势。他不仅是一名学究文人，更是一名修养颇深的知识分子。

欧洲之行对他最重要的影响，莫过于促进了他在学术上的成长。他所做的从众研究是在跨文化行为差异研究中第一次运用客观方法，具有开创性。此外，这次独立进行的研究给了他充分的自信，他意识到自己也能够研究全新的课题，提出关于人类行为的新观点。这个巨大的成就使他不再满足于做一名平凡的学究，而是萌生了更加高远的目标。这些实验还具有承前启后的作用。挪威实验结束后，他进行了一次问卷调查，被试给出的回答基本上都是正面的，这反倒让他产生了一些伦理方面的疑惑。在他之后所做的实验中，欺骗的方法逐渐减少，估计也是他进行伦理思考的结果。此外，从众实验是服从实验的引子和灵感之源，回到美国之后不久，服从实验的想法就逐渐成熟了。

03

THE MAN WHO SHOCKED THE WORLD

情定“服从权威”

米尔格拉姆明白，若要学有所成，就必须做出重大且杰出的研究计划。在离开普林斯顿的前一年，他已经有计划了：关于对权威者服从的行为研究。

从欧洲回国之后，米尔格拉姆充满了自信。他仅凭一己之力完成了一份野心勃勃的计划，在跨文化研究方面创造了一个新篇章。此外，给他带来麻烦的统计学补考成功，成绩为“优秀”。他在欧洲用统计法处理实验数据的实践，无疑对他顺利通过考试大有裨益。

欧洲之行的丰硕成果，加上三年来哈佛顶尖社会科学家给予的学术启发，让他终于确定了自己的人生目标：在未来的学术生涯中进行独创性的研究。

离开坎布里奇已经快两年了，回来的感觉很好。这个夏天他过得很闲散，与老同学联络，与旧女友重逢，几乎没有考虑博士论文的事情。他找到了一间漂亮的公寓，准备在这里完成毕业论文，并“在坎布里奇度过最后一年快乐的日子”。

此外，他还回到皇后区的家中与家人团聚。夏末，他在家中收到了阿希的来信，阿希当时在普林斯顿高等研究院（Institute for Advanced Study）工作。这封信彻底改变了他所有的计划。

不如意的毕业季

自 1947 年起，阿希一直都在斯沃斯摩尔学院担任教师，1958 年到 1960 年间，他以访问学者的身份来到高等研究院。这个研究院创办于 1930 年，创始人是慈善家路易斯·班伯格（Louis Bamberger）和卡洛琳·班伯格·菲尔德（Caroline Bamberger Field）。研究院位于一个大型自然保护区附近，远离城市喧嚣。由于其创办的初衷就是进行纯粹学术研究，选择这个宁静而偏僻的位置可以确保学术活动不受外界的干扰。

阿希当时正在撰写一本关于从众的书，他邀请米尔格拉姆协助他进行编辑工作，时间是从现在一直到 1960 年 6 月，报酬为 4 200 美元。接到阿希的邀请后，米尔格拉姆做了一番剧烈的思想斗争。他一方面认为，拒绝来自阿希这样顶尖学者的邀请是很愚蠢的，这将会是他简历上亮丽的一笔。而且工作任务似乎并不难，这笔钱赚得应该很容易。但另一方面他又觉得，通过与阿希在哈佛共事的一年，继续师从阿希似乎难以助其提升学术水平。

米尔格拉姆最终接受了阿希的邀请。他认为，与坎布里奇相比，研究院的环境更加安静，这将有助于他完成博士论文。此外，他有一项没有完成的博士学位课程，叫作社会心理学专题研究班。他向系里申请，希望可以用研究院的这段经历替代研究班的成绩，纳入他的博士学位总学分。系里批准了他的申请。

米尔格拉姆接受了阿希的工作，但他对这份工作有一些期许，他想在业余时间写论文，希望研究院能在附近给他安排一个住处，并以某种方式将他正式纳入研究院，这样他就可以名正言顺地把这段经历写入简历。但是我们无从了解他是否曾经向阿希表达过这些愿望。

然而，事实打破了他全部的期许和热情。他在研究院就像一个外人，连使用纸张或者吸墨纸这样的小事情都要请示汇报。此外，研究院根本没有给他安排住处，他不得不在普林斯顿维金斯大街（Wiggins Street）的私人公寓中租了一间小屋子。此外，米尔格拉姆在研究院就像一个隐形人，阿希和学院管理层之间的往来信件中从未出现过他的名字。虽然名义上米尔格拉姆可以写论文，但是阿希书稿的编辑工作几乎占去了他所有的时间。他只能挤出晚上和周末的时间写论文。这种相互冲突的巨大压力一度让他无法忍受，他曾写了一封辞职信，准备放在阿希的邮箱里，但是在最后一刻又改变了主意。

对米尔格拉姆而言，这是压力沉重而又令人沮丧的一年。虽然论文按时完成，阿希的书也如期截稿，但有些问题却令米尔格拉姆颇感不快。他觉得自己对书稿的编辑做出了重要的贡献，阿希理应在书的扉页上对他有所表示，给他一个更加具有学术价值的名分，而不只是“合著者”那么简单一笔和前言中的一句“感谢”。但是阿希拒绝了他的请求。米尔格拉姆为此很失望，又写了一封信给阿希，但也没有寄出去。他在信中为阿希的书设计了一个具有讽刺意味的封面，表达了他强烈的不满：

反从众的独立性

作者：所罗门·阿希

尽管还有

S. 米尔格拉姆

但是这段生活也并非一直阴云密布，偶尔也有一些亮点。他经常会在研究院的食堂中遇到一些科学界的顶尖人物，与他们交谈对他而言是一种启发和刺激，比如外交政策专家路易斯·费希尔（Louis Fischer）、历史学家和外交官乔治·凯南（George F. Kennan）、原子物理学家及当时的研究院主任罗伯特·奥本海默（J. Robert Oppenheimer）等。此外，学院主楼门前有着延绵数公顷的美丽草地，凝视这美景可以让他从现实的烦恼中获得短暂的解脱。

但是他内心深处最强烈的感受还是对自我的失望。在写给朋友的信中，他形象地描述了自己的低谷状态，令人心生同情。

> 我唯一的快乐就是坐在马路牙子上，望着天空，偶尔有南飞过冬的鸟儿掠过。这种感觉太孤独了，我很不适应。晚上睡觉的时候，我会想起那些我不介意与之共度春宵的甜美脸庞……我无精打采、心神不宁、百无聊赖，感到极度失落倦怠。我深受不安全感和性缺乏之苦，现在的感受就像早期的单核白血球增多症的表现一样。我这个小个子男人正四处寻找着什么疯狂的事情可以做做。

在他濒临绝望的这一年中，有几件事情是支撑他的主要动力。其一就是在他开始写论文的时候，奥尔波特给了他很多宝贵的意见和鼓励。

1959 年 11 月 4 日，米尔格拉姆写信给奥尔波特："我已经放下所有的骄傲，不再狂妄地想把论文写成一部经典之作。我对自己的写作能力不满意。精巧的文章需要花费时间琢磨，但是鉴于目前我的状况，只够我写出勉强过得去的论文。"奥尔波特在回信中说："你的进展报告让我感到很欣慰，目录的设计也很恰当，这是一篇高质量论文的标志。经典之作都不是刻意为之的结果。只要写出心中所想，尽己所能，结果可能就是一个经典。但是现在我们的目标是写一篇扎扎实实的、合乎规定的论文。"

1960 年 1 月 16 日，米尔格拉姆向奥尔波特报告："自上封信后到现在，论文已经有了些进展，但还没有达到上封信夸口的那个程度。我本来计划在 1 月上旬完成第一稿，可惜没有实现这个目标。我寄给您的是一个大纲，并对所做的实验进行了核对。正如您看到的，我把所有的 14 个实验都包括进去了。"奥尔波特回信："你的进展报告总是那么具有说服力。尽管尚未看到论文全貌，但这依旧是事实。但是，我能看出你现在很忙，希望能在 4 月 1 日最后截止日期前看到你的论文，至少能完成绝大部分。但是我不强求，你根据自己的情况安排吧。"

1960年2月29日，米尔格拉姆给奥尔波特寄去了一个章节的草稿，指出这是“实验章节的中间部分。您作为论文指导的这份工作真令人羡慕，就好像同时为《纽约时报》、《基督教科学箴言报》（*The Christian Science Monitor*）以及《曼彻斯特卫报》（*The Manchester Guardian*）做夜间编辑一样”。奥尔波特回信：“也许我并不正确，但是实验5写得真是太完美了，我无处下笔进行任何修改。这一章思路清晰、直奔主题、语言简练。”

探索研究服从的新方法

米尔格拉姆在3月的最后一星期将论文寄给了奥尔波特，没有超过最后期限。5月3日，社会心理学家、耶鲁心理系教授李奥纳多·杜博（Leonard Doob）给米尔格拉姆写了一封信，提出耶鲁现在有一个社会心理学助理教授的职位空缺。如果米尔格拉姆感兴趣，希望面谈具体事宜。

米尔格拉姆立刻写了回信，表示他对这个职位“真的很感兴趣”。但是明年哈佛也有一个不错的职位在等着他，他可能要先考虑哈佛这边的情况，然后才能开始权衡其他的选择。他表示，下个星期回学校之后，就马上去和杜博见面。米尔格拉姆此举并非故作“奇货可居”，哈佛新成立的认知研究中心（Center for Cognitive Studies）的确在这个秋天为他提供了一个认知研究员的职位。这个研究中心的领导是杰罗姆·布鲁纳和另一位德高望重的认知心理学家乔治·米勒（George Miller）。

杜博在和米尔格拉姆会面的时候正式邀请他来耶鲁。米尔格拉姆为此左思右想，不断征求朋友们的意见，最终接受了这个职位。他将在耶鲁心理学系担任助理教授，起薪6 500美元。他向奥尔波特讲述了选择耶鲁的原因和过程。

> 这是一个艰难的选择，几乎没有谁愿意帮我拿主意。因此，我任凭自己在迷雾中转来转去，最终隐约出现了一点模糊的光亮，将

我的脚步指向耶鲁……我在我那些“著名”的朋友中间进行了一次民意调查，包括麦克·瓦拉赫（Mike Wallach）、阿希、罗杰·布朗、理查德·克拉奇菲尔德，调查的结果指向哈佛。然而我忽然意识到，这样的调查没有什么意义，我应该自己选择自己的最爱。耶鲁一定有什么地方抓住了我的心，是什么呢？地位？挑战？离开“家”靠双手开拓天下的雄心壮志？

从这一年的春天起，在米尔格拉姆还没有完成论文之前，奥尔波特就一直在努力帮他寻找一个合适的工作。现在看到自己的得意门生落地耶鲁，令他备感欣慰。这一年加入耶鲁心理学系的新成员中，除了米尔格拉姆之外，还有三名哈佛毕业生。奥尔波特告诉米尔格拉姆，他感觉像一只“骄傲的大公鸡”，因为这些未来的耶鲁教师全部都是他的学生。

奥尔波特收到米尔格拉姆的论文之后，按照惯例拿给系里其他两位老师评阅。他们在阅读过后提出了一些批评意见和改动建议。

其中一位读者就是社会心理学家赫伯特·凯尔曼（Herbert Kelman）。凯尔曼毕业于耶鲁，他当年的博士论文指导老师是说服和态度变化研究方面的先驱卡尔·霍夫兰（Carl Hovland）。1957 年，凯尔曼加入了哈佛社会关系学系，成为一名社会心理学讲师。1962 年在密歇根大学工作，1969 年回到哈佛，担任理查德·克拉克·卡波特社会伦理教授，这是奥尔波特设立的一个职位。凯尔曼对社会心理学做出了很多贡献，最著名的就是关于伦理研究方面的著作。他对当时在实验中使用欺骗手段的做法并不认可，并向社会心理学的同人们指出，这种做法有时候会产生伦理困境。他对米尔格拉姆的论文提出了很多批评和建议，但同时也认为“这个研究的理念和执行过程都很出色……非常有潜力”。

6 月 1 日，米尔格拉姆根据这些反馈对论文进行了修改，寄给了奥尔波特。奥尔波特在回信中告诉米尔格拉姆，他在要求的截止日期之前收到了修改稿，并在信末说：

> 之前可能还没有告诉过你，我真的认为你的论文很出色，行文精练，非常专业。这对你未来的事业而言是一个很好的预兆。我衷心祝福你未来的事业，即使是在耶鲁。
>
> 你最忠实的
>
> 高尔顿·奥尔波特

米尔格拉姆明白，如果想在学术界建功立业，就必须找到一个与众不同的重要研究课题，这将是他事业的起点。他曾对罗杰·布朗说，希望能够找到一种社会心理学现象，一个能够得出重大结论的现象，就像阿希所做的那样，然后“钻研到生命的最后一刻”。在普林斯顿的最后几个月中，他终于找到了这个现象，那就是：服从权威现象。

米尔格拉姆对服从的兴趣基于他早年形成的犹太民族意识，此外，他还希望能够对大屠杀进行更加深入的分析。在他的著作《社会世界中的个体》（*The Individual in a Social World*）中，他表明了大屠杀和服从研究之间的联系。

> （我的）实验室范例……表达了对权力更广义的思考。残酷的第二次世界大战将这种思考加于我们这代人身上，尤其是像我这样的犹太人。大屠杀对我产生了巨大影响，激发了我对服从研究的兴趣，并寻找到了一种检验服从的特别方法。

1960年春天或初夏时分，也就是为阿希工作的最后几个月中，米尔格拉姆基于阿希的从众实验设计了一种特别的实验方法研究服从。他这样描述阿希实验和服从实验方法之间的联系：

> 我一直试图寻找一种方法，为阿希的实验赋予更多的人性意义。从众实验判断的是“线条”，这一点我不是很满意。我想知道的是，群体的压力是否会让人对其他人做出某种行为，也许是一种攻击性行为，比如对其他人施加越来越强烈的电击……但是如果想研究群体效应……你首先要了解被试在没有群体压力的情况下会做出怎样的反应。在那一瞬间，我的想法忽然转向，瞄准了这种对照实验方法：一个人在主试的命令下会走多远？这真是灵光一现的时刻……

这个“灵光一现”到底出现在什么时候并不确定，但可以肯定是在1960年3月2日至6月底这段时间。在3月2日写给奥尔波特的信中，米尔格拉姆列出了他感兴趣的几个研究课题，但是服从实验并不在其中。而阿希曾对记者说，米尔格拉姆在6月底准备离开的时候，第一次向他提到了服从实验计划。巧合的是，这一年的3月11日，以色列政府派出特工，在阿根廷布宜诺斯艾利斯秘密逮捕了阿道夫·艾希曼，并将其空运回以色列。在那里等待着他的，是对其屠杀600万犹太人罪行的审判。这件事情很可能也是米尔格拉姆进行服从研究的动力之一。

1960年9月初，羽翼初长成的米尔格拉姆离开了哈佛，来到纽黑文的耶鲁大学工作。在9月末开学之前的这段时间可以用来备课，并对那个大胆的研究课题进行思考和规划。他曾经听说纽黑文是一个沉闷的地方，但意外地发现这里其实非常有活力，市政建设和城市绿化都很不错。

但是，与绿树成荫、草地青翠的哈佛校园相比，耶鲁着实逊色很多，尤其是耶鲁的建筑风格。米尔格拉姆认为，从美学的角度来看，耶鲁的那些新哥特式建筑，或者说伪哥特式建筑，沉闷而局促，是美国主流建筑历史上的另类和怪胎。但他也在厚重的砖墙后面发现了一些精美的隐秘花园。在外观像教堂一样的斯特林纪念图书馆（Sterling Memorial Library）内，有一个奢美的罗马式花园，米尔格拉姆最喜欢到这里休憩小坐。

新学期开始了，米尔格拉姆的教学任务包括在周二下午主持一个小组心理学研究班，指导10名本科生的论文。结束了在高等研究院压力重重的一年，终于可以呼吸自由的学术空气了。他可以用自己喜欢的方式主持研究班，也可以纯粹根据自己的兴趣进行学术研究。但在他心中，哈佛永远都是学术伊甸园的化身。正如学期初他写给奥尔波特的信中所说：

> 从坎布里奇到纽黑文的过渡很顺利，在耶鲁的生活也不错。的确，在这里尽可选择自己的所爱，既可以研究心理学，也可以进行其他人类学研究。但在内心深处你会明白一点，所有这一切只能说明耶鲁算得上是一所优秀的大学，而哈佛明显比耶鲁优秀得多，这一点毫无疑问。

米尔格拉姆在约克广场的二层公寓楼中租了一套带家具的三居室。住在这里有两个好处，首先，大学的房子租金比较实惠，而且这里距耶鲁的主要校园非常近。耶鲁纽黑文医院（Yale New Haven Hospital）近在咫尺，心理学系的办公室和部分实验室就位于该医院。

虽然住在这里有一些优势，但米尔格拉姆怎么看都觉得自己住的这栋建筑是个垃圾。砖制外墙的颜色是一种在色谱上都找不出来的颜色，带着一种难以名状的沉闷感。屋子里的家具很粗陋，他搬进去之后，总想把屋子里所有的东西都扔了。他对朋友们说，如果不是因为这些破烂是大学的财产，早就把它们当众烧了。有一天，他实在无法忍受客厅地板上那块破地毯，于是就把地毯卷起来扔进那辆租来的汽车后备箱里，直到后来还车的时候，地毯依旧扔在那里。

米尔格拉姆即将离开高等研究院的时候，就已经准备着手研究服从，但是他打算在耶鲁进行的第一个研究却不是服从。这个新课题融合了他在美学和科学两方面的兴趣，此外还有一个好处，即允许他继续服用迷幻药。当年在哈佛读研究生的时候，他就曾与几个好友一起服用佩奥特，现在他为这种行为找了件学术的外衣。

1960 年 10 月 7 日，开学不到两个星期，米尔格拉姆就向美国学术团体协会（American Council of Learned Societies）提交了一份 2 000 美元的小额经费申请，研究课题是：麦斯卡林（Mescaline）[①] 对艺术美学判断的影响。当然，对于他而言，这只是一个“副业”罢了。他写信给奥尔波特，请求他为这个“副业”写封推荐信，还在信中强调，他并没有放弃社会心理学。之所以对这种致幻剂感兴趣，除了在哈佛的亲身经历之外，他读过的一些相关文章也起到了推波助澜的作用，比如阿道斯·赫胥黎（Aldous Huxley）的《知觉之门》(*The Doors of Perception*) 以及海因里希·赫克纳（Heinrich Herkner）的《麦斯卡林及其致幻原理》(*Mescal and Mechanism of Hallucination*)。

他的申请最终被拒绝了，这倒也是意料之中的事情。不过这并没有影响他对麦斯卡林的热情，他亲自尝试这种药物来检验它对行为的影响。1963 年 2 月，他和一位同事及一名学生一起进行了一次非正式实验，结果表明服用麦斯卡林可以提高投飞镖的准确率。

在很长的一段时间中，每当他文思枯竭的时候就会服用迷幻药刺激灵感，比如常见的大麻、安非他命以及可卡因等。他声称，只要看一眼自己写过的文章，就知道当时服用了哪种药物。不同的药物对他有着不同的效果，他可以从文章的表达方式上感受到它们。

好人也会作恶吗

尽管如此，他的主要关注点依旧是服从，正像 10 月 10 日写给奥尔波特的信中所说：

① 又称仙人球毒碱，是从佩奥特中提取出来的生物碱致幻剂。——译者注

明年……我计划进行全面的服从系列实验。这个系列既是独立的项目，也是为研究德国特性做准备，服从权威的比较将是其中一个重要部分。

10月和11月，米尔格拉姆向三个政府部门寄去咨询信介绍自己的研究，希望获得经费资助。第一封信于10月14日寄给海军研究局（Office of Naval Research）群体心理学分部（Group Psychology）主任路易基·佩楚罗（Luigi Petrullo），该部门当时是资助群体社会心理学方面研究的主要机构。这封信共6页，作为一封咨询信件，这封信着实太长了。事实上，信中的某些段落还重复出现在几个月后递交的正式申请中。米尔格拉姆在信中讲述了研究服从的重要性，并对实验程序进行了简要阐述。

服从是社会生活结构中的一个显而易见的基本因素。每个政体都包含一个命令体系以及对命令做出的反应行为。

这并非只是关于服从的范围问题。我们都知道，在某些广义环境中，比如在战争中，军队命令士兵杀人，士兵就会服从这个命令；即使命令他们结束自己的生命，他们也会服从。因此，这个研究的目的绝不是试图标界服从的绝对限度。在实验室中无法制造服从最大化的情境。只能通过真实生活的情境寻找人类服从的最高尺度。

但是，还可以从另一个角度研究这个问题。比如，一个人面对着一系列特别的命令，这些命令"或多或少"地适用于实验室情境。我们就可以找出哪些情境能够强化他的服从，哪些能够削弱他的服从。

理想情况下的实验室情境是这样的：要求被试进行一组特定行为，这些行为与一些重要的人类关系课题息息相关，并且对被试个人而言具有重要的意义……

（在实验计划中）被试相信他们正在进行的是关于人类学习的实验……（被试）操作一个控制板，控制板上有一组开关，最左边的

> 开关写着“1- 极弱电击”，最右边的标注“15- 极强电击；危险”。不知情的被试 A 通过控制板对受害人被试 B 进行不同等级的电击……当然，被试 B 并未真正受到电击，他只是研究人员的合作者而已。但被试 A 对此并不知情，他相信正在对被试 B 进行真正的电击。
>
> 随着学习任务的不断进行，根据实验的要求，被试必须不断加大电击强度。他内心的抗拒感将越来越强烈，达到一定程度之后，他将拒绝继续实验。这种反抗行为就是一个断裂点，在这个断裂点之前的行为应该被看作服从。被试在断裂点前服从了实验人员的命令。

此外，他还介绍了这个实验的几个变体实验。但他表示现在明确具体的实验系列是“愚蠢的”。事实证明，他的这种谨慎是明智之举，因为信中列出的 4 个变体实验，只有一个出现在后来的真正实验中，即不知情的被试与一组“伪教师”共同进行实验。米尔格拉姆在信的末尾还附了一份简短的自我介绍，其中包括他与阿希的合作。他表示，在学术理念上他受阿希的影响，但两人的研究存在着本质上的差异：“（阿希）很显然对我的研究影响很大。我尤其佩服他系统化的变体实验方法。但我们也有不同之处，他注重判断、认知和思维领域，而我则将社会行为作为研究的重要核心。”

米尔格拉姆画了一张将在实验中使用的电击器草图，附在写给佩楚罗的信中。这张草图的功劳不小。因为在第二年，研究攻击性的心理学家阿诺德·布斯（Arnold Buss）也设计出了一个类似的电击机器。米尔格拉姆的草图可以证明他才是这个机器的发明者，至少表明两人的研究是在完全独立的情况下进行的。米尔格拉姆怀疑布斯抄袭了他的点子，尽管两个人在书信往来中澄清了事实，但这种怀疑始终横亘在米尔格拉姆的心里，无法消除。

11 月中旬，米尔格拉姆向另外两家机构寄去了咨询信：美国国家精神卫生研究所（National Institute of Mental Health）和美国国家科学基金会

（National Science Foundation, NSF）。与此同时，他还进行了一些投石问路的预备实验，并在咨询信中介绍了一些关于预备实验的情况。他计划将预备实验的结果写进正式资助申请，增加申请的说服力。

预备实验是心理学小组班的学生在米尔格拉姆的指导下完成的。他曾在课堂上和学生一起讨论了与小组研究相关的各种文献资料，现在他希望学生们能增加些研究实践经验。至于研究的课题，经过一番讨论，最终圈定了两个选择：进行服从实验的预备实验，或是研究群体中的沟通模式。为了能让学生不受教师的压力做出自己的选择，米尔格拉姆离开了教室，学生进行投票表决。当他回到教室，学生告诉他服从实验以微弱的优势当选。

米尔格拉姆把他画的电击器草图交给学生们，他们在不到一个星期的时间就将草图变成了实物。米尔格拉姆还征得了社会学系的同意，使用该系位于霖斯利 - 齐藤登大楼（Linsly-Chittenden Hall）的交互实验室。11 月底到 12 月初，学生们共进行了 5 次实验。米尔格拉姆在书面报告中简要地介绍了实验程序，基本上，预备实验与写给海军研究局的咨询信中所介绍的一个实验计划类似。米尔格拉姆这样描述实验结果：

> 实验真正开始之前，往往难以准确想象出其结果到底怎样。因此，在等待第一名被试到来的时候，我们都感到特别兴奋，充满了期待。小组班在我的指导下完成了实验，但是实验控制并不理想。尽管如此，被试的行为还是让学生们大为震惊，也包括我。我们将实验录制下来，观看录像的人有时候会爆发出神经质的大笑。有一些学生在实验现场的单面镜子后观看实验过程，他们也出现了同样的反应，只不过比较克制罢了。这种反应似乎不应该出现在一个科学实验中，却真实地发生了，我只是如实报告。
>
> 我想，学生们并没有真正意识到眼前的一幕有多么重要。但他们有一种普遍的感受，那就是：实验室里发生了一些非同寻常的事

情。为了表达这种感受，他们特地在工作结束之后带着我去莫瑞酒馆，那里到了晚上可是教师的“禁地”。

不久，米尔格拉姆接到了回复，三个机构均表示了对这个项目的兴趣，其中美国国家科学基金会的可能性最大。于是他在 1961 年 1 月 27 日向美国国家科学基金会寄去了正式申请:《服从动力：社会心理学实验》（*Dynamics of Obedience:Experiments in Social Psychology*）。实验申请经费为 30 348 美元，时间为两年，从 1961 年 6 月 1 日至 1963 年 5 月 31 日。

在正式申请中，米尔格拉姆详细介绍了预备实验的过程和实验结果，附上了被试在实验过程中的照片。因为只有 20 名耶鲁大学生参加了实验，因此难以给出量化陈述，米尔格拉姆只对结果进行了定性描述。毫无疑问，预备实验报告在申请过程中起到了重要作用，它不仅表明米尔格拉姆已经有了详细的服从实验程序，预备实验中那些令人不安的行为也显示出服从这一课题的巨大研究潜力。

米尔格拉姆发现，在实验过程中，即使来自主试的命令违背了被试根深蒂固的行为标准，他们也愿意服从。还有一点也很重要，被试完全相信了实验室中的一切，他们相信自己正在给另一个人施加特别痛苦的电击，虽然受到“电击”的人只是在演戏而已。被试还出现了各种紧张的表现，一名被试神经质地抓头发，手紧握椅子扶手，不断地摸着自己的脸。还有一名被试不停擦拭手心的汗，沮丧地摇头。被试的这些紧张行为似乎是在向“学生”传达一个信息：他对正在做的事情感到很遗憾。很多被试都完全服从了主试的命令，不断提高电击强度，一直到最强的 450 伏特，但是当主试问他们是否想试试被电击的感受时，他们都拒绝了。

米尔格拉姆在申请批准之后所做的正式实验，基本上都建立在预备实验的基础上，但是有几个不同点。第一，正式实验中使用的电击器制作更加精良。预备实验电击器的控制板上有两排共 6 个标为 30 瓦的开关。为了强化实验的可信性，正式实验中的电击器看起来更加专业，包括一排共 30 个开关，以 15 瓦递增。第二个不同是：预备实验中的“学生”，即被“电击”的对象，与“教师”被试分别坐在镀银玻璃窗的两边，“教师”可以隐约看到“学生”。而在正式实验中的大多数情境中，两人分处相邻的两个房间，教师可以听到学生的声音，但是看不到学生的表现。只有少数几个情境中，学生和教师同处一室，距离很近。

第三个也是最重要的不同点是：在预备实验中，不知情的被试是耶鲁的大学生，因为米尔格拉姆在资助申请中指出，他将从耶鲁学生中挑选被试。但在正式实验中，他选择的是年龄从 20 岁到 50 岁的成年人，这些人来自纽黑文、桥港以及周边地区，职业和背景各不相同。正式实验结束之后，米尔格拉姆在回顾中对这个改动感到很满意，因为这大大增加了实验的普遍性，使实验结果更适用于日常生活中的普通群众。之所以做出这样的改变，主要有两个因素。首先，米尔格拉姆听取了一位同事的批评。这位同事在听完米尔格拉姆对预备实验的描述和结果之后，认为这个实验结果并不适用于大街上的普通人。他坚称，耶鲁的学生个个具有攻击性，竞争意识很强，只要稍加挑拨，就会恨不得把对方干掉。

第二个因素与时间有关。美国国家科学基金会在 1961 年 5 月 3 日批准了米尔格拉姆的申请。一接到通知，他就迫不及待地开始着手准备。但是暑期将至，大多数学生很快就要离开校园，直到 9 月 20 日才能返回，难以找到足够多的学生被试。为了保证实验可以在夏天开始，他在 6 月 18 日的《纽黑文纪事报》(*New Haven Register*) 上刊登了一则招募心理学实验被试的广告。此外，还以信件的方式寻找愿意参与实验的成年居民。5 月底，已经有 300 多人报名。整个夏天，他都在翻电话号码簿，按照上面的地址给居民发信，被试人选不断增加。当学生们在秋季新学期返校的时候，他已经完成了整个系列的前 4 个实验。

米尔格拉姆的经费申请报告中有一个特别的部分：对被试的责任。20

世纪 60 年代，实验伦理问题还属于学术界的真空地带，缺少正式的伦理指导方针保护人类被试。至于研究是否会产生伦理问题，研究人员基本上只依靠主观判断，最多会私下咨询同事。在决定是否进行一项研究时，即使研究人员有过伦理方面的考虑，伦理问题也会让位于科学价值。

米尔格拉姆在这个部分中这样写道：

> 在这里还要指出最后一个，也是最重要的一个问题，这关系到研究人员对被试的责任。毫无疑问，被试在本次实验中身处一个艰难的困境，会出现强烈的情绪反应。因此，在他们离开实验室之前，应该采取措施对他们加以保护。我们会尽最大的努力让被试处于放松状态，确保他们的正常表现……

尽管米尔格拉姆在申请中表示要关注被试的福利，但是很多被试在实验过程中还是感到了巨大的压力。事实上，米尔格拉姆所做的，只是在被试离开实验室之前告诉他们“受害者”并没有受到伤害，而不是对所有被试进行统一而彻底的“事后解说”。不过从另一个角度而言，米尔格拉姆在实验计划中对被试福利问题给予了明确的关注，仅就这一点，他已经领先了时代。

1961 年 4 月 13 日，美国国家科学基金会来耶鲁进行了实地调查，这是审批程序中的一个步骤。调查小组由美国国家科学基金会社会科学办公室主任亨利·瑞肯（Henry Riecken）率领，随行的还有社会心理学家理查德·克里斯蒂（Richard Christie）以及社会学家詹姆斯·科尔曼（James Coleman）。在这次实地考察的日志中，瑞肯以些许批评的口吻写道：“很显然，米尔格拉姆博士的实验计划缺乏一个详细的理论指导，他也不打算这么做。”

实地调查并不是审批程序中必不可少的步骤。瑞肯来此的主要目的，是调查与被试福利相关的问题。米尔格拉姆对他们的提问一一做出了回答，多少减轻了委员们的担忧。尽管如此，委员们还是抛出了美国国家科学基金会总法律顾问提出的一个问题：谁来承担实验可能对被试产生的负面影响，是美国国家科学基金会还是耶鲁？美国国家科学基金会的律师认为，应该由耶鲁承担法律责任。

美国国家科学基金会小组最终对这个计划给出了“有价值”的评级。小组讨论的记录显示，委员们认为这个项目是“对一个重要的基本社会现象进行的大胆实验”。尽管小组成员在实验价值的问题上意见并不统一，但是最终的结果还是建议美国国家科学基金会对该研究予以资助。米尔格拉姆在 1961 年 5 月 3 日接到了批准通知：自 6 月 1 日起，在两年内提供共 24 700 美元的资助，比米尔格拉姆申请的数额少了 5 600 美元。之所以减少金额，是因为委员会认为米尔格拉姆在“被试污染”问题上考虑得不够。特别是在利用当地居民为被试的时候，实验的细节会很快传开，随着知情人逐渐增多，潜在被试的数量会迅速减少，速度会比他预想的要快得多。委员会因此建议，由于潜在被试的数量少于预期，因此支付被试的金额也应当相应减少。

爱情事业双丰收

等待审批结果是一个令人焦虑的过程。这些经费资助机构总是会收到大量的申请，远超过机构的资金总量，最终“钱”落谁家往往难以预料。但在焦急的等待过程中却发生了一件浪漫的事情，大大转移了米尔格拉姆的注意力。

1961 年 1 月末，在曼哈顿茵伍德区举行的晚会上，他邂逅了亚历珊德拉·萨莎·曼金（Alexandra Sasha Menkin）。两个人有着相似的家庭背景。萨莎也出生在布朗克斯，出自欧洲犹太移民的家庭。两家人都不是恪守教规的犹太教徒。有时候，父母之间会说意第绪语，尤其是当他们不希望孩子了解谈话内容的时候。萨莎的父亲出生在瑞士日内瓦，她的奶奶当年从俄罗斯来到日内瓦上大学，因为在第一次世界大战前的俄罗斯，犹太女性很难有机会接受高等教育。后来，萨莎的父亲跟着家人移民到美国，并在这里继续做工程师。她的母亲也是来自俄罗斯的移民，是一名职业舞蹈家和舞蹈教师，两个人在美国相遇结婚。不过萨莎对父亲的记忆很少，因为在她很小的时候父亲就去世了。

萨莎毕业于曼哈顿的亨特大学，受母亲的影响，她也喜欢舞蹈。但在与斯坦利相遇的时候，她的工作是办公室职员。她身高 1 米 65，身材苗条、活泼开朗，十分容易相处。两个人对艺术和旅行有着很多共同语言。那一晚，斯坦利几乎在她身边寸步不离。萨莎觉得两个人的初次见面充满了爱的化学反应。她知道这就是她要找的那个男人。

晚会结束后，斯坦利开车送萨莎回到位于格林威治村的公寓，他在途中忽然说了一些话，表明他已经开始考虑与萨莎携手白头了。他转过头对萨莎说："你知道，我可能会是一个很糟糕的丈夫。"萨莎看着他，对他的坦率感到很诧异。她问："为什么呢？"斯坦利回答："你看，有时候我要工作到很晚。真的很糟糕。我工作总是太投入，无法停下来。"萨莎的回答是："无论谁跟你结婚，她爱你都是因为你是你。"尽管两个人之间有着强烈的吸引，但是斯坦利还是拖到几个星期之后才打电话跟她约会。

不久之后，他每个周末都会开车去看她。他在耶鲁关系最要好的同事霍华德·莱文索尔（Howard Leventhal）风趣而准确地描述了两个人的关系：

> 他对萨莎十分着迷，因为她是一个舞蹈演员，我记得，她不仅吸引了斯坦利的注意，也吸引了其他人的注意。她是一个特别有魅力、令人感到温暖的人。我想，最吸引斯坦利的是她身上的艺术特质。那是她特有的一种匀称的美，对斯坦利而言，她无论从哪方面来看都像一个艺术品……她为生活加入了美的元素……能做到这一

点的人真的很少。我想，这是他们之间彼此吸引的最强有力的原因……她为周而复始的日常生活平添了优美的感觉。

但是双方的母亲对这对恋人却有着截然不同的反应。最根本的原因，或者说至少是重要的原因之一就是年龄问题。萨莎比斯坦利大 4 岁半。斯坦利的母亲最初对此表示担心，但她后来也喜欢上了萨莎。萨莎的母亲特别喜欢斯坦利。她很高兴地看到自己 32 岁的女儿终于找到了一个好男人，这个男人聪明、受过良好的教育，而且事业基础也特别好。

大卫·希尔斯（David Sears）当时是耶鲁心理学系的研究生。斯坦利认为他在这种事情上可能更有经验，于是询问他的意见。大卫告诉斯坦利："你在纽黑文，她在纽约，你不能总是维系这种两地关系，这根本不可能。最终，你要么选择结束，要么跟她结婚。"斯坦利最终的决定是结婚。两个人于 1961 年 12 月 10 日举行了一个小型的结婚典礼，地点在格林威治村的犹太教会堂，参加婚礼的基本上都是双方的家庭成员。观察力敏锐的斯坦利还记得，在整个仪式的过程中，唱诗班的领唱一直穿着一双橡胶雨鞋。

米尔格拉姆的生活出现了诸多变化，他即将迈入学术生涯最多产、最具挑战性的阶段。过去在哈佛和普林斯顿的学习加上在欧洲所做的实验，最终都会体现在服从实验上，他将成为举世瞩目的焦点，他的成就将长久地影响世界。

04

THE MAN WHO
SHOCKED
THE WORLD

是什么导致了“平庸的恶”

权威带来的服从力量之强，足以让我们背弃自己的道德原则，这远远超乎了所有人的预期。服从实验告诉我们，服从是情境特质的函数，环境条件的影响超越了人格的变异性。

1961年5月，在收到美国国家科学基金会的批准通知后，米尔格拉姆立刻投身于实验细节的准备工作中。6月和7月整整两个月的时间，他都在招募被试、制作电击器道具、敲定实验程序、写台词、排练、成立研究小组等。预备实验中出现的种种问题也得到了妥善解决。8月7日，实验终于正式开始了。

服从实验正式开启

研究人员与被试约好时间，周一至周五下午6点到11点，周六、周日全天，每隔一小时约一名被试。实验室位于耶鲁老校园高街的霖斯利-齐藤登大楼，附近有一个巨大的大钟拱门，横跨高街和礼拜大街。这个拱门让外表平平的礼堂显得更加逊色。礼堂唯一让人多看一眼的原因恐怕就是它那难以界定的建筑风格，算是哥特和罗马风格不可思议的混合体。

米尔格拉姆于6月18日在《纽黑文纪事报》上刊登了招募被试的广告。对外公布的实验目的是研究记忆。每名被试的报酬为4美元，外加50美分的车费。在20世纪60年代早期的美国，一小时4美元已经高于国家规定的最低工资标准，而 50 美分足够坐着车绕纽黑文兜一圈了。但在刊登广告之前，他先通知了系主任克劳德·布克斯顿，确保广告不会招来批评。

被试年龄从 20 岁到 50 岁，来自各行各业，但有一个特点，都是男性。为了保证实验结果具有普遍性，米尔格拉姆寻找的被试职业跨度很大，从没有多少技术的工人到专业人员。这些人参加米尔格拉姆实验的原因多种多样，有的人是因为对心理学实验感到好奇，有的人想了解自我，有的人对记忆这个主题特别感兴趣。当然，每小时 4.5 美元的报酬也是很多人来这里的理由。

在实验室门口迎接被试的是一位假扮的主试。他个头矮小，面容瘦削，看起来比较严厉。他穿着灰色的实验外套，自称是威廉姆斯先生。之所以选择灰色而不是白色的实验外套，是不希望被试将威廉姆斯先生看作一名医生，进而感觉这是一个与医学有关的实验，这会影响实验结果。接下来，威廉姆斯向被试介绍华莱士先生，一个笑嘻嘻但看起来有点神经质的男人。威廉姆斯告诉被试，华莱士是记忆实验的另一位参与者。

从 1961 年 8 月到 1962 年 5 月，“威廉姆斯”和“华莱士”都是米尔格拉姆实验中的主要助手。威廉姆斯先生的真名是约翰·威廉姆斯（John Williams），而“学生”的扮演者华莱士，真名叫作詹姆斯·麦克多诺（James McDonough）。两个人都不是职业演员，但都有这方面的天分，加上反复排练，效果十分逼真。

威廉姆斯是一位 31 岁的高中生物教师，职业背景使他能够表现出技术人员的那种干练严谨。而“受害者”麦克多诺是一位身材矮胖的爱尔兰裔美国人，47 岁，有着一种令人愉快的谦和气质。他是纽约的铁路稽核员。他的上司对这位资深员工从事“第二职业”很不满，但作为 9 个孩子的父亲，他需要这笔额外的收入。此外，每天晚上和周末到这个实验室里工作让他感到很有意思，是从日常工作中转移注意力的好办法。米尔格拉姆似乎也对他很满意。他在面试记录上写道：“这个男人如果作为受害者再完美不过了。他的举止温和，谦逊低调，没有一点儿学究气……很容易相处。”

彼此介绍之后，威廉姆斯向两个人开出一张4.5美元的支票，还告诉他们，无论实验发生什么，这笔钱都不会收回。之所以无条件提前支付，是为了防止被试只是为了钱才服从命令。

威廉姆斯（此后称为主试）接下来对被试和“华莱士”说：“现在我要向你们两人介绍这个记忆实验。关于学习知识的问题，心理学界目前有一些理论。”他指着附近桌子上的一本书说：“其中一些比较知名的理论就写在那本书中，书名是《教学过程》（*The Teaching-Learning Process*），作者是康托（Cantor）。其中一种理论认为：在学习的过程中，如果在犯错的时候接受惩罚，学习效果就会更好。这种理论在现实中就有应用：父母在孩子犯错的时候会打孩子的屁股。他们希望通过这种惩罚方式让孩子们记住错误，使他们的学习更有成效。但是，这种惩罚方式对学习的具体效果到底怎样，我们知之甚少。几乎没有在人类身上对此进行过真正的科学研究。比如，我们不知道何种程度的惩罚对学习最有效，我们也不知道，如果惩罚的施加者不同，是否会带来不同的结果。成年人接受更年长或更年轻的人的惩罚，是否比接受同龄人的惩罚更好，诸如此类的问题。因此，我们正在进行的这个实验项目就是将不同职业和年龄的人放在一起，其中的一些人作为教师，一些人充当学生。我们想了解的是，不同的人担任教师或者学生的角色，会对彼此产生怎样的效果，还要找出在不同的情况下，惩罚会对学习产生怎样的影响。下面，你们两个人中有一个人将是老师，另一个是学生。通常用抽签方法决定角色……”他的手中有两张折好的纸，让被试和“华莱士先生”进行抽签。

他接着说:“请打开纸签，告诉我你们的角色。”被试说:“我是教师。”麦克多诺说:“我是学生。”

20世纪60年代,社会心理学家在实验的过程中经常会使用欺骗的手段，这一点让其他领域的社会科学家既嫉妒又厌恶。在很多颇具影响的社会心理学实验中，除了科学方法之外，一些类似编剧和表演一样的戏剧因素也功不可没。

在这次“记忆实验”中，被试走进实验室几分钟后，实验的设计就会让他完全相信几件并不真实的事情。事实的真相是：第一，实验目的并不是关于惩罚和学习；第二，就像我们前面提到的，华莱士先生并非是一名实验参与者，他其实是詹姆斯·麦克多诺，一名举止温和的会计，在这里扮演学生的角色；第三，那两张折纸不过是道具而已，上面写着的都是“教师”，这样才能确保被试总能分配到教师的角色，麦克多诺总能做学生；第四，实验过程中的核心物品电击器，其实是一个精心制作的道具，看起来特别真实，但它无法向学生发出电击。

米尔格拉姆在申请通过之后做的第一件事，就是对电击器进行完善。他联系了一些工厂，但这些工厂要等到12月之前才能交出成品，根本来不及。为此他决定自己动手。他的脑海中有清晰的构图，知道需要哪些零件，此外，他对电路电线方面也比较熟悉，因此可以从不同的供货商那里买到零部件。但在实际制作的过程中还需要专业人士的帮忙，比如，最后的接线工作就是由耶鲁雇来的技术人员完成的，电击器的面板由一名专业工业雕刻师制作。米尔格拉姆还找来两位电子工程师对电击器进行检测，确保被试不会察觉到这只是一个道具。

这个全新的改良版电击器道具外形像个大盒子。长约91厘米，高约39厘米，宽约40厘米。左上方的角落有一个商标：**电击器，型号：ZLB，生产商：马萨诸塞州沃尔瑟姆蒂森设备公司，输出功率15～450伏特**。这个大盒子有一个金属面板，上面有一排开关，共 30 个，每个开关上面都标出了伏特数，从 15 伏特起，以 15 伏特为增幅递增至 450 伏特（见图 4-1）。此外，这些开关每 4 个一组，每组下面从左至右写着：**轻度电击、中等电击、强电击、超强电击、重度电击、超重度电击、危险：剧烈电击。最后两个开关下面只写着 XXX，令人产生可怕的联想**（见图 4-2）。

图 4-1　电击器道具

按下电击器的一个开关，盒子就会发出嗡嗡的电流声，开关上面的红色电流灯发亮，“通电”的蓝色指示灯不停闪烁，各种继电器咔嗒作响，右上方边角处的圆形指针盘上的指针跳到右侧。有一个自动记录设备与电击器相连，记录电压强度、每次电击时长和被试的心理潜伏期，精确到 0.01 秒。

米尔格拉姆还加入了其他一些细节，确保这个道具使用起来更加逼真，让被试产生预期的效果和感受。比如，每组实验开始之前，主试都会通过电击器的电极对被试（教师）进行 45 伏特的电击测试。

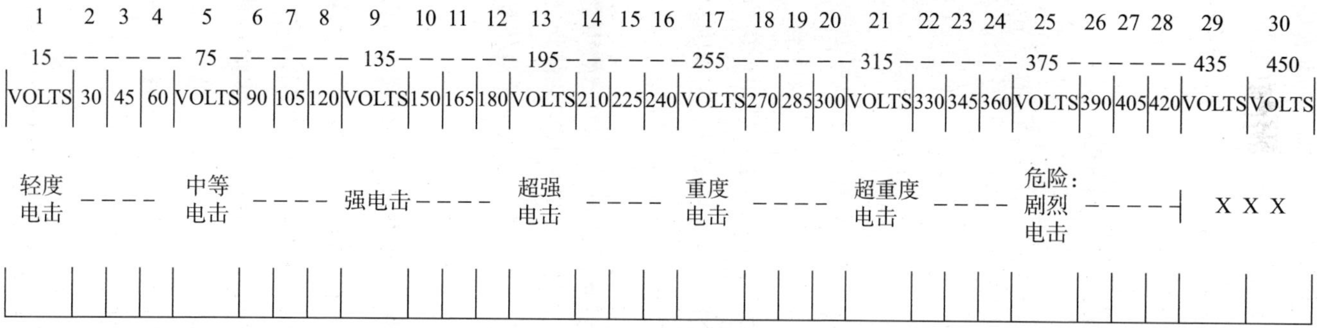
1 2 3 4 5 6 7 8 9 10 11 12 13 14 15 16 17 18 19 20 21 22 23 24 25 26 27 28 29 30
15 75 135 195 255 315 375 435 450
VOLTS 30 45 60 VOLTS 90 105 120 VOLTS 150 165 180 VOLTS 210 225 240 VOLTS 270 285 300 VOLTS 330 345 360 VOLTS 390 405 420 VOLTS VOLTS
轻度电击
中等电击
强电击
超强电击
重度电击
超重度电击
危险：剧烈电击
X X X

图 4-2　控制板图解

实验正式进行之时，会按照事先设计好的正确 - 错误答案模式播放录音磁带，被试每次进行电击都会听到学生发出的痛苦喊叫，喊叫的程度与电击强度相对应，学生还会不断要求离开房间。

听从命令还是坚守内心

THE MAN WHO SHOCKED THE WORLD **服从权威实验**

主试说：“好吧，现在学生就位，他将接受一些惩罚。学生，请你跟我来。教师，你也可以一起来看看。”威廉姆斯领着华莱士来到实验室中隔开的一个小房间。里面有一个操作台，台子上有 4 个开关。威廉姆斯让学生（华莱士）坐在操作台前的金属扶手椅上，挽起右手的衬衫袖子，然后把华莱士的手臂绑在椅子扶手上，这是为了“防止他在实验过程中出现剧烈动作”，并将一个电极贴在学生的右手腕上。威廉姆斯煞有介事地在华莱士的手臂上涂了些导电膏，解释说，这可以确保电极和身体保持良好的接触，防止皮肤起水泡或灼伤。他还说，电极与旁边实验室中的电击器连接在一起。

这是主试在整个程序中第一次清楚地告诉被试，前面所提到的“惩罚”就是对学生进行电击。被试也会意识到，一旦教学任务开始之后会发生什么。这是一种令人不舒服的联想。毫无疑问，大多数被试都会觉得电击惩罚将是一件令他们很苦恼的事情，他们完全可以在实验开始前放弃，但是没有人这么做。之前的承诺好像是胶水一样把他们黏在原地不动，他们站在那里，继续听威廉姆斯向“华莱士”解释实验过程。

主试：学生，我详细解释一下实验过程以及你该做什么。教师会向你读出一组词组，比如 STRONG arms（强壮的手臂）、BLACK curtain（黑色的窗帘）等。你要尽可能记住这些单词组合。接下来教师会重复这些词组，但是只读这组单词的第一个词，比如 STRONG，然后读出 4 个备选单词，比如 back（后背）、arms（手臂）、branch（树枝）、push（推动），你的任务就是从中找出与“STRONG”搭配的正确单词。然后按下 4 个开关中相应的那个。你的手能触到开关吗？好。那么，如果你认为听到的第一个词“back”是正确答案，就按下 1 号开关，向教师表示你认为正确答案是第一个单词。如果你认为第二个单词“arms”是正确答案，就按动 2 号开关，第三个第四个也是如此。好，如果教师最开始读出的正确单词搭配是“STRONG arms”，接下来读出“STRONG：back，arms，branch，push，你应该按动哪个开关？

学生：第二个。

主试：正确。

学生：按下这个开关，代表“arms”。

主试：对。每次教师读词组的时候，都遵循同样的程序……如果回答正确就继续，如果回答错误，你就要受到电击惩罚。当然，这对你尽快记住所有的单词配对有好处。在实验开始之前，你还有什么问题吗？

学生这时会沉默片刻，有些担忧地看着连接在他手臂上的电极，缓慢地转向威廉姆斯说：“是这样的，几年前，西黑文的 V. A. 医院检查出我有轻度的心脏病。虽然不是很严重，但是如果我接受电击，电击强度是多少？会不会危险？”

威廉姆斯立刻用带着自信又有些轻蔑的口气说，电击可能会带来点儿痛苦，但是不危险。

威廉姆斯转身带着被试回到了旁边的大房间，让他坐在电击器面前，学生则留在旁边的小房间中，两个人看不到彼此。

主试：好吧，现在仔细听一下实验说明。首先，这个机器会产生电击。

被试：嗯。

主试：按下任意一个开关，学生都会受到电击。

被试：嗯。

主试：推上开关，电击就停止了。就像这样。

被试：嗯。

主试：电击结束后，开关会停留在中间的位置，显示出你曾使用过哪些开关。

被试：嗯。

主试：好，机器已经打开了。为了让你这个教师的角色了解学生被电击的感受，咱们公平点儿，你也要亲自接受电击测试。你同意吗?

被试：好的。

电击测试是为了给被试一个心理强化，相信电击器的真实性。这是实验过程中唯一一次真正的电击。威廉姆斯将一个电极放在被试的手腕上。

主试：请你闭上眼睛，估计一下这次电击测试的强度。我让你睁开眼睛的时候你再睁开。

被试：嗯。

威廉姆斯拨下第三个开关，然后让被试睁开眼睛。

主试：好，现在请你估计一下刚才接受的测试电击强度，可以用伏特表示，也可以用文字的方式：轻度、中度和重度。

被试：我想，可能是 195 伏特。

主试：不，事实上，是 45 伏特（实验员指着刚才按动的开关）。

被试：哦！（笑）

主试：由于使用了导电膏，因此身体感觉可能比较强烈。这种软膏可以让电极和皮肤保持良好接触。你看……

被试：哦。

主试：好了，让我们接着介绍实验。在接下来的学习任务中，你要按照列表依次读出每对词组，只读一次，直到读完整个表。

被试：嗯。

主试：朗读的时候要对准麦克风，因为这个房间特别隔音。

被试：好的。

主试：读完这张表格之后就继续读下一张。

被试：好。

主试：在这里，从 A 行开始，你先读出大写单词，然后将这一行其他的单词顺序读出来，比如，第一行，你会读出“STRONG，back，arms，branch，push”。

被试：嗯。

主试：读完 4 个备选答案之后，学生会找出他认为正确的答案，按动相应的开关，这个盒子将发亮，显示出对应的数字，1、2、3 、4。（实验员指着在电击器上面的答案盒。）

被试：哦，我知道了。

主试：如果他给出的答案是正确的，你就说“正确”，然后继续下一行。正确答案下面画着线。

被试：哦，好的好的。

主试：如果答案错误，你要说“错误”，然后说出你将要对他进行惩罚的电击瓦特数。

被试：嗯。

主试：对他进行惩罚之后，读出正确答案，然后继续下一行。比如，如果他指出 3 是正确答案……（3 所对应的是“branch”，这是一个错误答案，正确答案是 2“arms”。）

被试：嗯。

主试：你就说“错误，15 伏特”。按下开关，读“STRONG arms”，然后继续下一行。

被试：好的。

主试：每次答案错误，都要按下一个电击器开关。

被试：好的。

主试：好了，重要的是要完全按照程序走。

被试：好，我会尽力。

主试：那么，你还有什么问题吗？

被试：我想没有了。没有。

主试：（对着被试面前的麦克风说）好了，学生，请注意，教师将进行几个模拟练习。请努力记住单词搭配。准备好，开始。

当被试按下第一个开关，电击器好像忽然有了生命，就像一只终于抓到猎物的骄傲的猫。开关上的指示灯红光闪闪，电流嗡嗡作响，“通电”的蓝色指示灯也闪个不停。“电压刻度”上的指针一下子跳到右侧，继电器发出咔嗒咔嗒的声音。

如果被试在这个过程中想放弃，实验在设计的时候还准备了4句语气强度不同的话，催促他继续。最轻的是“请继续”，最重的是“你没有选择，必须继续”。如果说出最后这句话之后，被试依旧拒绝进行，那么实验就结束了。

模拟练习中有10组单词配对，主要是为了帮助被试适应程序。

主试：（在模拟练习结束之后说）好了，练习已经结束，我们开始正式课程。

被试：嗯。

主试：正式学习任务的程序和之前的一样。

被试：好的。

主试：唯一的不同就是我们会使用一个新的单词配对表。

被试：嗯。

主试：当然，每次他回答错误，都要按下开关。

被试：嗯。

主试：准备好了吗？请开始。

被试：BLUE girl（蓝衣女孩），NICE day（美好的天气），FAT neck（肥硕的脖子），GREEN ink（绿墨水），RICH boy（富有的男孩），FAST bird（疾飞的小鸟），BLUNT arrow（磨钝的弓箭），SOFT hair（柔软的头发），COOL cave（冰冷的洞穴），GOLD moon（金色的月亮），HARD head（坚硬的额头），WET duck（湿漉漉的鸭子），BRAVE woman（勇敢的女人），WHITE horse（白色的骏马），SAD face（悲伤的面庞），SHORT time（短促的时间），SHARP needle（尖利的针头），SLOW dance（缓慢的舞蹈），RED sunset（红色的落日），LOW noise（低沉的声音），NEW book（崭新的书

本), QUIET evening(安静的夜晚), TAME bear(驯服的熊), SWEET taste(甜美的味道), TRUE story(真实的故事)。

接着被试开始读测试部分。

被试： BLUE: boy, girl, grass, hat, 正确。NICE: day, sky, work, chair, 正确。FAT: man, lady, tub, neck, 错误。嗞——(被试拨动电击开关发出的声音), 15伏特。FAT neck。GREEN: grass, hat, ink, apple, 错误, 嗞——GREEN ink。RICH: boy, cake, man, girl, 错误, 45伏特, 嗞——RICH boy。下一个, FAST: bird, car, train, plane, 正确。BLUNT: knife, stick, word, arrow, 错误, 嗞——BLUNT arrow。SOFT: rug, pillow, hair, grass, 错误, 75伏特, 嗞——SOFT hair。

学生： 哎呀!

被试： COOL: day, shade, water, cave, 错误, 嗞——COOL cave。

学生： 啊!

被试： GOLD: dollar, necklace, moon, paint, 正确。HARD: stone, head, bread, work, 错误, 嗞——

学生： 啊!(声音更大)

被试： HARD head。WET: night, grass, duck, cloth, 错误。嗞——

学生： 啊!嘿!太疼了!

被试： WET duck。BRAVE: woman, soldier, dog, horse, 错误, 嗞——

学生： 啊!

被试： BRAVE woman。WHITE: cloud, horse, stone, house, 错误, 嗞——

学生： 啊!!!实验员!结束吧!让我出去,我告诉过你我有心脏病!

被试：WHITE horse。

学生：我的心脏开始感到不舒服了，请让我出去！我的心脏开始感到不舒服了！我不要继续了，让我出去！

被试：（转过头看实验员）继续吗？

主试：继续进行，请继续。

被试：SAD：face，music，clown，girl，正确。SHORT：sentence，film，skirt，time，错误。嗞——

学生：（高喊）啊！让我出去！

被试：SHORT time。SHARP：axe，needle，stick，blade，错误，嗞——

学生：哎呀！

被试：SHARP needle。

学生：（高喊）我受不了，太痛苦了！让我离开这里！

被试：SLOW：walk，dance，truck，music，错误，嗞——

学生：啊！让我离开这儿！

被试：SLOW dance。

学生：让我离开这儿！我的心脏受不了了！让我离开这儿！

主试：请继续。

学生：你们无权把我关在这里！让我出去！让我从这儿出去！

被试：RED……

学生：让我出去！让我从这里出去！我的心脏受不了了！让我出去！让我出去！

被试：brick，rose，sunset，wagon，错误，嗞——

学生：啊！

被试：RED sunset。

学生：实验员！赶快让我出去！我受够了！我不想再做实验了。

随着电击强度不断增强，学生的抱怨声越来越痛苦，越来越强烈，被试明显表现出紧张情绪，但是他们基本上都对这种痛苦的喊叫采取了忽视的态度。他们一副坚决的表情，脸仿佛凝固了一样，似乎不愿因为自己而让实验半途而废。

为了让实验程序更加标准化，学生的抱怨声已经事先录在磁带上。每个强度的"惩罚"都有相应的"抱怨"。在实验过程中会配合被试的朗读播放磁带，录音机对着学生房间中的麦克风。

被试：NEW:house，pet，book，name，正确。QUIET:song，party，child，night，正确。TAME：wolf，bear，dog，cat，错误，嗞——

学生：啊！

被试：TAME bear。SWEET:candy，girl，taste，pickle，错误，嗞——255伏特。

学生：啊！让我从这里出去！

被试：SWEET taste。TRUE：story，hero，lecture，report，错误，嗞——270伏特。TRUE story。

学生：喂！喂！让我从这里出去。让我从这里出去！让我出去，听到没有？让我从这里出去！

被试：我应该从头再来一遍吗？

主试：是的。

被试：BLUE：boy，girl，grass，hat，正确，NICE：day，sky，work，chair，错误。嗞——

学生：（极度痛苦地喊叫）

被试：285 伏特。NICE day。FAT：man，lady，tub，neck，错误。嗞——

有时候，被试会在说出下一个词之前犹豫片刻，好像感觉这个任务让他很为难。但是当学生给出错误答案时，他却会毫不犹豫地按下电击器开关。有时候他会求助于主试，但是当主试让他继续时，他还是立刻遵守了主试的指示。

被试：FAT neck。

学生：我拒绝回答任何问题！让我出去！你们不能把我关在这里，让我出去，让我出去！

被试：他不会有事的，是吗？

主试：请继续。

被试：GREEN：grass，hat，ink，apple。

这时候，学生开始停止回答问题。教师再也听不到按答案开关的声音了。回答器上的数字不再闪烁。

主试：如果学生在规定的 5 秒钟内不回答问题，就视其为错误。

被试：嗯。

主试：处理方式相同，就像你对错误回答所做的反应一样。

被试：315 伏特。嗞——

学生：（更加强烈地痛苦喊叫）我说过了！我拒绝回答问题！

被试：RICH……

学生：我已经退出实验了！

被试：boy，cake，man，girl。（没有回答）330 伏特。嗞——

学生：（强烈地、持续地、撕心裂肺地喊叫）让我从这里出去！让我从这里出去，我的心脏受不了了，我说了，让我出去！

被试：FAST：bird，car，train，plane。

学生：（歇斯底里地）让我从这里出去！让我从这里出去！你们无权把我关在这里，让我出去，让我出去，让我从这里出去，让我出去，让我出去！

被试眉头紧锁，好像他自己也身处痛苦之中。

主试：请继续。

被试：继续吗？

主试：是的。

被试：FAST bird。SHARP：knife，stick，word，arrow。（没有回答）嗞——360 伏特。SHARP arrow。SOFT：rug，pillow，hair，grass。（没有回答）嗞——SOFT hair。COOL：day，shade，water，cave。嗞——他不再回答问题了。

主试：请继续。

被试做了一个鬼脸，好像表示他并不情愿这么做。但还是继续进行。

被试：GOLD：dollar，necklace，moon，paint。（没有回答）嗞——GOLD moon。HARD：stone，head，bread，work，（没有回答）嗞——HARD head。WET：night，grass，duck，cloth。（没有回答）嗞——WET duck。BRAVE：woman，soldier，dog，horse。（没有回答）嗞——BRAVE woman。我现在该做什么？已经读完了。

主试：继续用最后一个开关。

被试：我听不到他任何动静了。

主试：请继续。

如果被试按下450伏特的开关，主试会让他重复使用450伏特电击两次，以确定他完全服从。

被试： WHITE：cloud，horse，stone，horse。（没有回答）嗞——WHITE horse。SAD：face，music，clown，girl。（没有回答）嗞——SAD face。SHORT：sentence……

主试： 好了教师，实验结束了。

实验结束之后是对被试进行的评估和心理辅导程序，包括下面几个项目：获得个人资料，包括年龄、职业、婚姻状况、宗教信仰、教育背景、是否在军队服役等。此外，还会让被试描述在实验中的感受，包括：你在实验中的紧张程度有多大？你认为最后几次电击给学生带来了多大程度的痛苦？最后会将实验的真实情况告诉被试，并让他与“华莱士”见面，表明学生并没有受到伤害。下面是对上述被试进行心理辅导程序时的一个片段。

主试： 告诉你实情吧，那个男人并没有真的被电击。事实上，我们真正感兴趣的是，你在不得不伤害别人时的反应。你知道，伤害一位你并不认识的人。

被试： 哦。

主试： 他其实是为我们工作的。

被试： 哦。

主试： 他并没有真正被电击。

被试： 哦，我知道了。

主试： 我们想要研究你的反应。现在，我们不想再愚弄你了。

被试： 哦，我知道了。

主试：我们不得不用这种方式来表演，因为只有这样才能看出人们真正的反应。你刚才真的认为自己正在电击他吗？

被试：是的，我真的这么想。当我听不到他的反应时，我感到很担心。

主试：哦，当你什么都听不到时，你在想什么？

被试：我想，也许他只是希望在停止回答之后，我能停下来。你知道我的意思吗？也许他昏倒了或者其他什么的。

主试：你认为他昏倒了吗？

被试：我不这么想。我只是担心他可能会昏倒，我只是担心。

主试：好吧，你能理解我们为什么必须这么做吗？你看，这很像护士必须给病人打针。她可能并不愿意这么做。她可能并不想伤害病人。但是医生让她这么做，因此她必须听从命令给病人打针。这里的情况也类似，你不得不伤害另外一个人。

被试：哦，我不喜欢这样。

主试：很多人都不喜欢。总之，这个实验几个月后会完全结束，你将收到一份实验报告，但在那之前，希望你不要泄露实验的细节。

被试：好的。

主试：因为你可能认识其他将要参与这个实验的人……如果他们提前知道了实验细节，实验就难以进行下去了。那么，你对到这里做这个实验有什么感受？现在你已经知道了……

被试：现在我知道了真相……我可以释怀了……

主试：詹姆斯！来跟“XX”先生打个招呼吧。这是麦克多诺先生。

被试：都已经结束了。

学生：你现在感觉好些了，是不是？

被试：是的，我感觉好多了。

学生：那就好。

主试：好吧，十分感谢你参加这个实验，真的十分感谢。

被试：你看，一包烟就剩下三根了。

主试：（笑）我们真的很感谢你的参与。相信你会喜欢我们的实验报告的。

四段距离，四个结果

服从实验呈现给我们的是人类行为中令人忧虑的一面，权力显示出了如此巨大的力量，即使不采取强制手段，也可以迫使一个人伤害另一个无辜的人。权力的这种力量令米尔格拉姆和他的同事们深感震惊，后来在公众中也掀起了巨大波澜。尽管米尔格拉姆的服从实验没有一个全方位的指导理论，但是有些实验的确为某些问题提供了启示性的答案。

1961 年 8 月至 9 月间，米尔格拉姆进行了系列实验的前 4 个情境实验。实验目的是为了检验一个问题：改变教师和学生之间的物理距离和心理距离，是否会影响服从的程度。米尔格拉姆之所以想找出这个问题的答案，是因为在 1960 年秋季学期末所做的预备实验中，他发现了一个普遍的现象：学生和教师分别坐在镀银玻璃的两边，教师可以隐约察觉到学生的动作。被试基本上都不愿意正视受害者，经常把头转向一边，避免看到因为他的行为而带来的“痛苦”结果。

这种不断出现的行为让米尔格拉姆意识到，教师和学生之间的距离可能也会在某种程度上影响被试的行为。“四段距离系列”（four-part proximity series）就是为了系统地验证这个观点而设计的。这个实验包括 4 个变体实验，随着教师和学生之间的距离不断缩短，被试越来越难以忽视他在整个过程中扮演的角色。

学生和教师之间距离最远的实验是“远距离情境”。整体安排以及对外宣称的实验目的如前所述：实验是为了研究惩罚对学习效果的影响。教师坐在一个电击器前，学生坐在旁边的屋子里，看不到彼此。主试告诉教师，如果学生在单词搭配任务中出错，教师就要对学生进行不断增强的电击。但是，在这个变体实验中，学生不会发出声音上的抱怨。学生回答的模式已经提前设计好：每三个错误答案后给出一个正确答案。在电击器上方有一个盒子状的答案显示器，每当学生给出答案，答案板上就会亮起相应的数字。

电击强度达到300伏特的时候，学生进行第一次抗议。他不说话，只是大力敲击墙壁，教师完全可以听到。之后，答案显示器上就不再出现任何反应。这个时候，被试通常会求助主试接下来该做什么。主试告诉他们，没有回答即为错误答案，要继续增加电击强度。315伏特的时候，学生再一次敲击墙壁。然后就是完全的沉默。

在300伏特之前，即学生第一次敲击墙壁之前，没有任何一名被试拒绝主试的命令。事实上，300伏特已经超越了“超强电击区”的范围，进入了“重度电击区”。这个情境的40位被试中，5人在300伏特的时候放弃。在最后的450伏特前，有14名被试停止了实验。但是，40名被试中有26人完全服从了主试，从“剧烈电击”区一直坚持到最后那个看上去很毛骨悚然的“XXX”。

人类的服从权威倾向是一种根深蒂固的天性，这一点不需要用实验证明。米尔格拉姆的发现之所以重要，是因为实验显示出这种倾向令人震惊的强度。它是如此强大，以至于可以超越我们自儿时起就知道的一个道德信条：违背他人意愿伤害别人是错误的。

远距离情境实验只是四段距离系列实验中的第一个，米尔格拉姆于1963年将其单独发表在《变态和社会心理学期刊》（*Journal of Abnormal and Social Psychology*）之中，这是服从系列实验中第一个公开发表的实验。米尔格拉姆的发现非凡而独创，仅就这个发现自身就可以大书特书。但是他更希望先详细描述实验的细节。

为了强调这个发现中所蕴含的力量，他每隔一段时间都会向世人展示这种力量有多么出乎意料。在没有公布结果之前，他曾向不同人群描述详细的实验过程，这些人中包括耶鲁的高年级学生、中产阶级中年人以及一组精神病学家。他让这些人预测，如果换作他们或者其他人参加这个实验，结果将会怎样？这些人给出的猜测与实际结果相差甚远。比如，耶鲁高年级学生预测，只有1.2%的人会坚持到最后使用最强电击。1962年2月，米尔格拉姆又让一组哈佛精神科住院医生对这个实验进行了预测。他在写给社会心理学家E. P. 霍兰德（E. P. Hollander）的信中说："这些精神病医生表示，他们对自己的预测准确率十分有信心，但是他们的结果与事实相差了500个系数。我相信，即使是一组女佣人做这个测试也不会差到哪里去。"

THE MAN WHO SHOCKED THE WORLD 四段距离系列

第二个实验叫作"声音回馈情境"。学生依旧在另外一个房间中，教师看不到，但是在提前录制好的抱怨声中，加入了越来越强烈的尖叫。抗议出现的模式如上一节所述的实验实例。只是这一次，学生不再提及心脏病的问题。加入了声音抱怨，服从的比例比远距离情境略有降低，40名被试中有25人（62.5%）坚持到最后使用450伏特电击。

第三个实验叫作"接近情境"，教师和学生之间的距离进一步缩短。这一次，学生不再与教师身处两个房间，而是坐在距离教师几米远的地方。在这个实验中，学生需要进行表演，每次受到“电击”都要做出痛苦的反应。学生抗议的模式如前一实验，但是教师在这个实验中将亲眼目睹学生越来越痛苦的身体反应，他既可以听到，也可以看到学生的痛苦。教师和学生之间的距离拉近使服从的比例大幅度减少到40%，40名被试中只有16人坚持到最后。

第四个也是最后一个实验情境叫作“接触情境”。教师和学生之间的距离变成零。就像第三个实验一样，学生坐在教师身旁，但是有一个重要的不同：学生在这个情境中必须将手放在电击盘上接受电击。电击达到150伏特时，他开始拒绝合作，不肯伸出手，主试命令教师强迫学生把手放在电击盘上接受惩罚。

前三个情境已经让米尔格拉姆不断领教了人类服从的底线，但在最后这个实验中，由于教师需要使用身体接触的方式迫使学生就范，他估计最多只有一两名被试完全服从。但是出乎他意料的是，40名被试中有12个人（30%）坚持到了最后。米尔格拉姆说：“那是一副令人困扰的景象，受害者拼命挣扎反抗，发出痛苦的哀号。”

米尔格拉姆详细描述了一位被试在这个情境中的表现。这是一名37岁的电焊工，米尔格拉姆称之为“布鲁诺·巴塔”（Bruno Batta）。根据主试的指示，巴塔将学生的手强压在了电击盘上。

学生就坐在他身边，哀求他停止。但是他一脸冷漠，像个机器人一样继续实验。这个场景中最令人侧目的就是他对学生明显的漠不关心。他几乎不把学生当成一个人来看待。但是与此同时，他在主试面前的表现却温顺而谦恭。

到了330伏特的时候，学生不仅拒绝将手放在电击盘上，而且还拒绝回答问题。巴塔很恼火，斥责学生："你最好赶快回答，结束实验。我们不能整晚待在这里。"……这个场景显得野蛮而压抑。当他制伏了大声喊叫的学生，并对其进行电击的时候，那张冷冰冰的没有表情的面孔，显示出一种彻头彻尾的冷漠。他似乎并没有从这个行为中获得快感，他只是满意自己正确地完成了自己的工作。对学生施加了450伏特电压之后，他转头问主试："我们接下来怎么做，教授？"他那谦卑的语气显示着他是一名合作的实验参与者，不像学生那么顽固不化。

图4-3直观地向我们展示出，服从比例自远距离情境到接触情境呈递减的趋势。

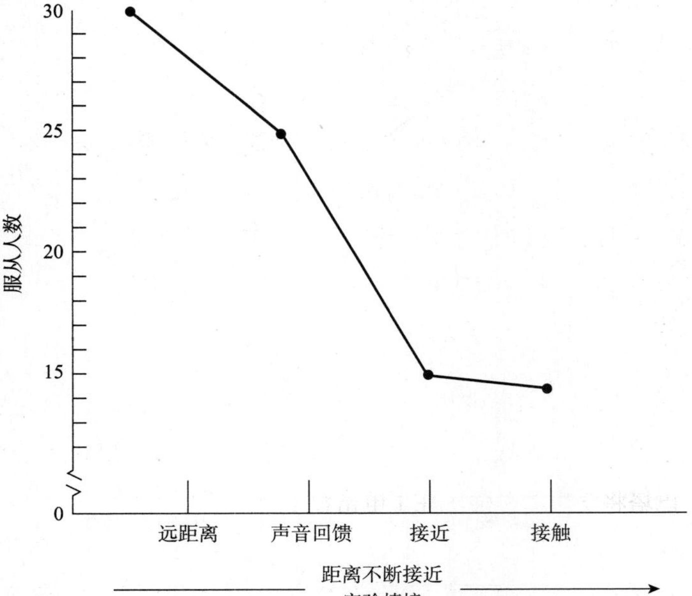

图4-3　四段距离系列的平均最大电击

判断被试服从程度最主要也最清晰的量化指标就是他最后施加的电击强度。但是米尔格拉姆的设备还可以提供两个辅助指标，测量被试对权威人物命令的反应。电击器自动记录了每次电击的时长和心理潜伏期，精确到 0.01 秒。心理潜伏期测量的是被试在实施电击之前犹豫的时间，这个指标没有产生有价值的信息。但是电击时长指标却得出了两个有趣的结果，可以对实验的发现起到补充作用。图 4-4 用折线图的形式描述了这个指标的结果。但是只能得到前三个实验的数据，在第四个接触情境中，由于电击盘被缠绕在电击器之中，因此无法测量电击时长。这个图显示出两点：第一，电击时长随着教师和学生之间距离的缩短而相应变短；第二，在所有的实验情境中，服从度高的被试施加电击的时间要比服从度低的被试长。

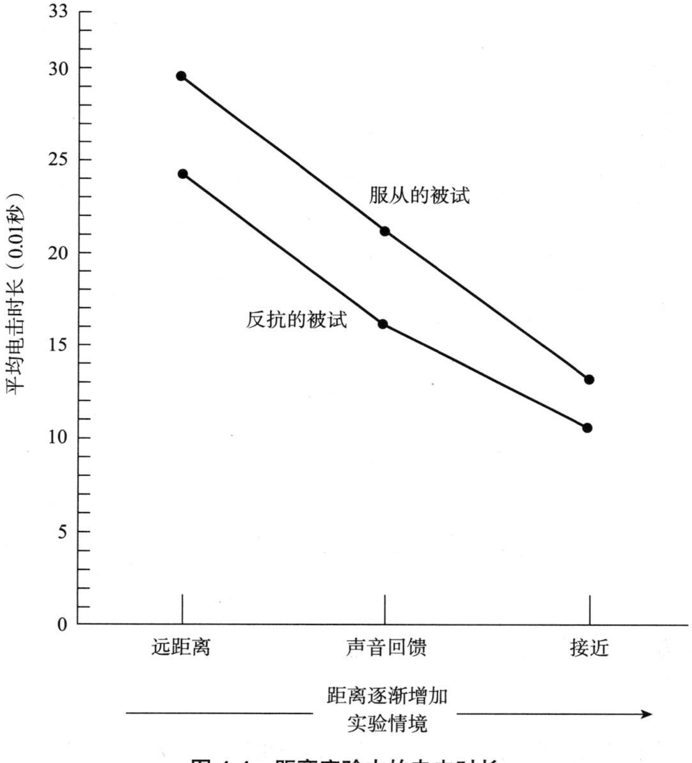

图 4-4　距离实验中的电击时长

1961 年夏天，阿兰·艾尔穆斯（Alan Elms）开始在服从实验中担任米尔格拉姆的助理。这位身材瘦削的小伙子来自肯塔基州，当时刚刚结束耶鲁心理学系第一年的研究生学习。他第一次遇到米尔格拉姆是在 1960 年秋季学期末。耶鲁规定，研究生在第一年要参加每星期举办一次的研究班，一到两名教师会在研究班上讨论他们所从事的研究。艾尔穆斯对米尔格拉姆的服从实验计划很感兴趣。但是激起他兴趣的不仅仅是研究本身，米尔格拉姆对这个课题的热情也让他深受感染。当时，另外一名叫作劳伦斯·科尔伯格（Lawrence Kohlberg）的初级教员在道德发展方面的研究也让他很感兴趣，但是与米尔格拉姆的热忱激情相比，科尔伯格对自己研究的陈述显得过于沉闷无趣。

在第一学年的暑假，艾尔穆斯回了肯塔基州的老家。他打算先休息一个月，然后在 7 月回学校协助米尔格拉姆的工作。6 月底，他收到米尔格拉姆的来信。这封信的语气很戏谑，但是字里行间却可以看出，米尔格拉姆已经本能地感觉到，他即将从事的研究具有重大意义。

> 亲爱的阿兰：
>
> 压力重重的第一年的研究生学习终于结束了，希望你这一个月过得舒服愉快。《纽黑文纪事报》上刊登的广告反应寥寥，令人很失望。但是目前还没有太大的问题，因为我们已经有 300 名合格的应征者。但是不久之后，你这个“募集总指挥”就要想方设法把更多的人“运送”到实验室来。这是实际研究工作中很重要的一部分。我不得不说，你的角色有点像艾希曼先生。但是至少，你应该不会误会我们将要对这些“每日配额”做的事情。我们将给他们机会反抗来自邪恶权威的命令，从而彰显他们的道德水准……

米尔格拉姆在同一天，即 7 月 27 日，也写了一封信给所罗门·阿希，信中表达的是同样的感受，只是语气更严肃。他在信中向阿希介绍了服从实验的最新进展：“当然，您可能会问，人类的服从特性有很多创造性功能，为什么我偏偏关注其破坏性潜力？也许是因为，服从在我们这个时代所展示出来的正是这个最震撼、最痛苦的一面。”

这封致阿希的信可以看出两人关系不断发展的过程。随着时间的流逝，高等研究院那段压抑的经历已经慢慢淡出了米尔格拉姆的记忆，他对阿希又恢复了去普林斯顿之前的尊敬。米尔格拉姆在信中征询阿希对实验的建议。几天前的周末，他曾带着萨莎来到斯沃斯摩尔，将她介绍给阿希和他的妻子佛罗伦丝。他一直认为，在自己的整个学术生涯中，阿希对他的影响最大。

1967 年，美国心理协会（APA）授予阿希“杰出科学贡献奖”（Distinguished Scientific Contributions），米尔格拉姆写了一封贺信，告诉阿希：“您是最应该获得这个奖项的人，您对学生和同事们的启迪无人能及。”1969 年，他受邀在加拿大心理学会（Canadian Psychologicial Association）的年会上演讲，演讲题目是《阿希主题的 10 个变体》（*Ten Variations on a Theme by Asch*），在演讲中他表达了对阿希和从众研究的敬意。他甚至致信美国心理协会，提名将该协会的一个特别奖项“金牌奖”颁给阿希。

在实验开始之前，他在与同事朋友往来的信件中传达出来的是对实验的热情期盼。但几个月后，他的期盼却得出了清晰但是阴暗的结论。1961 年 9 月 21 日，他写信给美国国家科学基金会社会科学主任亨利·瑞肯说：

> 结果令人恐惧而沮丧。实验结果显示，人性，或者更准确地说，美国社会所创造出来的人的性格并不那么可靠。当邪恶的权威发出指示，美国性格也无法让民众避免暴行，美国人同样也会对他人做出非人之举。之前我曾经有一些天真的想法，我曾经设想，如果美国出现了一个邪恶政府，它是否能在美国全境找到足够多的道德白痴，帮助它将整个国家体系变成一个死亡集中营，就像德国一样。但现在，我开始觉得，即使只在纽黑文这个小地方就能找到足够多的人选。大多数人只是做他们被要求做的事情，根本不在乎做的事情是什么。他们

不会受到良心的谴责，只要他们认为这个命令来自一个合法的权威。

四段距离实验揭露了人性中一个不受欢迎的真相：

THE MAN WHO SHOCKED THE WORLD
电醒人心

我们会轻易地服从权威，这种强烈的倾向超过所有人的预料，其强度足以让人违背道德标准。

但是，这个实验还有另外一个重要意义。从 20 世纪 60 年代末起，人格和社会心理学家展开了一场激烈的争论，即特质 / 情境之争。这场辩论源自沃尔特·米歇尔（Walter Mischel）[①] 的著作《人格与评估》（*Personality and Assessment*）。争论的焦点是：哪个因素更能决定一个人的行为，是人格还是其所处的环境？米歇尔认为，一直以来，人们都认为行为主要建立在个人特质的基础上，但这是一个错误的方向。个人行为更多的是其所在情境的产物，而不是情境中个人特质的产物。

这场争论在 20 世纪 60 年代和 70 年代不断深入，“情境主义者”经常使用米尔格拉姆的四段距离实验支持他们的观点。实验中有一个现象：服从随着情境特征，即教师与学生的距离的变化而变化，而不是随人格的不同而变化，这是对情境主义的有力证明。米尔格拉姆自己也赞同情境主义的观点。他写道：“20 世纪的社会心理学家揭示了一个重要的事实：**决定一个人行为的因素通常不取决于他是一个怎样的人，而取决于他处于一个怎样的环境。**”

① 美国著名人格心理学家，他的理论认为人的行为是个人和情境交互作用的产物。他进行了著名的“棉花糖实验”，是延迟满足和自我控制研究的鼻祖。其著作《棉花糖实验》对这一研究进行了详细论述，该书中文简体字版由湛庐文化策划、北京联合出版公司出版。——编者注

边叹息边服从

可以这么说，有多少被试，就有多少种服从的方式。在上文所呈现的那段实验室实例中，被试并不喜欢主试要求的事情。他的一些躯体行为也显示出了他的心理冲突，比如经常艰难地吞咽口水和舔嘴唇等。尽管如此，主试只是偶尔用语言催促他，他就会继续有条不紊地执行规定的任务。

大多数被试在抗拒权威命令或表达巨大的心理压力时，会以语言的形式说出来。比如，有一名工具设计师，从实验一开始，他就只是机械地不断增加着电击强度，没有任何其他的表示。偶尔会停下来，但是既不表达想法也不问问题，一直到 390 伏特。

THE MAN WHO SHOCKED THE WORLD 服从权威

被试：COOL：days，shade，water，cave，（没有回答）错误，嗞——390 伏特。GOLD：dollar、necklace、moon，paint，（没有回答）错误，嗞——405 伏特。HARD：stone，head，bread，work，（没有回答）错误，嗞——420 伏特。

主试：接着来，请继续。面板上还有 2 个开关。

被试：我要对这事儿负责吗？

主试：什么？

被试已经意识到自己行为的严重性，这似乎对他产生了影响。在之前的实验过程中，他的声音一直坚定而平稳。但是在询问主试的时候，他的声音却有些颤抖。

被试：会不会有什么后果？我要负责吗？

主试：实验要求你继续，教师。

被试：是的，但是我怎么知道他在那边是不是还好？他不说话了，甚至都不再喊疼了。

主试：我们不得不继续，直到学生正确学习所有的单词配对。

被试：（说话有点含糊）也许他在那边已经没办法学这些单词了。

主试：实验继续进行是最重要的。

被试：（声音断断续续）是的，但是万一那边已经没人回答问题了呢？

主试：我之前说过，尽管电击可能会痛苦，但是不危险。请你继续好吗？

被试：HARD：stone，head，bread，work，（没有反应）错误，嗞——435伏特。WET：night，grass，duck，cloth，（没有回答）错误，嗞——450伏特。继续吗？

主试：是的，请继续。

被试：怎么继续？

主试：用面板上最后一个开关。

被试：继续？

主试：正确。

被试：BRAVE：woman，soldier，dog，horse，（没有回答）错误，嗞——450伏特。WHITE：cloud，horse，stone，house，错误，嗞——450伏特。SAD：face……

主试：好了教师，实验结束了。

另外一名被试是制图员。他虽然坚持到了最后，但在实验中途也进行过反抗。下面的对话发生在使用195伏特电击之后。

被试：RED：brick，rose，sunset，wagon，错误，210伏特。嗞——

学生：啊！

被试：正确答案是 RED sunset。

学生：（声音很绝望）我不想再参加实验了。

被试：下一个，LOW：noise，cloud，bridge，voice，错误，250 伏特。嗞——正确答案是 LOW voice。下一个是，NEW：house，pet，book，name，正确！

趁着这个难得出现的正确答案间歇，他用几乎听不到的声音对威廉姆斯说：

被试：我快撑不下去了。

主试：（对被试这种压抑的沮丧采取漠视态度）请继续。

被试服从了主试的要求继续进行实验，不再说话或反抗。几次单词配对之后，他叹了口气，表示了他的绝望，很显然他不愿意继续伤害学生，却无法将这种不情愿变成实际行动。

但是当电击加强到 300 伏特时，他努力在内心积聚支撑自己的力量，至少表现出他内心对这件事情深深的厌恶。

被试：下一个是，FAT：man，lady，tube，neck，错误，300 伏特。嗞——

学生：（痛苦地喊叫）

被试：我做不下去了。（他开始在椅子上扭动）

学生：我绝不再回答了！让我从这里出去！你们不能把我关在这里！让我出去，让我从这里出去！

被试：我不能再这样了。对不起。我感觉你们好像要做什么事儿。

主试：实验要求你继续。

被试：是的，我知道，但是我无法随便伤害人。哎，这已经让我无法忍受了。我感觉我做得太过分了。

主试：继续进行实验特别重要，请继续。

被试：（在椅子上扭动）我快受不了了，我感觉就像是和他一起被电击一样。（叹息）下一个是，GREEN：grass，hat，ink，apple……

他经常叹息，每次进行电击之前都会犹豫很久，这表明他内心备受折磨。但他还是坚持到了最后，完全服从。

什么样的人会反抗权威

那些没有坚持到最后的不服从被试中，行为表现也是多种多样，其中最重要的不同点就是，被试第一次反抗出现的时间。心理学家安德烈·莫迪利亚尼（Andre Modigliani）和弗朗索瓦·罗查特（Francois Rochat）对其中一个实验情境的录音进行了细致的分析。他们发现：

THE MAN WHO SHOCKED THE WORLD
电醒人心

在实验过程中，被试做出反抗的时间越早，坚持到最后的可能性就越小。此外，被试第一次反抗时的电击强度越小，结束时的电击强度就越小。

莫迪利亚尼和罗查特这样解释这种现象：

这与认知失调理论相符，被试在完成一件特别不愉快的合作任务时，他顺从的时间越久，就越会在内心说服自己，为眼前的一切做出合乎情理的解释，并相信这种解释是真实的。比如：被试知道自己在做什么，电击并不那么危险，学生没有什么问题，实验必须继续……在实验前期进行口头反抗可以有效减少心理压力，将自己的行为合理化，并进行更多消极野蛮的同谋行为。

有一位反抗的被试是47岁的大型工厂检察员。在实验前的练习过程中，他有点儿手忙脚乱，但在正式实验中，他已经熟悉了程序，而且进行得有条不紊。当电击强度达到120伏特的时候，他已经使用了7个电击开关，听到学生发出三次轻微的“哎呀”。

被试： WET：night，grass，duck，cloth，错误，120伏特。嗞——

学生： 啊！喂！真的很痛啊！

被试： 这个强度不会伤害他吗？

主试： 请继续。

被试： BRAVE：woman，soldier，dog，horse，错误（叹息），135伏特。嗞——

学生： 啊！实验员！

被试： 答案是woman。

学生： 够了！让我从这里出去！我说过我有心脏病！我的心脏开始受不了了！让我从这里出去！我的心脏不舒服！

主试： 请继续，继续。

学生： 我拒绝继续，让我出去！

被试： 他在那边真的很难受。

主试： 实验要求你继续，教师，请继续。

被试： 可是，如果你不介意的话，我想先去那边看看他怎样了。

主试： 一旦实验开始，你就只能通过麦克风与他联络。你继续实验很重要，继续。

被试： 我不知道，我想，我肯定不愿受他的这种痛苦。

主试：你没有其他的选择。

被试：（嘲笑）如果可以，我会把支票还给你。

主试：不，支票是你的，支付你报酬是因为你来到实验室。那不是问题的所在。问题是，如果你不继续进行，我们就不得不终止整个实验。

被试：好吧，他就在那边，我不能继续进行实验了。我的意思是，他说他有心脏病。因此我……

主试：好吧，那么我们的实验就结束了。

这名被试之所以能挣脱权威的束缚，可能有如下几个原因。首先，他体会到了学生的感受，在心理学上称之为共情。他将自己摆在学生的位置上，切身感受着他的痛苦。“我肯定不愿受他的这种痛苦。”对于大多数被试而言，抗拒主试的命令是一件很困难的事情，因为这种反抗其实就是在质疑主试的“能干的”“科学权威的”形象。通过对学生共情，这名被试做出了主观判断，而这种判断并不意味着质疑主试的形象。

促使他反抗的第二个因素可能是：主试漠视他提出的问题或抗议。当他要求去看看学生的情况时，主试忽视了他的问题，只是唐突地命令他继续，不给出任何让他安心继续实验的回答或解释。主试在此时催促他继续，结果事与愿违，令被试很恼火，变得更加顽固，不再合作。

THE MAN WHO SHOCKED THE WORLD 反抗权威

另外一名反抗的被试是一位39岁的销售员。他是反抗行为出现在实验后期的被试代表。他曾在实验早期表示了数次相对温和的抗议，但都被主试忽略了。被试继续进行实验，没有出现更多的反抗信号。直到他开始施加315伏特的电击。

学生：（极其痛苦地喊叫）

被试：RICH：boy……

学生：我告诉你了，我拒绝回答。

被试：cake，man……

学生：我退出。

被试：girl，（沉默良久）他说他要退出实验。他可以在任何时候退出，你曾经说过他可以这么做。

主试：不论学生喜欢与否，我们都必须继续，直到他准确学习了所有的单词配对，请继续。

被试：好吧，但我认为违背他的意愿是不对的，而且他有随时退出的权利。

主试：实验要求你继续，直到他准确地学习了所有的单词配对。

被试：那么，我……呃，我不能继续了。你看，如果他没有其他的选择，如果你已经告诉过他，一旦开始就不能退出，那就是另一回事了。但是，你给了他随时退出的自由，他现在就这么选择了。

主试：你继续实验是特别重要的。

被试：不，我不能……我的意思是，你们还是找其他人吧。他已经说了有心脏问题。他拒绝继续进行实验，而且也有随时退出实验的权利。

主试：你没有其他的选择。

被试：（特别惊讶）我没有其他的选择？哈，哈（暂停），我想我有。

主试：我的意思是，如果你不继续，我们就不得不停止整个实验。

被试：好吧，我想，公平地说，我们现在必须停止了。我的意思是，因为你们已经给了他选择的权利，现在他要求退出。

主试：好，那我们不得不结束实验了。

这名被试与之前那名检察员被试的反抗方式不同。检察员被试的反抗发生在 150 伏特电击。但这名被试坚持到 315 伏特时才开始解放自己。他在实验早期也进行了抗议，表明他不喜欢自己的任务，但他还是在拨下了 20 多个开关之后，才找到了正确的口头表达方式，从实验中解脱。在他与主试对话的过程中，他显得比较强势。他提醒主试这个游戏有一个规则，那就是学生有权利退出。

主试在最开始的时候告诉被试和学生，无论后来发生了什么都不会收回那张支票，这就可以被理解为：学生可以随时退出。主试虽然没有在实验开始之前明示学生具有这个权利，但这名被试已经在心中将其转化成一个明确的实验规则。这样，他就可以在不质疑主试权威形象的前提下与之对峙。被试要求停止实验，但主试只是重复着事先编好的台词，对被试的要求采取漠视态度，这样做只会激怒被试，加强他退出的决心。

哪些环境能鼓励人反抗权威

米尔格拉姆还研究了其他可能促使被试反抗权威的因素。他通过实验揭示了权力出乎意料的支配力量，也通过实验提供了一个解决方案，反抗这种不受欢迎的力量。在这个实验情境中有三名教师，其中一名是被试，另外两名则是伪装教师。实验进行了一段时间后，一名伪教师在电击达到 150 伏特时开始拒绝听从主试的命令，另一名伪教师则在 210 伏特的时候拒绝继续实验。在这个实验变体中，由于两位伪教师的反抗行为，90% 的被试都在最大电击之前停止了服从。也就是说，在这个变体实验中，只有 10% 的被试完全服从。另两名“伪被试”的正面行为帮助被试从权威的控制中解脱了出来。在米尔格拉姆所做的所有变体实验中，这是斩断权威束缚效果最显著的一个。他在研究结果中写下了这样一段重要的结论：

THE MAN WHO SHOCKED THE WORLD 电醒人心

当个体想要站在权威的对立面时，如果他所在群体中有人支持他的反抗，那么他就会做到最好。人类的相互支持是反抗极端权力最强大的武器。

服从实验开始于 1961 年 8 月，最后一个实验变体结束于 1962 年 3 月，实验地点均为霖斯利 - 齐藤登大楼。其中前四个实验即四段距离系列，实验地点位于大楼一层的交互实验室。前四个情境的实验结束之后，交互实验室的所有者社会学系将其收回，因此，米尔格拉姆不得不搬到位于同栋大楼地下室的另外一个实验室完成其他实验。搬动设备和重新布置实验室花去了研究小组几个星期的时间。

为了进一步验证服从的力量，米尔格拉姆在桥港市区租用了一间办公室，位于梅恩大街 1188 号的新田大厦，办公室共有三个房间。1962 年 4 月到 5 月间，他将实验室搬到了那里，并给这个办公室起了一个假名字："桥港研究协会"（Research Associates of Bridgeport）。米尔格拉姆这样做是为了使实验完全脱离耶鲁的背景，他想了解的是，如果"耶鲁"这个代表权威和声望的名字没有出现在实验中，人们是否依旧会服从破坏性的命令。结果显示，服从的比率较耶鲁实验有所降低，但是依旧属于较高的水平。在桥港实验中，47.5% 的被试完全服从了主试，而在耶鲁做的同样情境的实验中，这个比例是 65%，从统计学的角度来看，这个差异并不显著。

为此，他做出了如下的推测性解释：

> 如果那些具有危害性或破坏性的命令来自某些组织体系，很可能就会被认为是合法的。但是本次研究清楚地表明，这个组织的声誉或知名度并不是关键……人们会根据这个组织对外宣称的功能将其划分到某个类别。服从的关键在于这个组织属于哪个类别，而不

是它在这个类别中的排名地位。举个例子，人们会在大银行存钱，但也会在看起来破烂不堪的银行存钱，他们不会考虑这两家银行在安全方面的差异。同理，我们的被试可能认为，只要这家实验室“是”科学实验室，那么就和其他实验室一样都是合法的。

整个系列实验还包括 1962 年 5 月进行的一个实验，这个实验被用于拍摄他的纪录片《服从》。米尔格拉姆之所以制作这个纪录片，主要是为他的研究成果提供看得见的证据。两天的实验中共拍摄了 14 名被试。由于被试对拍摄并不知情，因此他们在影片中的表现都是真实的。在实验结尾，米尔格拉姆将这件事情告知被试，并征询他们的许可，是否可以将电影用于教学活动中。只有经过被试的许可才会将其影像资料纳入电影中。这些被试既有完全服从的，也有中途反抗的。这部纪录片生动地记录了人类服从权威的倾向。

1962 年 6 月 1 日，在写给系主任克劳德·布克斯顿的信中，他宣布系列实验终于大功告成。

我宣布，我将正式离开霖斯利 - 齐藤登的地下室实验室。这个实验室很好地履行了它的责任。最后一名被试于 5 月 27 日星期日离开实验室。感谢上帝，“服从权威”实验胜利结束。

就在两年前，阿根廷政府派出特工，在阿根廷布宜诺斯艾利斯阿道夫·艾希曼的家中将其秘密逮捕，空运回以色列，并在耶路撒冷对其进行了漫长的审判。1961 年 12 月 15 日，因屠杀 600 万名犹太人的滔天罪行，艾希曼被判处死刑。死刑执行日是 1962 年 5 月 31 日午夜前，就在米尔格拉姆结束服从实验 4 天之后。这两件事情之间有着冥冥中的联系，似乎预示着米尔格拉姆实验将为阐明纳粹行为做出重要贡献。

05

THE MAN WHO SHOCKED THE WORLD

有关服从实验的诸多争议

一系列的服从实验除了惊人的结果之外，也带来了各式各样的讨论与批评。虽然米尔格拉姆进行研究时已经考虑到道德的问题，但在结果发表之后仍然引起了强烈的争议。

随着服从实验在1961—1962学年中不断推进，部分实验结果也像长了翅膀一样传遍了耶鲁校园。不久之后，正如心理学系教师罗伯特·埃布尔森所说："心理学系沉浸于其中，人们不停谈论着这件事情……我们时刻在聊它，主要聊这个实验多有意思。"但是就在1961年9月，米尔格拉姆却发现了一件不愉快的事情，使他不得不对实验严守秘密。事实上，实验进行期间，他对奥尔波特也没有坦诚相告，直到1962年1月12日才将实验的具体情况汇报给奥尔波特。

事情的引子就是上文提到的匹兹堡大学心理学家阿诺德·布斯。布斯出版了一本名为《攻击心理学》（*The Psychology of Aggression*）的书，其中有一个叫作"攻击器"的插图，这个图以及图解与米尔格拉姆的电击器和使用的程序很相似。米尔格拉姆看到这个图的第一反应就是：布斯抄袭了他的机器和实验程序。

菲利普·津巴多还记得，那时候他曾经去过米尔格拉姆的办公室。米尔格拉姆的表现让他很奇怪。他问米尔格拉姆实验进展情况，米尔格拉姆神神秘秘地关上办公室的门，还打开电扇防止外面的人听到他们的谈话。然后他悄声告诉津巴多，由于布斯盗用了他的电击器设计，他现在处境很艰难。米尔格拉姆解释道，这就是为什么他对实验三缄其口的原因。津巴多说，米尔格拉姆那天的表现“显得特别偏执”。

事实上，布斯和米尔格拉姆的实验方法中确实有一些类似的地方。布斯的机器上有 10 个标有刻度的电击按钮，对外宣称的实验目的也是进行学习研究，被试也会接受测试电击。在其中一个变体实验中，当电击强度增大到一定程度，学生也会假装做出痛苦的呻吟和喘息作为反馈。但是，两者之间也存在本质的不同。首先，实验的研究方向不同，布斯的研究目的是攻击性，而不是服从。布斯实验中的被试在“惩罚”学生的时候，可以选择 10 个按钮中的任何一个，而不是随着错误的出现逐级增加电击强度。还有其他的不同点，比如学习任务不同。布斯的实验是进行“概念学习”，学生要在不同类型的光线中判断正误。布斯实验中的电极连接在学生手指上，而米尔格拉姆的实验中，电极连接在学生的手腕上。

但是米尔格拉姆当时处于研究亢奋状态，对这种雷同可能有些反应过度。他和布斯通过几次电话，写过几封信。事实证明布斯的实验方法有其独立设计，而不是从“秘密渠道”了解到了服从实验的内情，并进行剽窃。但是米尔格拉姆的疑窦始终没有完全消退。每当人们把他的电击器称为“布斯攻击器”时，他就会分外恼火。他甚至曾经给布斯写了一封信，要求他提供一张“攻击器”的照片。

欺骗被试是否违反了实验伦理

服从研究的细节终于浮出水面，在心理系引发了一场热烈的讨论，讨论的核心就是服从实验令人震撼的结果：被试电击受害者的意愿超过了人们的想象。但大多数人都没有注意到服从实验中的伦理问题。鉴于当时整体的研究大背景，这也是很正常的。当时的心理学家普遍会在实验室中使用欺骗的方法，实验结束后也不会对被试进行“心理疏导”程序，将真正的实验信息告诉被试。“事后解说”这个术语是心理学历史学家本杰明·哈里斯（Benjamin Harris）在1964年的一篇文章里首次提出的，这是实验设计中的一个实验后程序，纠正实验过程中的知觉错误并安抚实验参与者。哈里斯在他的文章中对米尔格拉姆考虑被试福利的态度表示赞同。

但是，被试在服从实验中的经历肯定也激起了系里某些人的不满，因为有人向美国心理协会寄去了一封投诉信。美国心理协会为此将米尔格拉姆的会员申请受理推迟了一年，直到他们将这件事情调查清楚之后才恢复。1962年11月23日，会员委员会（Membership Committee）的一名委员在致米尔格拉姆的信中这样说：

> 委员会投票的结果是，您入会申请的最终推荐程序将推迟到下一年……理由是您在某些实验研究中出现了伦理责任方面的问题。受委员会指派，我与科学职业道德及行为委员会（Committee on Scientific and Professional Ethics and Conduct）秘书进行了非正式讨论，并从其他了解研究情况的人那里获得了更多信息。这些步骤已经完成。

这位成员在信中表示，她估计米尔格拉姆的申请最终会得到一个满意的回答，还希望他不要因为这件事情而"厌恶美国心理协会"。

这一切只是一个开始，在米尔格拉姆的整个职业生涯中，服从实验的伦理问题一直困扰着他，让他疲于应付。甚至在十多年之后的1977年，服从实验已经出版成书，他已开始进行其他研究，却还要为实验的伦理问题进行辩护。

服从系列实验结束后不久，米尔格拉姆又向美国国家科学基金会递交了两份申请，第一份的时间是1962年1月25日，请求美国国家科学基金会为他接下来的服从实验计划提供资助。他在申请中表示：这份申请的主要目的是为了进行更多的服从实验。之前研究中出现的高服从率令人吃惊，他希望能为之提供详尽的理论解释，并寻找产生这种结果的心理因素。在他计划的一系列新实验中，有一个会涉及“建设性服从”（constructive obedience）。他会要求被试做出一些符合社会道德观的事情，这与之前研究中的破坏性实验程序形成了鲜明对比。他当时还没有为这些实验制定出明确的实验程序，但他有信心能很快完成这个步骤。

申请于 1962 年 5 月 24 日获得批准，但美国国家科学基金会要求的资金使用方式却与他预期的完全不同。美国国家科学基金会官员认为，米尔格拉姆已经收集了大量的实验资料，应该将精力更多地放在分析这些材料上，而不是进行更多的实验。他们和米尔格拉姆达成共识，这笔款项将被用来分析手头的实验数据并撰写报告。

赫伯特·凯尔曼当时是这份申请的独立评委之一。他的意见对美国国家科学基金会的这个决定起到了至关重要的作用。他认为，米尔格拉姆设计了一个精巧的实验，并得出了出乎意料、令人震惊的结果，这是应该予以肯定的事实。但关于这份新申请，他却持有一些保留意见。首先，米尔格拉姆在申请中表示，未来研究的主要目的是为了完善理论，但凯尔曼认为米尔格拉姆可能无法实现这个目标。其次，凯尔曼提出了关于研究伦理的问题:“要求被试做这种事情，并且如此欺骗他们，是不是有点儿过分了？”

1963 年 4 月，米尔格拉姆向美国国家科学基金会提交了第三份申请，申请第三笔资金用来完成实验数据的分析和汇报工作。这笔资金同样被批准，这也是服从实验的最后一笔经费资助。1962 年 5 月，米尔格拉姆用一部分款项对实验过程中拍摄的影像资料进行编辑，制作了纪录片《服从》。

1963—1965 年，米尔格拉姆在专业期刊上共发表了 4 篇论文，公布了服从实验的一部分结果，第一篇论文是《服从的行为研究》（*Behavioral Study of Obedience*），刊登于 1963 年 10 月号的《变态和社会心理学》中，这是当时社会心理学界中的重要刊物。但他刊登论文的过程并非一帆风顺。1961 年 12 月 27 日，他第一次投稿到这本期刊，很快就被拒绝。1962 年 1

月 12 日，他向《人格》（*Journal of Personality*）投稿，也被驳回。

《人格》的编辑爱德华·琼斯曾是一名临床医生，后来将研究方向转向社会心理学。他的研究范围是归因过程，即研究人们如何解释自己和他人的行为动机，在 20 世纪 70 年代和 80 年代产生了重要影响。他对服从研究持批评态度，在米尔格拉姆职业生涯的大多数时间中，这种批评态度都如影相随。琼斯挑剔米尔格拉姆的发现缺乏理论支持，并将其称为“一种社会工程的胜利”。1962 年 7 月 27 日，《变态和社会心理学》的编辑丹尼尔·卡茨想起了这份稿件，最终在 1963 年将其发表。

虽然伦理方面的问题始终困扰着米尔格拉姆，但在他发表的文章和公开声明中，他对这个问题的态度一直都很坚决。他认为自己提出了一个具有重要社会意义的合理问题：如果一个权威人物要求人们伤害其他人，人们会走多远？他没有强迫被试必须持续不断地惩罚学生，这完全是被试自己的决定。此外，学生也并没有真正遭到电击。

但是在为实验辩护的同时，他有时候也会弱化被试在实验过程中承受的痛苦。他在一篇日记中这样写道：“我认为，对大多数被试而言，参与服从实验是一个正面的经历，这丰富了他们的阅历。我想我这么说并不过分。实验给了他们一个深入了解自我的机会，让他们对控制人类行为的社会力量有了个性化的第一手认识……大多数被试都认为，他们为一个重要的科学研究做出了贡献，而且很高兴有机会参与到具有社会价值的事业之中。”

在写给特拉华大学（University of Delaware）一位心理学家的信中，他表示，被试自尊心受到的伤害远比那些考试失利的学生要少得多。他曾经见过学生们在考试时一脸紧张的表情，还有他们考试不及格或者未能获得如愿的 A 时的沮丧。他认为这里面有个很讽刺的地方：“看起来，在测试一个人是否扎实地记住知识时，我们可以承受压力、紧张以及各种对自尊心的伤害，但是对于创造新知识的过程，我们却无法容忍这种伤害。”

在另一个场合中，他还做了一个可笑的比喻："被试经历的紧张还不如那些咬着指甲看希区柯克恐怖电影的观众多。"

但是有两名被试却不同意他的看法。对他们而言，在实验中经历的痛苦很显然超过了日常生活压力。1961年，威廉姆·麦诺德（William Menold）参加了服从实验，当时他刚从美国陆军团级战斗队退役。他后来曾表示，"那里简直是地狱"。随着实验不断推进，学生的错误回答越来越多。麦诺德真的开始汗如雨下。学生不停地喊叫，这让他特别难过。他要求与学生交换角色。因为他觉得自己可能会学得快一些。"因为我觉得那个家伙可能有点儿傻。你知道，我的意思是说，他看起来好像……不是那种在智力测试中能赢的人。"

他的脑海中曾经闪现过一个转瞬即逝的想法："这到底是真的还是假的……但是一切看起来都那么真实……我完全相信了。"学生彻底沉默的时候也是他感觉最痛苦的时候："该死的，我不知道发生了什么。我想……呃，也许，我正在杀死那个家伙。"他告诉主试，他没有责任再做下去了，到此为止了。但是当主试告诉他由实验方承担全部责任时，他又继续进行了下去。

他最终完全服从了主试的命令。"我从头做到尾。在实验过程中，我会歇斯底里地大笑，但是那并不是觉得有趣的笑……太怪异了。我的意思是说，我几乎完全丧失了判断能力。"他形容自己在实验过程中"心情极其低落""紧张到快要崩溃"。离开实验室后他才回过神来："居然有人会让我做那种事情。"

另一名对欺骗感到强烈不满的被试名叫赫伯特·维纳（Herbert Winer），一个性格乐天、外貌平凡但又能言善辩的男人。几年前，他在耶鲁向一个团体讲述起这段经历时说："令我沮丧的是，（学生）在这个游戏开始不久就频频犯错……很显然，电击的强度很快就要不断增加……事情不再好玩了。很难描述我那不断变化的感受以及随之产生的心理斗争和紧张情绪。"

维纳接着说，当学生痛苦喊叫的声音越来越大，甚至是当学生开始抱怨心脏不舒服时，主试依旧在催促他继续："我继续进行了几次电击，最终，我感到心脏承受了巨大的压力，陷入了痛苦的挣扎……我转向那个穿灰衣服的家伙说：'对不起，但是我不能继续了……'"

维纳接着描述了在得知实验真相时的震惊：

我站在那里……对这样的欺骗感到愤怒。我憎恨这件事情，还有一点儿尴尬，因为我没能早一点停止，或者说早点儿看出这是个骗局。我有点儿担心自己的心脏。如果我也有心脏病怎么办？我强忍着怒火回到家……第二天早晨我就打电话给那个助教（米尔格拉姆），表达了我的愤怒和怀疑。我认为我们需要坐下来聊聊这件事情。他似乎有点不高兴，但还是同意了。从1961年到1962年间，我们见过几次面，我发现这些面谈还是很有效果的，我觉得这些见面对他似乎也很有用处。

当时他刚刚博士毕业，对我说的一些粗浅但是强硬的话似乎很感兴趣，我说起了伦理和欺骗，说起了实验中最让我震惊的事情，还有这种心理斗争带来的身体反应。我没有做过体检，将所有这些压力强加在我身上是不谨慎的……我感到特别沮丧……糟透了，以至于觉得心脏都开始不舒服了，这很有可能会让我出现严重的健康问题。

斯坦利·米尔格拉姆对此表示认可，但是……他说他的这份研究申请已经获得了院长的批准，很多人都知道这件事情，大家的意见是，无论会出现什么风险，这个实验的目标都是正当的。很显然，无论实验风险到底如何，他对这个问题的重视程度都不如我高。

米尔格拉姆是一个特别喜欢思考的人。有时候他会将这些思考写在备忘录或日记里，一般都不会超过两页，只供他自己翻阅。他之所以将思考的问题记录下来，是为了日后重新对其进行思考和判断。

这些文字是观察米尔格拉姆内心世界的窗口。有时候，我们能从中看出他在公开声明和文章中看不到的心理斗争。这些书面记录显示他并非一直都如此态度坚决，也曾对实验伦理问题进行过痛苦的思考，至少在早期如此。

> 有时候我认为，尽管实验理由正当，但是其中还是有一些伦理方面的问题。将人们引诱到实验室，诱使他们进入一个压力重重、令人厌恶的情境之中，这不是件好事儿。既然覆水难收，那么至少可以在此决定不再重蹈覆辙。我曾下定决心不再进行混杂着错觉和引诱的实验，不再在实验中强迫他们做出道德选择，不再利用强大的力量让他做出错误的行为。这纯粹是我个人的事情。做了这样的决定后我感觉好多了，但我开始疑惑：在科学事业中，勇气到底扮演着怎样的角色？勇气是一个如此稀缺的产品，失去勇气又是如此轻而易举。

但是米尔格拉姆的困惑并没有持续太长的时间。不久，日记中就再也找不到这种自我剖析的言辞了。离开耶鲁的时候，他在所有文章和声明中的态度都很坚决，充满自信地为实验伦理问题进行了强有力的辩护。

与此同时，他也意识到对这件事情持不同看法是很正常的，他会在课堂上心平气和地聆听学生们对他的批评。事实上，他还在编写教材的时候建议，教师可以模拟一个“伦理审查委员会”，学生们向委员会陈述他们对服从实验的看法，然后委员会对实验的伦理问题进行投票。这将会是一次对学生很有益处的课堂实践。

实验情境能代表真实的人性吗

20 世纪 60 年代，各种社会心理学新理论如雨后春笋般涌现，复杂的量化方法得到广泛应用，促进了社会心理学在战后的蓬勃发展。《社会心理学手册》(*Handbook of Social Psychology*) 1954 年的版本只有 2 卷，但是 14 年之后，手册的第 2 版已经扩充到 5 卷，足以显示出这个学科的发展和扩张速度。米尔格拉姆也为这一版贡献了一个章节。

但是具有讽刺意味的是，尽管社会心理学出现了前所未有的繁荣景象，但有些社会心理学家却开始质疑本学科内的一些研究方法和研究成果，有一位心理学家称之为“社会心理学信心危机”。社会心理学实验的伦理问题引起了广泛的关注，也出现了一些经过改进的实验方法，比如角色扮演，但是这些方法是否可行也是众口不一。有一个问题引起了业内学者的普遍担忧：研究人员的预期是否会引导实验结果？很多人担心，一种游戏般不严肃的学术态度开始在业内流行，只注重巧妙的设计和表演，失去了学术与社会之间的关联。有的人甚至将这种社会心理学实验称之为“科学中的华丽摇滚”[①]。

在这场关于“危机”的讨论中，服从研究自然也成了焦点。有人对其严厉批评，也有人对其进行辩护。批评的人认为，服从研究的程序有伦理问题，是一个臭名远扬的典型。但是辩护的人认为，服从研究是社会心理学研究的典范，具有深刻的社会意义。当批评界指责主流社会心理学界变得轻浮并且与社会脱节时，服从实验就会无一例外被拿出来当靶子。

“信心危机”批判发起人之一就是宾夕法尼亚大学的精神病学家和心理学家马丁·奥恩（Martin Orne）。他对实验伦理问题提出了自己的观点，引起了众多关注。他认为，通常来说，一个自愿被试会带着高度合作的心态进入实验室，他希望能帮助科学家证实科学猜想，实现科学目标。这种强

① 华丽摇滚是一种摇滚乐的流派，已经淡去。这种摇滚乐更注重演出中的化妆和表演等因素。——译者注

烈的动机会让被试格外留意实验室中的每个细节，奥恩将这些细节称为“要求特征”（demand characteristics），被试通过这些细节会了解到研究人员真正追求的目标，并尽其所能成为一名最好的实验参与者。一旦具有了这种“要求特征”，实验结果的准确性就会受到影响：被试的行为是对实际刺激，即自变量特性的真实反映吗？还是说，他的行为只是要求特征的产物？也就是说，实验室中的一些欺骗性细节或者主试的行为会给被试一些暗示，他们会主观地判断哪些行为对主试最有帮助并做出这种行为。

奥恩将要求特征概念套用在服从实验中，以此质疑实验结果的准确性。他认为，实验过程中的冲突可能会让被试感到很困惑。一方面，学生在喊叫，哀求着出去，而另一方面，主试似乎并不为之所动，反应冷淡，同时还不断给被试施加压力，要求他继续。奥恩相信，这种冲突会引领被试快速意识到，电击是假的，受害者只是装作痛苦。

米尔格拉姆对这种批评的回应是，他承认，在每个情境中都有一小部分被试不相信电击的真实性，但是他肯定大部分被试相信这一点。他还提供了一些实验证据，1962 年夏天实验结束后，他发给所有被试一份调查问卷，其中有一项是关于实验真实性的问题。被试的回答显示，超过 80% 的被试相信学生在实验中受到了痛苦的电击，只有 2.4% 的人确定没有真正进行电击。

奥恩的推测引出了一个重要问题：既然被试猜出了真相，为什么不相信自己的判断？奥恩的回答是，被试之所以继续玩这个“猜谜游戏”，是因为他们不想毁了这个实验。米尔格拉姆在他的回应中，用辛辣的讽刺给出了致命一击：“奥恩的意思其实就是，那些被试假装大汗淋漓，假装全身发抖，假装结结巴巴，只是为了讨主试的喜欢，这完全是一种可悲的、不切实际的想法，就好比血友病人流血致死，只是为了让他们的医生有事可做。”

为揭露人性而伤害被试值得吗

一篇专业期刊论文在发表之后，通常要用几年的时间接受来自同行的评价。米尔格拉姆的服从论文也不例外。1961 年 12 月，他将第一篇论文《服从的行为研究》投稿到《变态和社会心理学》遭拒，一直拖到 1963 年才得以发表。这篇论文对实验室程序进行了详细的描述，并且公布了远距离情境的结果：65% 的被试完全服从了主试的指挥。这是他第一次描述这样一个事实：

THE MAN WHO SHOCKED THE WORLD
电醒人心

当一名科学权威不断下命令，普通百姓中有相当高比例的人愿意向一位无辜的陌生人施加令人痛苦，甚至是危害生命的电击。

这篇论文的面世是服从研究历史上的里程碑，在此之后，米尔格拉姆的惊人发现开始向更多的领域传播，在世界各地都引发了人们的热议。论文问世之前，只有寥寥数人知道服从研究，对之进行的讨论也只局限在小圈子中。一些大学的学生和教师通过学术圈内的小道消息听说了这个实验；在纽黑文、桥港以及周边的社区中，居民从被试的口中了解了一星半点。但这个研究从未被任何大众媒体所关注。

1963 年 10 月 26 日，《纽约时报》对实验进行了详细报导，文章的标题十分醒目：《65% 的被试盲目服从，加害他人》。越来越多的报纸争相效仿，到了 12 月中旬，关于实验的新闻已经跨过大西洋，出现在德国汉堡的《明镜周刊》（*Der Spiegel*）和伦敦的《泰晤士报》中。有两名学术论文集的编辑找到他，请求获得这篇论文的版权，最终，服从实验的身影出现在很多论文选集之中。

11月2日，就在《纽约时报》刊登服从实验两个星期之后，颇具先见之明的《圣路易斯邮报》（*St. Louis Post-Dispatch*）发表了一篇社论，就被试在实验中的经历拷问米尔格拉姆和耶鲁。社论开宗明义："这个来自耶鲁大学的实验是一种人对人的野蛮行径，即使放在人类近代史中进行考量，都是令人震惊之举。"社论接下来对实验细节进行了栩栩如生的描述，包括被试承受的痛苦。社论的结尾这样说："这一切向我们呈现的似乎并不是盲目的服从，而是公然的折磨，实验的负面结果不是65%，而是100%。让我们看看，一所名牌大学还有什么事情做不出来！"

罗伯特·巴克霍特（Robert Buckhout）是华盛顿大学的一名社会心理学家，他将这篇社论寄给了米尔格拉姆，米尔格拉姆据此写了一篇回应，以"致总编信"的形式刊登在1963年11月16日的报纸上："服从研究探讨的是一个对人类而言意义重大的问题：如果权威命令一个好人去做违反自然法则的事情，这个好人会怎样做？……在实验室环境中，我们能确保不伤害任何人，只是试图寻找一些答案……"

米尔格拉姆曾要求《纽约时报》不要发表实验结果，但是未能如愿。文章发表前两天，米尔格拉姆向该报的科学编辑沃特·苏利文发了一封电报："我不希望现在就将这个实验公之于众，这会妨碍未来的研究。实验只有在被试不知情的情况下才能顺利进行。"这是一个让人感到困惑的请求，因为他在1962年5月就已经结束了全部的服从实验，也从未和任何人说起要进行更多的研究。他可能担心会有其他科学家对服从研究进行模仿，或者，他当时确实有进行更多服从实验的考虑。

当然，专业的心理学读者们无须等待《纽约时报》公布的只言片语，他们早已在专业期刊上领教了米尔格拉姆的大作。这篇论文引人入胜、意义深刻、生动形象，完全不同于常规科学论文那种干巴巴、冷冰冰的被动呈现方式。他在论文开篇就这样写道：

> 服从是连接个人行为和政治目标之间的心理机制，是将人和权威体制黏连在一起的性格黏合剂。近代史实和日常生活观察证明，对于很多人而言，服从可能是人性中根深蒂固的行为趋势。的确，这种趋势是人性中的主导冲动，超越了我们在伦理、同情心和道德行为方面接受的教育。

在这份论文的实验结果部分，我们看到了他对被试行为的描述：

> 在实验过程中，很多被试都出现了紧张的表现，特别是在施加强烈电击的时候。很多被试的紧张程度达到了极致，这在社会心理学实验研究中是很少见的。被试有出汗、颤抖、口吃、咬嘴唇、呻吟以及用指甲抠身体的现象。这不是实验中的个别现象，而是一种普遍反应。

论文面世之后，请求转载论文的信件雪片般涌进米尔格拉姆的办公室。其中一封信来自社会心理学家埃利奥特·阿伦森（Elliot Aronson）①,他后来也成为业内的领军人物。他在信中希望能在他的研究方法课程上介绍这篇论文，不仅因为这篇文章具有重要的实验价值，还因为“这篇文章表明，即使在科学期刊论文中，也会有这种文字和文体都很优美的文章。您的作品可能是我见过的最具可读性的科学论文”。此外，精神病学家米尔顿·艾瑞克森（Milton Erickson）也在信中说：“您的研究给我留下了深刻的印象，我确信，您的研究中有很多值得探索的重要问题。”

但是批评之声也不绝于耳。心理学家布鲁诺·贝特尔海姆（Bruno Bettelheim）认为这个研究“邪恶低劣，根本没有显示出任何有价值的东西……就像纳粹的人类实验”。很多牧师也在信中对这个实验的伦理问题进

① 20 世纪最杰出的心理学家之一，曾荣获美国心理协会全部三项大奖：杰出教学奖、杰出著作奖、杰出研究奖。他的自传《绝非偶然》中文简体字版已由湛庐文化策划、浙江人民出版社出版。——编者注

行了批评和训诫。一位来自华盛顿的牧师措辞尤为强烈："实验方式极度残酷无情、充满了欺骗。"米尔格拉姆的实验公布之后不久，曾经有人向他介绍一位女心理学家，但这位女士十分傲慢地转过头，说了一句："你这个混蛋！"米尔格拉姆后来在采访中说："对此我表示理解，那年她离婚了，可能是拿我撒气。"

发展心理学家戴安娜·鲍姆林德（Diana Baumrind）曾在1964年6月号的《美国心理学家》中发表了一篇言辞苛刻的文章，称服从实验的目的其实就是让被试承受意料之外的精神折磨。尽管米尔格拉姆称在实验后进行了心理疏导工作，确保被试以良好的状态离开实验室，但她认为这种安抚方法并不令人信服。她关注的不只是被试在实验过程中的身体不适或者实验使用的欺骗方法，还关注被试今后可能出现的永久性身心伤害，尽管这种可能性很微弱。"我真的认为，米尔格拉姆描述的那种情绪困扰可能具有潜在的危害性，很容易造成被试改变对自我的看法，或者对所有权力都失去信任。在实验过程中，如果被试做出一些自认为毫无价值的行为，尤其是被信任的人欺骗做出这种行为，这对他而言就是一种潜在的伤害。"

米尔格拉姆对这种批评感到"彻底的震惊"，此外，在这篇批评发表之前，编辑并没有通知他，因此他未能及时在同一期刊物中发表他的回应，这也让他感到愤怒。在米尔格拉姆的要求下，编辑后来给了他一个反驳的机会。他在寄给编辑的稿件中还附有一封信，信中说："鲍姆林德文章中的一些想法是合理的，但其中的信息并不充分。如果可以，我想看看出版前的稿件，也许可以对其进行修正。难道一份科学期刊不应该更注重专业标准吗？"他还说："事实上，服从实验的参与者没有受到伤害，大多数被试都认为这段经历是非常有价值的，具有教育意义。"

但是，实验中是否真的不存在任何负面影响，这是难以证实的问题。米尔格拉姆在1977年发表的文章中也勉强承认了这一点。他在《美国心理学家》中向鲍姆林德做出的反驳口气非常绝对，缺乏可靠的依据，很显然只是对攻击做出的过激反应而已。

米尔格拉姆在这篇文章中还指出，有些心理学实验的目标是为了减少压力，但他并不是其中的一分子。虽然在他的实验中出现了极端压力，但这种结果并非有意为之，完全是一种意外。那么，当他看到有些被试经历痛苦压力时为什么没有立刻停止实验呢？他这样反驳：他之所以决定继续实验，是因为实验没有对被试造成伤害。“瞬间的情绪激动”并不等于伤害。

鲍姆林德认为，实验可能会对被试产生永久的负面影响，米尔格拉姆在反驳中列出了一些实验后程序的信息。1962 年 7 月 12 日，实验结束后 6 个星期，米尔格拉姆向所有参与者寄去了一份详细的实验报告，包括实验基本原理和一些主要结果。报告附有一份调查问卷，希望被试能再次回忆实验过程中的感受。问卷包括 10 道多项选择题，此外还鼓励被试给出更多的意见。米尔格拉姆可能并不想在这个时候公布调查问卷结果，而是希望以后可以出一本关于服从的书，在书中首次披露这些结果。但是鲍姆林德的指责逼着他现在就亮出了这张牌。报告和调查问卷共寄给了 856 名参与主要系列实验的被试。在等待被试回复的过程中，为了保证回收问卷的比例，还寄了两次催促函，最终有 92% 的调查对象寄回了调查问卷，就信件调查这种方式而言，这个比例已经特别高了，如表 5-1、表 5-2、表 5-3 所示[①]。

表 5-1　阅读报告后的感觉

	反抗被试 %（人数）	服从被试 %（人数）	总计 %（人数）
1. 参加实验特别高兴	40.0（146）	47.8（139）	43.4（285）
2. 参加实验比较高兴	43.8（160）	35.7（104）	40.2（264）
3. 参加实验既不难过也不高兴	15.3（56）	14.8（43）	15.1（99）
4. 参加实验比较难过	0.8（3）	0.7（2）	0.8（5）
5. 参加实验特别难过	—	1.0（3）	0.5（3）

① 表格中百分比已四舍五入，精确至 0.1，因此有可能出现所有百分比之和不是 100.0 的情况，特此说明。——编者注

表 5-2 实验过程中

	反抗被试 %（人数）	服从被试 %（人数）	总计 %（人数）
1. 我特别沮丧	8.8（32）	12.0（35）	10.2（67）
2. 我有点沮丧	48.8（179）	51.6（150）	50.0（329）
3. 我比较镇静	38.1（140）	30.2（88）	34.7（228）
4. 我特别镇静	4.4（16）	6.2（18）	5.2（34）

表 5-3 参加实验后

	反抗被试 %（人数）	服从被试 %（人数）	总计 %（人数）
1. 实验让我很困扰	7.7（28）	6.2（18）	7.0（46）
2. 实验让我有一点困扰	29.6（107）	28.9（84）	29.2（191）
3. 实验完全没有困扰我	62.7（227）	64.9（189）	63.7（416）

从这些表中可以找到一个与实验伦理问题关系最直接的结论，那就是被试对这段经历的感受到底如何，是正面还是负面。1958 年春天，他在挪威结束了从众实验之后，第一次使用了这种问卷方法。表 5-1 中显示，大多数服从实验的参与者对实验的感受都是正面的。几乎 84% 的人说他们很高兴参与实验。只有 1.3% 的参与者表示参与实验令他们很难过。问卷中还有一个问题：你认为应该进行更多这种类型的研究吗？超过 80% 的人给予了肯定回答，只有 3% 多一点的人持否定态度，16% 的人没有回答。74% 的人说他们通过参加实验，学习了一些“个人认为很重要的事情”，10.5% 的人表示没有学到。

表 5-2 和表 5-3 没有出现在米尔格拉姆的反驳文章之中。但这些结果却显示了“实验过程中感到沮丧”和“实验后感到困扰”之间的重要区别。大多数的被试（60.2%）在实验中感到沮丧，但到了填写调查问卷的时候，同等比例的人（63.6%）不再受实验困扰。根据被试参与实验情境时间的不同，这段恢复期大约为 6 ~ 11 个星期。

调查问卷中还有两点值得一提。首先，这种自我汇报的调查方式很容易受诸多因素的影响而出现差错。米尔格拉姆也意识到了这种方法的局限性。但是基本上可以排除一个可能产生结果严重失真的因素，即自我选择偏差。由于回信比例达到92%，因此这种偏差基本上可以排除。此外，米尔格拉姆对调查结果进行了分析，寻找寄回问卷和没有寄回问卷的被试之间是否存在重大差别。比如说，寄回问卷的被试中，是否以服从或反抗的被试居多。如果存在这种现象，那么这个结果的可靠性就有疑问了。但事实上，这两种类型的被试在回信比例上没有差别。回复和不回复的被试只有一个重要的不同点，那就是年龄。35岁以下的被试回信率略低于35岁及以上的被试。

第二个问题是，尽管有人认为米尔格拉姆对待被试的方式很残忍，但有一点是毋庸置疑的：在当时的学术环境中，这种对被试知觉和心理健康的后续评估是独一无二的。社会心理学界之所以对研究中的伦理尺度如此敏感，要归功于社会心理学家赫伯特·凯尔曼。曾经有人问凯尔曼，在米尔格拉姆之前，是否曾有研究人员做过实验后的随访调查，他的回答是：没有。

米尔格拉姆在反驳文章中还提供了问卷调查的另一个结果。他选择了40名最有可能因参与实验而受到心理创伤的被试，然后拜托耶鲁大学的精神病学助教保罗·艾尔纳（Paul Errera）与这些被试进行面谈，判断是否有人真正受到实验的伤害。结果显示，受访者中没有发现任何受到伤害的迹象。

这种面谈基本上以小组的形式进行，从1963年2月持续到5月。艾尔纳提交给米尔格拉姆的报告标题为：《声明：基于与米尔格拉姆实验中40名"最差个案"的面谈》。遗憾的是，他在报告中并没有表明"最差个案"的定义标准。在笔者对艾尔纳的采访中，他已经不记得当时采用的是什么标准，也没有找到任何与之相关的书面记录，毕竟那些面谈发生在40年前。但是从其他资料中，比如米尔格拉姆的经费申请书中，我们可以猜测，这

40名“最差个案”可能是根据如下标准选择出来的：在实验末期变得特别焦虑的被试；在调查问卷中写下特别建议和评价的被试；曾向米尔格拉姆或其他人表示不满的被试。就我们所知，至少有一名被试曾经向耶鲁的校长抱怨过；还有一名食品批发商，他对参加实验感到特别沮丧，曾在事后向一位律师朋友咨询过此事。

鲍姆林德在她的批评文章中，指责米尔格拉姆诱骗被试去做那些应该受到谴责的事情。这句话招来了米尔格拉姆的强烈反对。他在反驳文章中说：

> 在实验开始之前，我就秉承一个重要的实验原则：每位来到实验室的人都能自由地选择服从或反抗权威的命令。确保每个人都有选择自己行为的权利，这符合目前的人类尊严概念。实验的结果中，的确有很多被试选择拒绝实验者的命令，这是对人类理想最有力的证明……我的感觉是，从实验的总体价值来看，实验基本上遵循了正确的程序……这位实验心理学家（米尔格拉姆）意识到他的研究将促进人类的自我提升，不仅因为启蒙远比无知高贵，也因为新知识总是会酝酿出重大的人文结果。

不论他喜欢与否，米尔格拉姆不得不在伦理问题上不断重复着自己的观点。在那些发表或未发表的文章中，他认为不应该用“欺骗”来形容伪装的实验目的和其他的虚假信息。他觉得“欺骗”是一个有价值负载的词语，在这场关于伦理问题的讨论中，这个词显得不客观，他觉得应该用“表演”或者“技术性错觉”（technical illusions）来取代“欺骗”。

米尔格拉姆对服从研究还有一个观点，但是这个观点的基础并不牢固，他认为，大多数经典社会心理学实验中都存在伦理问题，比如所罗门·阿希和库尔特·勒温的实验，只是这些问题很少被人提及。他的言外之意其实就是，应该将他的服从研究看作是那些经典实验的延续。他举了一个例子，勒温研究不同领导风格创造的群体气氛，最主要的发现之一就是：当独裁型领导离开房间时，被试的侵略性行为就会大幅增加。米尔格拉姆问道：勒温利用独裁型领导风格使年轻人出现侵略行为，这难道就是正确的吗？但是他的这种自我辩护并不充分。在勒温的实验中，那些少年只是玩闹般地打斗，而在服从实验中，被试要对学生施加电击，这种暴力行为与前者有着明显的区别。

1913年，美国心理协会发布了一份全面的《人类被试研究中的伦理准则》（*Ethical Principles in the Conduct of Research with Human Participants*）；1975年，美国卫生教育福利部（Department of Health, Education and Welfare，DHEW）颁布了一项规定，要求所有与人类被试有关的研究都需要通过机构审查委员会（Institutional Review Board，IRB）的审查，而不仅局限于美国卫生教育福利部资助的实验。该项研究隶属于哪家机构，就由哪家机构成立审查委员会，对可能出现伦理问题的实验进行筛选，确保被试的福利。米尔格拉姆在1977年指出："很多人认为，在以人类为对象的实验中，被试的知情同意是实验的伦理实践基础。"这反映出当时的大环境是监管凌驾于研究之上。米尔格拉姆指出，在很多社会心理学实验中，如果事先完全告知被试具体细节，实验就无法进行下去。他为此提出了三条建议。

第一条建议是：无论在哪个行业中，如果某些违反伦理常规的特例能够为社会造福，就应该对这些特例进行豁免。比如，伦理常规中不允许随意触碰陌生女性的私密部位，但这个规则对妇产科就不适用。同理，他认为，如果社会科学家的研究要求使用错误信息，并且从长远的角度来看，他们的工作将有利于社会，就应该允许他们免受伦理常规的限制。但是这个观点比较含糊，因为它模糊了个人福利和社会福利之间的区别。

米尔格拉姆的第二条建议，他称之为"假定同意"：向一组人介绍实验细节，如果这组人认为可以接受，就选择另外一组被试进行实验。

第三条建议是：在实验之前，对一组被试进行"事前普遍同意"步骤（prior general consent），即在实验之前，研究人员告诉所有的潜在被试，在即将开始的实验中有一些欺骗的成分，可能会让他们受到压力和不适。无法接受这种类型实验的人就可以选择放弃，只有接受这种方式的人才能参与。但是这些建议都没有被心理学界采纳。

自从服从实验见诸各大报刊，米尔格拉姆常常会接到一些来信，询问一些文中未提及的实验细节，他也乐于告知。比如，有人写信询问服从实验中男女表现是否不同，他回答：没有发现不同。事实上，他的确曾对女性被试做过同样的实验，但多年之后才在自己的书中公布了实验结果。

有些人在来信中十分坦率地将米尔格拉姆实验和他们的个人生活联系在一起。比如，一位纽约北部的男性来信说，他已经拜读了服从实验，觉得这些实验很有意思，但是也有局限性。实验中的受害者只是演员，而不是真正受到伤害的人。但在这位读者的工作中却有真正的受害者。他是一家电力公司的雇员，如果客户拖欠电费，他负责切断用户的电源，即使在冰冷刺骨的天气里也必须如此。

1963—1965 年，米尔格拉姆发表了 4 篇专业期刊论文，公布了服从实验中的若干结果。其中有一篇对四段距离系列进行了详细的描述，并对其他实验进行了简要介绍。这篇论文刊登在 1964 年的《人类关系》(*Human Relations*) 专业期刊之中，为米尔格拉姆赢得了 1964 年美国科学促进会 (American Associations for the Advancement of Science) 颁发的社会心理学奖和 1 000 美元的奖金。至少在米尔格拉姆看来，这是他第一次在业内获得认可，是他获得成功的标志。

06

THE MAN WHO SHOCKED THE WORLD

六个人连起全世界

米尔格拉姆重回哈佛大学后所进行的研究，最能代表他在坎布里奇的岁月。他的工作计划中有两个议题特别重要：丢信方法和小世界现象。这两者都已成为社会心理学家和其他社会科学家非常有价值的创新研究工具。

米尔格拉姆还在耶鲁工作的时候，奥尔波特就曾经像预谋一样对同事罗杰·布朗说：“我更希望他在纽黑文做这个实验，但实验结束后要尽快把他召回哈佛旗下。”从情感上来说，奥尔波特对服从实验的伦理问题一直感到左右为难。一方面，米尔格拉姆第一次在信中跟他说起这个实验计划时，他的反应是单纯的兴奋，甚至于立刻邀请米尔格拉姆来哈佛，在他的毕业班上讲述这个实验。另一方面，他又常常在课堂上让学生投票，判断服从实验是否合乎伦理。投票的结果基本上是半对半，有时候大部分学生支持服从实验，有时候则反对。

耶鲁在对米尔格拉姆的职位晋升进行评估时，奥尔波特曾在耶鲁心理学系主任克劳德·布克斯顿的请求下写了一份推荐信。他在信中对服从研究持保留态度，但是表达方式十分巧妙。他先告诉布克斯顿，米尔格拉姆是他 30 年教学生涯中最优秀的三四名学生之一，之后又说：

我对他的学术研究唯一持有的反对意见就是，被试在服从实验中所经历的“惊人的”痛苦。只有费斯廷格和斯坎特（Schachter）那样的著名心理学家才会这样大胆。我知道他对实验中的伦理问题很敏感，对不得不在实验中采用欺骗手段并给被试带来压力深感遗憾。但是他认为这在科学领域中是情有可原的，也许事实就是如此。

当年受奥尔波特之邀去哈佛的毕业班讲课时，米尔格拉姆曾携萨莎同行，并把她介绍给这位曾经的导师和现在的朋友。奥尔波特很支持这对恋人。

> 能见到你和萨莎太高兴了。你有着强烈的个性，有一点点偏执，而她能为你创造一种完美的平衡。恭喜你们订婚……她选择的事业是社会工作，这会在某种程度上安抚那些被你激扰的人。因此，结果扯平了。

重返学术伊甸园

1962 年底，哈佛为米尔格拉姆提供了一个职位，欢迎他回母校工作。事实上，当时他在耶鲁已经获得职位晋升，可以继续留在那里。但是重返学术伊甸园的前景太诱人了，让人无法抗拒，因此他选择回到哈佛的社会关系学系任助理教授，签约三年，从 1963 年 7 月 1 日起，年薪 8 600 美元。

虽然重返哈佛令他很高兴，但回忆起在耶鲁的那三年，他还是颇为满意的。尽管耶鲁心理学系当时的研究热点是态度改变，但还是为他的服从研究提供了足够的鼓励和支持。他后来写道："没有人建议我放下自己喜欢的事情，去扛态度改变的大旗，这要归功于耶鲁的心理学系。"

米尔格拉姆在耶鲁的教书生涯也很让他满意，有几名学生与他建立了深厚的友谊，比如阿兰·艾尔穆斯、利昂·曼恩以及苏珊·哈特（Susan Harter）。这几个人是他在耶鲁学术生活中的核心人物。在校园之外，纽黑文当地的知识分子或艺术家团体寥寥，而对资历尚浅的新教员而言，心理学系内部的社交氛围并不那么令人舒畅。尽管年轻教员可以自由追求自己的研究兴趣，但是他们除了完成规定的教学任务之外，几乎没有获得终身正教授职位的可能。这个系是资深教授的天下，他们和助教新手之间横亘着巨大的鸿沟，让年轻一辈心中颇为不满。新人加入心理学系后，系主任的妻子通常都会提醒他们的妻子，不要邀请任何资深教授到家里做客，因为这个邀请基本上都会被拒绝。

但是，米尔格拉姆并没有像其他年轻同事那样强烈感受到这种距离感。事实上，他和系里几位资深教授的关系相当不错，其中与欧文·贾尼斯的关系最亲密，欧文是一位既有智慧又很可靠的朋友。尽管没有太大的人际关系压力，但他还是多少受到了些影响。在写给耶鲁前同事霍华德·莱文索尔的信中，他说："有趣的是，在纽黑文，我开始将疏离感看作理所应当。"

米尔格拉姆兴趣广泛，自称为"新文艺复兴人士"。我们之前提到过，他在大学的时候就开始写诗和歌剧，选择科学道路并没有制约他这些"非科学"兴趣。1963 年夏天，他开始给一些文学经纪人写信，希望能找机会出版他写的几个小故事。大多数人都拒绝了他，只有琼·戴维斯（Joan Daves）同意做他的经纪人，将这几篇故事寄到几家杂志社，可惜鲜有欣赏者，唯一做出正面回馈的就是《女士》（*Mademoiselle*）杂志的小说编辑，表示想看看他的其他作品。米尔格拉姆一生都坚持写诗和散文，但最终付诸出版的寥寥无几。

入秋之际，米尔格拉姆和萨莎搬到了坎布里奇弗雷斯特大街 10 号的一间公寓。这是一个带壁炉的漂亮两居室，距米尔格拉姆工作的埃莫森大楼仅几步之遥。1964 年 11 月，他们的第一个孩子米歇尔诞生，由于邻居中有很多像他们这样的年轻夫妇，因此米歇尔不愁找不到玩伴。米尔格拉姆第二个孩子马克出生在 1967 年 1 月，不久他们就离开了哈佛。米尔格拉姆和萨莎在坎布里奇有种回家的感觉。他们喜欢这里活跃热烈的气氛，很快就融入了这里的学术和社交圈子。他们的家就像一个美食和快乐的天堂。

利昂·曼恩还清楚记得1964年的感恩节晚餐，米尔格拉姆一边看着桌子上放着的《纽约时报食谱》(*New York Times Cookbook*)，一边照着书上的步骤鼓捣着一只巨大的火鸡。

生儿育女是米尔格拉姆和萨莎最大的心愿。初为人父的很多琐碎小事都让米尔格拉姆饶有兴趣。米尔格拉姆的弟弟约尔记得，米歇尔出生后，米尔格拉姆给约尔寄了一份录音带，用轻松愉快、充满爱意的口吻，详细描述了如何给女儿换尿布。一年之后马克出生，他在写给一位密友的信中说："两个孩子让我越来越快乐，他们成长得特别快。"写给这位密友的另一封信中还有一段简洁而生动的话，描述了他初为人父的感受："为人父母给每一天的生活都带来了快乐，孩子就是珍宝。尽管需要付出些代价，但是他们总是能散发出令人意想不到的快乐之光。"

当年，米尔格拉姆的父亲由于工作繁忙，占去了很多与孩子相处的宝贵时间。因此，无论学校的事务多么繁重，他都将家庭放在第一位。米歇尔两三岁的时候，他经常会在周六的早晨或其他可能的条件下，把她带到哈佛的办公室。他与马克下棋，晚上和米歇尔一聊几个小时，经常领着家人去度假。这些事情对他而言和工作同样重要。孩子们在成长过程中的每一次进步，无论是马克在SAT考试中得了99分，或是米歇尔为了能看懂一位意大利作家的原作而学习意大利语，都让他和萨莎感到骄傲。后来孩子们陆续上了大学，米歇尔去了瓦萨学院(Vassar College)，马克去了布兰迪斯大学(Brandeis University)。他为此写信给一名同事说："我感到特别伤感，因为以后不能天天见到我的孩子们了。"

1963年11月肯尼迪遇刺，在米尔格拉姆田园般的哈佛生活中掀起了波澜。当时，他还是哈佛的新人，但他的诡计多端却传遍哈佛，你永远都不知道什么时候他就会拿你做实验。因此，1963年11月22日星期五的早晨，当时塔尔科特·帕森斯正在给学生们上社会体系特征课。米尔格拉姆冲进教室，跑上讲台大声说："大新闻！太可怕了！肯尼迪总统在达拉斯遇刺。”大家的第一反应是感到恼火，根本不相信他的话。多伦多大学的社会学家巴里·威尔曼（Barry Wellman）至今还记得，他当时脱口而出：“你又在拿我们做实验。”学生们离开埃莫森大楼之后，从其他人口中听到这个消息，这才意识到米尔格拉姆的消息属实。

但是，米尔格拉姆在哈佛这段岁月的真正成果还是体现在他的研究上，其中最重要的研究有两个：丢信方法和小世界现象。这两项研究具有非凡的学术价值和创新意义，被后来的社会心理学家和其他社会科学家广泛使用。数十年之后，小世界理念还激发了物理学家和生物学家的想象力，“六度分离”这个词也成为流行文化的一个流行词汇。他是在服从实验结束之后开始研究丢信方法的，当时他还在耶鲁。这项研究的影响深远，社会心理学家希望了解公众对各种争议话题的真实态度时，经常会采用这种方法。

从丢信看态度

米尔格拉姆和他的学生们在1963年设计了丢信方法，这种民意测验方法的主要目的是在尽可能不存在任何人为干扰的情况下衡量社会态度。其框架概念如下：如果你在地面上看到一封尚未寄出去的信件，按照道德常规，你应该把信投进邮筒。但是如果这封信的收件人是你反对甚至憎恶的组织，你会怎么做？如果你把邮件寄出去，就是在帮助这个组织。人们会怎样处理这个两难问题呢？寄信还是不寄信？这可能会反映出一个人对收信人的态度。

米尔格拉姆感觉，评估态度和意见的传统方法通常是对公众进行访谈，但访谈人可能会对被访谈人产生某些影响，影响结果的准确性。在面对面的访谈过程中，为了留下一个好印象，被访谈者可能不会如实表达自己的真实想法，而是给出一个他们认为社会普遍接受的回答。丢信方法避免了这种可能造成错误的因素，因为捡拾信件的人并不知道有人在研究他的行为，也就不会刻意展示其良好的公众形象。

在米尔格拉姆给毕业班教授社会心理学和人格研究方法课程时，丢信方法是该课程的一个课外实践项目。当时他即将离开耶鲁。学生中只有10个人参加了这个项目，其中就有利昂·曼恩和苏珊·哈特，很显然，这两名学生比其他的学生更喜欢这个研究项目。后来，米尔格拉姆在《舆论学季刊》(*Public Opinion Quarterly*)中第一次发表了该研究的实验报告，这两名学生以合著者的名义出现在报告中。

利昂·曼恩还记得，这个点子源自上课过程中一些“富有创意的闲聊”。当时大家讨论的主题是，如果人们在纽黑文的公共场所发现了一个遗失的包裹，会做出怎样的反应？曼恩说：“米尔格拉姆就是这样的天才，总是能把一个简单的发现变成可以执行的心理学实验。”

THE MAN WHO SHOCKED THE WORLD 丢信方法

学生的任务就是在纽黑文四处“丢失”信件，这些信件有4个虚构的收件人：共产党组织、纳粹党组织、医学研究协会和一名个人收件者“沃特·卡纳普先生”(Mr. Walter Carnap)。每一个收件人的信件各有100封，收件地址都是纽黑文的一个邮局信箱。所有信件的内容完全一样，措辞比较含糊，适用于所有的四个收件人。这封信是“麦克斯”写给“沃特”的简短信函，关于一个不知名团体近期的会议计划。每名学生都负责在各自的指定区域“散播”40封信，主要集中在4种类型的地点：电话亭中、马路旁边、商店中以及汽车的雨刷器下。雨刷器的100封信件上有一个便条，上写“寻找附近的汽车”。

4月3日下午晚些时候，学生开始散发这些信。两个星期后的最终数据显示，这些信件被人们放进邮筒的比例不同：寄给医学研究协会的信回收了72封，寄给沃特·卡纳普先生的信回收了

71封，但是寄给共产党和纳粹党组织的信件只回收了25封。这种比例与当时人们对这些组织的社会态度和政治态度一致，证明这个方法成功了。很显然，路人拾到寄给共产党和纳粹党的信件后，不愿将这些信投进邮筒。当时美国公众对这两类团体的意识形态持反对态度，两者契合。

在开始研究之前，为了防止惹麻烦，米尔格拉姆做了一些准备工作，他将研究计划上呈到FBI、纽黑文警察局和地方邮局。一个星期后，他收到了邮政局长寄来的备忘录，局长在信中有些不解地表示："你的那个地址在官方造成了一股不小的轰动。"

这是丢信方法的第一个实验，也是为了证明该方法是否有效的可行性研究实验。当时，种族隔离问题在美国南部依旧很严重，造成社会局势紧张。米尔格拉姆打算以此方法进行第二个实验，了解公众在种族隔离问题上的态度。一位名叫塔奇多·穆拉塔（Taketo Murata）的毕业生担当他的研究助理。穆拉塔开着车，带着大量的信件从纽黑文出发开往南部城市。这些信的收件人是3个虚构组织：一个是反对种族隔离的"黑人平等权利组织"；一个是支持种族隔离的"白人社区委员会"；作为对照的中性组织依旧是医学研究协会。5月中旬，穆拉塔用了两个晚上的时间，将这些信件散发在美国南部的北卡罗来纳州夏洛特市和罗利市。表6-1列出了这两个城市的结果。

表6-1　白人社区和黑人社区寄回信件的百分比

社区	黑人平等权利组织	白人社区委员会	医学研究协会
白人	18	34	46
黑人	25	16	28

结果显示，不同社区在寄回信件的模式上正好相反。白人居多的社区中，寄给支持种族隔离组织的信件更多；而在黑人居多的社区中，寄给反对种族隔离组织的信件更多；医学研究协会的信件则没有社区差异，显示

出它不存在可能产生争议的特征。

米尔格拉姆到了哈佛之后，尝试将丢信方法推到一个新高度。当时正值美国大选，他派人乘坐一架轻型飞机飞过马萨诸塞州的伍斯特市上空，将支持民主党总统候选人约翰逊和支持共和党候选人戈德华特的信件撒下去，希望能借此预测 1964 年总统大选的赢家。但是这种方式并没有产生很好的效果。因为很多信件不是掉进湖里，就是落在树上或屋顶上，难以被路人发现。更糟的是，有些信件还卡在飞机机翼的活动部件上，飞机险些出现严重事故。因此，米尔格拉姆又转回到地面，使用老方法。

1964 年秋天，他在波士顿的几个选区撒落了 4 个收件人的信件。其中两个组织站在约翰逊一方："支持约翰逊委员会"和"打败戈德华特委员会"。另外两个组织则站在戈德华特一方："支持戈德华特委员会"和"打败约翰逊委员会"。几天之后，就在大选前夕，《哈佛克里姆森报》以头条的形式发表了实验结果，标题为《社会关系学系发现支持约翰逊的波士顿人不会寄信给巴里竞选组织》。结果显示，在寄回来的信件中，支持约翰逊的信件多于支持戈德华特的信件，约翰逊很可能入主白宫，事实也确实如此。但该方法虽然准确预测了各个选区的结果，却低估了约翰逊的实力。实验预测约翰逊将以 10% 的微弱优势战胜戈德华特，因为在撒落信件的社区中，支持约翰逊的人接近 60%。但事实上，约翰逊以绝对优势赢得了大选。

经过多次实验，米尔格拉姆积累了一些经验，明确了这种方法的适用范围。它适用于那些两极化的、涉及人类情感的问题，但是不适用于特别微妙的问题。信件散发的数量必须足够大，寄回的实验信件和对照信件之间才能具有统计学上的显著差异，因为这中间有很多不可测的因素：很多信件会被清扫工、儿童或者不识字的人拿走，只能通过增加信件数量来解决这个问题。

丢信方法是一个相对比较轻松的实验，而之前的服从实验设计精密，主题要严肃得多。米尔格拉姆研究方向的巨大变化显得有些突然，这可能有几个原因。首先，服从实验让米尔格拉姆身心疲惫。实验结束之后，他希望能进行一些无须直接接触被试的研究。丢信方法正好符合这种想法。如果仔细分析，可以发现这两个实验主题之间并没有太大的差别。事实上，两者存在一些重要的共性，这些共性后来也成为米尔格拉姆研究的标志。

首先，在他的实验中，被试通常都要经过心理斗争后才能做出决定，然后还要做出一个可以清楚观察到的实际行为。

在丢信方法中，捡到信件的被试面临着这样的心理斗争：是否应该遵从普遍的社会标准，在实际行动中支持一个讨厌的团体。然后，他要在实际行动中二选一：邮寄或者不邮寄捡到的信件。在服从实验中，被试面临的心理斗争是：服从合法的权威还是遵从自我的道德标准。选择是：继续按下开关还是放弃实验。如此类推，米尔格拉姆根据阿希的实验原型进行的跨文化从众实验也具有这种特征：心理斗争是坚持真相或者从众，实际行动是同意或者不同意大多数人的判断。

的确，米尔格拉姆大多数的实验都有这种商标一样的显著特征：需要用明确的行动来解决一个显而易见的心理斗争，这种特征说明这些实验本质上具有强迫性。此外，与其他一些模棱两可的相对性测量方法相比，米尔格拉姆的绝大多数实验发现都是可以观察到的离散行为，具有绝对、清晰和定论的特点。因此，除了专业读者之外，广大普通读者也能够明白实验的意义。

米尔格拉姆转变研究方向的另一个原因其实很简单，那就是好奇心驱使。一旦他对某件事情产生了兴趣就很难改变方向。他在一篇未发表的采访中这样形容自己：

> 我的工作中充满了创造的压力，但这绝非是一种好感觉。一个富有创造力的人多半是个人冲动的受害者。通常，我的理智告诉我应该进行某些研究，但最终基本上都会让位于那些更具有创新

性、但是价值更低的研究。富有创造力的人经常会出现这样的问题：他无法规范内心的冲动，总是会出现偏离。就拿丢信方法来说，通常，这种研究都会冠以一个社会心理学理由，比如，用这种方法测量社会态度等。但它其实也是一件特别富有诗意的事情。

米尔格拉姆在明确了这种方法的使用范围之后，还用夸张的方式补充："那么，为什么我要超越表象、追求内在呢？很显然，我追求的是这个过程中的诗意，而不是其科学性。"

我们生活在一个小世界

米尔格拉姆在哈佛进行的另一项全新研究就是"小世界现象"。推动他研究这个现象的原因与沟通心理学家艾弗里特·罗杰斯（Everett M. Rogers）的一次偶然经历有些关系。他 1979 年曾在墨西哥城的一所大学做客座教授。有一天，他和一位叫作佩德罗的学生聊天。佩德罗流利的英语让他很惊讶。佩德罗告诉罗杰斯，他曾经作为交换学生在美国艾奥瓦州当地的一个家庭住了一段时间。

罗杰斯：哦，你当时住在艾奥瓦哪个地方？

佩德罗：柯林斯一个农场家庭。

罗杰斯：柯林斯？我在艾奥瓦州立大学读博士的时候就在那里上学。

佩德罗：那个农户名叫罗伯特·拜茨塔博纳。

罗杰斯：（惊讶）真的吗？我在调查除草喷剂扩散事件时与拜茨塔博纳打过交道，他是当地最有威望的民意领袖。

佩德罗：（同感）真是个小世界！

经常会发生这种事情：两个人初次见面，却发现认识同一个人。这种现象被称为“小世界现象”。这种邂逅所引发的社会心理学问题就被称为“小世界问题”。米尔格拉姆这样描述“小世界问题”：

> 问题之一，随便选择世界上两个人，他们彼此认识的可能性有多少？……另一个可能出现的问题是：世界上任何两个人，比如X和Z，需要多少个中间人才能把X和Z联系在一起？

这个问题并非米尔格拉姆的首创。回哈佛不久，他曾读了一本书《坎布里奇：新世界中心》（*Cambridge U.S.A: Hub of a New World*），这本书对各种现代科技活动进行了生动有趣的概述。书中介绍了麻省理工学院的政治科学家伊契尔·索勒·普尔（Ithiel de Sola Pool）进行的一项研究，普尔称之为“小世界的问题”。他和IBM的数学家曼弗雷德·科亨（Manfred Kochen）正在共同开发一种理论模型。他们认为，随机选择两名陌生人，都可以通过他们认识的一连串熟人将这两人连接在一起。小世界理念中具有一种与人类直觉相反的特征，这触动了米尔格拉姆的灵感，他开始思考是否可以通过实验对之进行检验。

为此，米尔格拉姆设计了一个叫作小世界方法的实验。实验程序如下。

THE MAN WHO SHOCKED THE WORLD **小世界方法实验**

> 首先，在遥远的城市中找一个人作为目标，然后再招募若干被试作为起始者。这些人与目标相隔遥远，彼此完全不认识。起始者只知道目标的名字，他们的任务是：向任何可能与目标有关联的朋友或熟人寄一封信，最终目的是将这封信邮寄到目标的手中。邮件只能寄给那些可以直接称呼名字的熟人。为了追踪文件的邮寄过程，文件中有一份表格，每位收信人都要在表格上写下自己的名字，还要寄给米尔格拉姆一张明信片为证。

结果显示，只有少部分被试完成了这个邮寄链。比如，在一个实验中，起始者身处内布拉斯加州，目标是波士顿的一名股票经纪人，26% 的起始者最终将文件寄给了目标。但是值得注意的是，在这 26% 的成功案例中，起始者平均只需要 6 个中间人就能找到目标，这支持了小世界概念。

米尔格拉姆的这项研究开创了两个第一。首先，他第一次设计出一个富有创意的实验方法，计算将随机选择的两个人连接在一起需要多少中间人。其次，大多数人都能说出一两件亲身经历的“小世界”轶事。比如，在越洋飞机上，你身旁的乘客原来是你在多伦多的小舅子的大侄子的同班同学。这证明人与人之间具有一种密切的互联性（interconnectedness）。但米尔格拉姆第一次向我们展示出，这种互联性是社会中一种可以计量的普遍特征，而这个发现与我们的直觉认识正好相反。米尔格拉姆曾经问过一位学问渊博的朋友，内布拉斯加州的起始者如果想把信寄给位于马萨诸塞州莎伦的目标，中间需要经过多少熟人。这位朋友估计可能需要 100 名。

在发表小世界研究成果的时候，米尔格拉姆选择了一种非常规的渠道。通常，科研人员在首次发表研究成果的时候，都会首选科学专业期刊，之后才会在读者群更广的杂志上，以相对通俗的语言介绍他们的研究。但是米尔格拉姆却将这种顺序颠倒过来，他在《今日心理学》（*Psychology Today*）杂志的创刊号上第一次披露了他的发现。几年之后，小世界的详细报告才出现在两份期刊之中：1969 年的《社会测量学》（*Sociometry*）以及 1970 年的《人格和社会心理学》。之所以选择《今日心理学》为其首发刊物，部分原因是通过他的名气推广这本新杂志。但这也并非完全是一件利他行为，米尔格拉姆通过这种方法避开了大多数传统学术期刊漫长的出版程序，使他的研究得以尽快面世。

告别哈佛

米尔格拉姆重返哈佛校园，除了与旧日老友重叙旧情之外，还结交了很多新朋友，比如大卫·马洛（David Marlowe），他是马克二氏社会赞许性量表（Crowne and Marlowe social-desirability scale）的设计者之一。该量表广泛用于测量认可需求的个体差异。

另外一位好友是来自密歇根州立大学的客座教授汉斯·托奇（Hans Toch）。托奇来自越南，是毕业于普林斯顿社会心理学专业的博士。由于罗杰·布朗在1965—1966学年休假，他作为访问学者来到社会心理学系补充布朗的空缺。在《社会心理学手册》的编纂过程中，米尔格拉姆应邀为这本最权威的社会心理学参考书撰写关于大众现象的章节。他邀请托奇和他共同完成。这个章节的标题为《集体行为：人群和社会运动》（*Collective Behavior: Crowds and Social Movements*）。米尔格拉姆撰写其中关于人群的部分，这是他最具学术气的一篇文章，托奇则撰写关于社会运动的部分。他们还于1966年共同为临床和社会心理学预备研究班授课。托奇记得，米尔格拉姆上课时对待学生的态度“既有理解和感同身受，又有无情的批评”。但是托奇相信，在他严苛的外表下藏着的是对学生的支持和关爱。学生们会明白，米尔格拉姆对他们严厉，是为他们的学术发展着想。

他在哈佛关系最为密切的新朋友要算保罗·霍兰德（Paul Hollander）。霍兰德是一位社会学家，和米尔格拉姆同时加入社会关系学系。他也来自匈牙利的犹太移民家庭，第二次世界大战期间，一家人为了躲避纳粹迫害逃亡到美国。1956年，就在匈牙利革命的前夜，他离开布达佩斯来到英国的伦敦经济学院（London School of Economics）学习。获得文学学士学位后在美国继续深造，1963年获普林斯顿大学社会学博士学位。

米尔格拉姆和霍兰德的初次见面是在1963年秋天的第一次系会议上，他们很快就相谈甚欢并成为毕生至交。两个人的性格差异很大。与温和的霍兰德相比，米尔格拉姆的个性显得自信独断。尽管霍兰德一家在第二次世界大战期间受到了纳粹的迫害，但他选择的专业方向却不是纳粹而是共产党，这招来了米尔格拉姆的批评。此外，米尔格拉姆反对美国参加越南战争，关注核武器问题，霍兰德却与他相反。不过这些差异只是表面现象，他们之间的友谊十分牢固深厚。霍兰德说，他们“彼此信任，相处非常愉快，互相鼓励和支持，欣赏彼此性格和研究上的差异”。他们在之后的20多年中一直保持着密切的联系，写信、打电话、到对方家中做客、共同出去度假。正如霍兰德后来所说：

> 最吸引我的是米尔格拉姆的坦率。这种坦率有时候会显得太直接，甚至有点儿出口伤人。我所认识的很多学者都因此对他敬而远之。他表达看法的方式与学术界的传统方式有着如此鲜明的不同……我还钦佩他的研究和学术理念，钦佩他的学术力量和散发出来的熠熠光彩。毫无疑问，他的研究反映出他的个性、开创性和求知欲，他天生就喜欢对一些本质问题刨根问底。他不像大多数做学问的人那样只是在炫耀和卖弄专业术语，不像有些功成名就的知识分子那样傲慢和自命不凡。他具有一种严肃的学术敏锐性，能够以简单而直接的方式直指问题的根本……

和其他喜欢米尔格拉姆的人一样，霍兰德也欣赏他的幽默感和孩子气的玩闹。米尔格拉姆有时候会写一些假信戏弄霍兰德。有一次是用科威特政府的官方信纸，声称科威特将为霍兰德提供一个很值当的大学职位，附带一个与性有关的特别福利。还有一次，米尔格拉姆想办法找到了《时代周刊》的信纸，写信给霍兰德，说《时代周刊》准备做一期“性学专题”，并选定霍兰德作为本期的封面人物。

在哈佛的这段日子里，米尔格拉姆的工作异常忙碌。有些事情是他自愿去做的，有些则是他作为系里一分子必须做的。除了研究、写作、教书、指导学生论文、演讲、书信往来之外，他还是很多系委员会的委员。曾有人写信希望米尔格拉姆为一项研究计划提供些协助，但是这件事情很占用时间。米尔格拉姆回信写道：“我的回信确实有点迟了，但是如果你了解那些日常琐事占用了我多少时间，你就会对‘米尔格拉姆集中营’感同身受了。”

尽管有着诸般压力，他还是在写给利昂·曼恩的信中表示：“我特别享受在哈佛的生活。”事实上，我们应该从另一个角度理解这句话的意思。他的同事汤姆·裴迪格鲁认为，米尔格拉姆其实是一名典型的“哈佛病”患者。裴迪格鲁解释道，患了这种“终极疾病”之后，“你开始认为，哈佛不仅是世界上最好的大学，还是世界上唯一的大学”。

米尔格拉姆在1963年秋季与学校签了三年的聘用协议，协议期满是在1966年6月。1965年春天，社会关系学系通过投票，又与他签了1966—1967学年的聘用协议，职位是社会心理学讲师，依旧不是他希望的终身教授职位。他在写给大卫·马洛的信中表达了自己的失望：“明年，我就被降职到讲师的位置上了，但是为了鼓励我的自信心，系里任命我为国际研究课题组的组长。”这个课题组是系里的一个新项目，由福特基金会赞助。他对这个新头衔很满意，因为符合他在跨文化研究方面的兴趣，但这同样也不是一个终身职位。

在其他大学中，如果系里需要新的终身教授职位，比如，某位终身教授去世或退休、出现了不可多得的候选人，或者系里需要留住某位出色的初级教员，避免人才流失到其他学校等，就会与这位教员签订新的终身教授合同。但在哈佛，管理层在聘用终身教授的过程中，会采用“格劳斯坦公式”（Graustein formula）的复杂体系来进行评估。这个公式由一位哈佛数学家设计并以其名字命名。哈佛之所以只与米尔格拉姆签订了1966—1967年的讲师合同，是因为根据这个公式，社会关系学系在那一年不需要增加终身教授的职位。

但在1966年秋季学期，社会心理学系确实出现了一个终身职位空缺。从1967年秋季开始，负责推荐人选的委员会将米尔格拉姆列为主要候选人，并对他的资格进行了审核。但是委员会内部成员对米尔格拉姆的态度存在着巨大的分歧。奥尔波特、麦克利兰和罗杰·布朗坚决支持米尔格拉姆；而米尔格拉姆自己认为，罗伯特·弗瑞德·贝尔斯和罗伯特·怀特可能在这个问题上持反对意见。贝尔斯是一名资深社会心理学家，当年米尔格拉姆在哈佛念书的时候就已经是哈佛的教师。怀特则是一名临床心理学医生。委员会的争论持续了几个月，从1966年一直争论到1967年，甚至周日都在开会。1月26日，米尔格拉姆写信告诉大卫·马洛，委员会尚未做出决定。

事情好像陷入了僵局，最终，终身教授委员会选择了一种与政治圈解决僵局雷同的方法，将这个职位给了一匹黑马：初级教员罗伯特·罗森塔尔（Robert Rosenthal）。这个决定让罗森塔尔惊诧不已，他从来都不知道原来自己也是一名"候选人"，而且，他的专业根本不是社会心理学，而是临床心理学，他1962年博士毕业后来到哈佛教授心理治疗和心理诊断课程。由于委员会在学期将要结束的时候才宣布这个决定，他着实为此烦恼了一阵子，因为1967年3月，就在宣布决定之前，他已经接受了位于伊利诺伊州伊万斯顿的西北大学的一个临床心理学教师职位。

最终，他接受了哈佛的美意，并在这里一直工作到1999年退休，期间还曾担任过系主任。尽管他不是一名社会心理学家，但是委员会的决定也并非完全不合逻辑。罗森塔尔从事的研究从本质上来说也算是社会心理学的一部分。他比较知名的贡献是"实验人员预期影响实验"，这是在实验室中出现的一种自我实现的预言现象。他通过一系列的实验表明，研究人员会不自觉地将自己的假设或期望传递给被试，最终得出错误结论。

罗杰·布朗认为委员会某些成员对米尔格拉姆的负面态度不合情理。他特别指出，有些人将米尔格拉姆和服从实验混为一谈。也就是说，他们认为米尔格拉姆是那种喜欢操控人的疯狂教授或者类似的那种人……这让他们感到不舒服。布朗坚信，这样看待米尔格拉姆是完全没有根据的。他认为米尔格拉姆为人十分有分寸，正直并且值得信赖。

大卫·温特（David Winter）曾经是米尔格拉姆在社会关系学系任教时的学生。他也同意布朗的看法："他的确很'古怪'和另类。他在实验中能够轻易地做出那种样子。但在内心深处，他的确是一个好人，一个让其他人受益匪浅的人。我记得他曾经给我看他写的一篇论文，署名的地方写着：以爱和尊严写就。这几个字总是很触动我，因为在那个通常只有陈词滥调的环境下，居然还有这么触动心灵的事情。"

汤姆·裴迪格鲁在委员会中也投了反对票，但是他的反对却另有原因。他曾经和米尔格拉姆共同为一年级的社会心理学研究生班授课。米尔格拉姆在课堂上对待学生的态度特别严苛，这让裴迪格鲁颇为愤怒。一年前，米尔格拉姆曾和汉斯·托奇同授这门课，托奇也亲眼看见米尔格拉姆对待学生的苛刻。托奇认为米尔格拉姆内心深处其实很关心学生的学术成长，这种关怀能够中和他的坏脾气。但在裴迪格鲁眼中，米尔格拉姆的教学风格根本就没有什么优点可言。他记得，如果米尔格拉姆不喜欢学生的回答，他会说："这答案真够愚蠢的……谁知道真正的答案？"

裴迪格鲁说："我无法容忍这种方式……我会跳出来……在学生的自尊被彻底碾碎之前和他理论……我不喜欢他在学生面前这样颐指气使。当年我来到这里（哈佛）上学的时候，巨大的压力让我担心没准哪天忽然就一命呜呼了。我有一个大行李箱，那是我父亲在第一次世界大战时用过的东西。我始终把箱子敞开着，随时准备离开。如果事情变糟了，我可以在48小时内逃离……直到今天，我对那些一年级的研究生还抱有巨大的同情，我试图减少他们的压力……米尔格拉姆却对他们如此冷酷。"裴迪格鲁还说："我确信，他并没有意识到自己是个什么样子。"

申请终身教授被拒让米尔格拉姆备感痛苦。他和萨莎特别喜欢坎布里奇，很想一直留在这儿。此外，这次审批耗时良久，他一直处于高度紧张的焦虑状态，但最后却得出了这样令人震惊的结果，让他无法相信。因为他一直觉得自己在系里的人缘不错，和那些资深教授相处甚好。

但这个结果也让米尔格拉姆意识到，在同事们的一团和气之下，掩藏着对服从实验的厌恶情绪。这次失利使他产生了深深的挫败感，长久以来高昂的自信受到打击。他一直认为，无论道路上有什么障碍，他总能成功地达成理想。但现在，这个信条似乎遭遇了巨大的挑战。

罗伯特·罗森塔尔认为，米尔格拉姆输给了一个几乎算不上对手的人，这加重了他的受挫感。但米尔格拉姆对罗森塔尔本人并没有敌意。他们后来一直保持着联系。1969 年秋天，罗森塔尔和利昂·曼恩邀请米尔格拉姆重返哈佛，在两人共同执教的一门社会心理学课程上做了一次特别讲座。1976 年，米尔格拉姆曾邀请罗森塔尔参与教育电影《非语言沟通》（*Non-Verbal Communication*）的拍摄。

6 月初，中东爆发的六日战争多少分散了米尔格拉姆受挫的沮丧心情。5 月 26 日，埃及领导人加麦尔·纳赛尔（Gamal Nasser）公开宣称要消灭以色列。埃及、约旦、叙利亚和伊拉克结成同盟，派出 25 万个士兵、2 000 辆坦克、700 架战斗机和轰炸机，将以色列团团围住。6 月 5 日，以色列空军打响了反击战，有效削弱了 4 个盟国的空军力量。战争持续到 6 月 10 日，在阿拉伯军队包围以色列 6 天之后，以色列终于赢得了这场战争。

但是在战事之初，当阿拉伯刚开始围攻以色列，残酷的战争在几个前沿阵地打响，以色列的命运岌岌可危。米尔格拉姆和他的犹太同事们都强烈地感觉，应该为以色列的存亡做些什么。他们用各种方法表达了与以色列团结一致的态度。犹太学术团体在《纽约时报》上刊登了整幅宣言。罗伯特·罗森塔尔在威廉·詹姆斯礼堂的各个办公室中征集支持以色列的签名。米尔格拉姆向以色列紧急基金会（Israel Emergency Fund）捐献了 100 美元。这是他当时做出的最高捐款。他觉得必须做点什么，因为“近代史告诉我们……人类所能想象出来的最可怕的事情完全可能变成现实，尤其是在涉及犹太人的时候”。

哈佛的拒绝让他备受打击，但寻找新职位的经历更是让他的心情雪上加霜。当时，其他与哈佛相当的大学都没有终身教授的空缺。纽约州立大学布法罗分校对他表示了兴趣，加州大学和康奈尔大学也向他伸出了橄榄枝。但他并不想在小地方发展自己的事业。他喜欢大都市的生活，当时正在计划通过多种视角对城市展开研究。约翰·萨比尼（John Sabini）曾经是米尔格拉姆的学生，他说：“米尔格拉姆希望成为当代城市文化的一部分，而不仅仅是一个社会心理学家。”米尔格拉姆曾经希望，如果不得不离开哈佛，也能去位于大都市或者都市附近的著名学府，比如芝加哥大学、哥伦比亚大学，或者加州大学伯克利分校。伯克利的确曾邀请他面试一个心理学系职位。但是，尽管手持德高望重的业内专家为他写的推荐信，他还是被伯克利心理学系拒之门外。

毫无疑问，业内对他的态度分化也是这些著名大学对他敬而远之的原因之一。在大多数高校的心理系中，尤其是那些以研究为导向的著名大学中，聘用新教员通常由系里的教师投票决定。但他当时在业内饱受争议，获得绝大多数支持票的可能性微乎其微。几乎没有哪所学校的心理系真正想聘用他。

1966 年冬天，米尔格拉姆的朋友及前耶鲁同事霍华德·莱文索尔在曼哈顿市中心西 42 大街的纽约城市大学（CUNY）找到了一个新职位。该大学新开设了社会心理学博士站，准备聘用莱文索尔。当时，希望将他招募旗下的纽约城市大学管理层人员叫作希尔文·汤姆金斯（Silvan Tomkins），是一位情绪心理研究方面的顶尖专家，也是该大学的研究部门“认知和情感研究中心”的创办者之一。该中心成立的目的是为研究人类认知过程和情绪反应提供一个平台。

莱文索尔曾经研究过惧怕激发（fear arousal）在说服中的作用，汤姆金斯对这项情绪范畴的研究颇为欣赏。如果能将他招进纽约城市大学，汤姆金斯就会多了一名得力助手，不仅可以帮助他启动社会心理学的研究生课程，还可以为中心的各种研究活动做贡献。但是莱文索尔告诉汤姆金斯，他只有在纽约城市大学同意聘用另一位社会心理学家的情况下才会接受邀请，他指的就是斯坦利·米尔格拉姆。

1967 年 1 月 16 日，当哈佛的终身教授委员会还在为米尔格拉姆未来的命运争论不休时，他收到了纽约城市大学研究生部主任米娜·瑞斯（Mina Rees）的正式邀请，聘用他为心理学教授，任期从 1967 年 9 月起，年薪 18 600 美元："我们这里的心理学家们热切期待着你的到来，这一点无须言说。"

他在纽约城市大学的任务是教授心理学研究生课程。此外，纽约城市大学新成立的研究中心自 1967 年 9 月起，推出了一个针对新生的新专业：社会与人格心理学，米尔格拉姆担任新专业的组长，负责设计其中的心理学部分。该专业有两个教学目标：为新生提供丰富学术阅历的机会，此外，研究生将有机会在课程中担任助教，借此积累教学经验。在纽约城市大学的第一年，米尔格拉姆将教授入门心理学课程，4 名学生担任他的助教。

1 月 31 日，米尔格拉姆在回信中表示他对这个职位很感兴趣。但是他开出了几个条件：首先，这个职位必须是终身教授，瑞斯在信中没有提到任期的问题。其次，他希望每年获得学校 3 000 美元的无条件研究经费，用于教学相关的研究工作，比如研究班学生的研究费用等。此外，他希望除了办公室之外，还能配有秘书室以及约 90 平方米的专门进行研究的场所。最后，他希望了解纽约城市大学是否有搬迁补助。

他保证在 3 月 1 日之前给出最后答复。之所以推迟到 3 月 1 日，其中另有隐情，因为当时哈佛的终身教授委员会还在商讨他的去留问题，事实上，他在内心深处依旧盼望委员会把他留在哈佛。但这一点不便对瑞斯明说。

与此同时，霍华德·莱文索尔也推迟了最后决定的时间，他希望能等到米尔格拉姆做出最后决定。事实上，除了纽约城市大学之外，莱文索尔还有其他两个选择：威斯康星大学和密歇根大学。但米尔格拉姆在哈佛去留的问题迟迟得不到解决，莱文索尔最终接受了威斯康星大学的工作。

2 月 8 日，米尔格拉姆将纽约城市大学的邀请以及最后期限告诉了社会关系学系主任大卫·麦克利兰。哈佛如果准备留下他，就必须在 3 月 1 日之前通知他。两天后，麦克利兰致信，表示他也对这场心力交瘁的漫长讨论感到厌倦。

亲爱的斯坦利：

谢谢你把最后期限告诉我。正如你所知，我们的商议结果无法预知。目前，我还不能告知你任何有用的信息。但是至少，目前的混乱将有一个明确的结束时间，这对我们还是很有帮助的。

此致

大卫

2 月 17 日，瑞斯给米尔格拉姆回信，几乎满足了他所有的要求，包括终身职位、90 平方米的研究场所、秘书、秘书室，外加 1 000 美元的搬迁补贴。但是关于每年 3 000 美元无条件研究经费的问题，她咨询了心理学研究生部主任哈罗德·普洛尚斯基（Harold Proshansky）。哈罗德表示，任何大学的研究生部都不会向正教授开出这种保证，因此无法满足他的这个请求。但是瑞斯在信中说，纽约城市大学的规定是教职人员每年根据研究需要提交资金申请。她说，就以往的经验来看，她相信“心理学家会发现，他们的年度研究经费申请是很有可能被批准的”。

哈佛也终于做出了决定，时间大概是在 2 月 10 日，即麦克利兰给米尔格拉姆回信那天到月底之间。米尔格拉姆的终身教授职位未能通过委员会的审批。因此，他在 3 月 1 日写信给瑞斯主任，接受了纽约城市大学的职位。

从表面来看，米尔格拉姆在纽约城市大学的这个职位显得非比寻常。要知道，他在哈佛最后一年的职称只是讲师，但新职位却连升两级直达正教授，跳过了助理教授和副教授两个中间级别，年薪几乎是哈佛的两倍。当时他只有 33 岁，这么年轻就开始带社会心理学博士生，确实很少见。此外，纽约城市大学还有其他的一些好处。大学位于纽约市内，米尔格拉姆和萨莎的母亲以及其他的一些亲戚朋友都住在附近，方便大家走动。米尔格拉姆一家在市郊的河谷区找到一处心仪的公寓，从那里可以远眺哈得孙河。公寓地处高级社区，旁边就是漂亮的公园和一所优秀的私立学校：河谷区地方学校，这所学校被称为儿童的普林斯顿。他们的孩子今后上学会很方便。

尽管他未能如愿以偿地花落著名学府，而是落户一所市立大学。但是歪打正着，他却因此成了小池塘中的大鱼，成了学校里的“大人物”。这里的同事们大多都还在各自狭窄的研究领域中摸索，而米尔格拉姆的名气已经超越了学科的界限，在公众中获得了一定的知名度。比如，他的论文《服从的行为研究》(*Behavioral Study of Obedience*) 1965 年被收录在一个论文集中，但这个论文集的主题并非心理学，而是写作和文学，名字为《诺顿读本：说明文集》(*The Norton Reader: An Anthology of Expository Prose*)。各大报刊杂志也纷纷刊载关于服从实验的文章，热议实验的意义。1964 年，《科学文摘》(*Science Digest*) 刊登了一篇语调激烈的文章《我们是否会成为纳粹追随者》(*Could We Be Nazi Followers*)。1966 年，《华丽》(*Pageant*) 杂志中有一篇名为《你可能会做艾希曼的工作》(*You Might Do Eichmann's Job*) 的文章，意在引发读者的思考。

但在最开始的时候，一想到未来的东家只是一所市立大学而不是一流学府，米尔格拉姆就感到十分泄气。事实上，他在接受纽约城市大学的职位之初，打算最多在这里待 5 年。也许那时那刻，他还是盼望着哪家百年老校向他伸出橄榄枝。在这个橄榄枝没有出现之前，只能放低身段，屈就于纽约城市大学了。

无论内心深处承受了多大的苦闷，从米尔格拉姆的外在举止上看不出痛苦的痕迹，至少在外人眼中如此。但我们可以从书信往来中多少感受到他的沮丧情绪，尤其是写给朋友的信件。以往，他的信中都无一例外地充满幽默笑料和插科打诨。但这段时间的信中语气略显低落，少了很多幽默感。当然也不是完全消失，比如，在写给哈佛的学生巴里·麦克劳林（Barry McLaughlin）的信中，他说上班的地方就在 42 大街的公立图书馆对面。办公大楼旁边就是斯特恩百货商场，因此，如果他不小心多走了几步，就会发现自己站在女士内衣商店门前。

除了酸楚苦涩的内心感受之外，他还面临着左右摇摆的心理斗争。接受纽约城市大学职位后的几个月内，他一直试图判断这个决定到底是对是错。这种举棋不定的想法在他做出决定的第二天就初见端倪。3 月 2 日，他告诉康奈尔大学心理学系主任哈瑞·列文（Harry Levin），他决定去纽约的市立大学就职，而不是位于伊萨卡的康奈尔大学："上帝知道这个决定是否正确，但是纽约总是在诱惑我。"几个星期后，这种摇摆态度依旧。他把自己的决定告诉哈佛的前同事欧文·贾尼斯，还带着点希望地说："这个决定没准儿是对的呢。"

但在他的内心深处，他自认为已经一败涂地了。他对他的朋友保罗·霍兰德哀叹，他"不再是常春藤联盟的顶级成员了"。但新职位至少还有一个好处，让他从年薪 11 000 美元的小讲师一跃为年薪 20 000 美元的正教授，这多少会让他感到一些平衡。

纽约城市大学地处繁华喧闹的曼哈顿。他对曼哈顿的感情比较复杂。这个人潮涌动的城市有着一种其他城市无法望其项背的文化氛围，新鲜的刺激几乎无处不在。在当时的情形下，他自然会将曼哈顿与坎布里奇比较一番。在写给霍兰德的另一封信中，他说在曼哈顿潮水般的行人中发现了一些事情。他感觉，“如果你在哈佛的校园里撞上谁，两个人都会互相致歉。但在纽约，你只是闷声打个趔趄，没人会注意到……我现在工作的地方和哈佛存在着巨大差异，几乎没法儿比。也许这就是我选择市立大学的一个原因。无须比较，因为没有任何比较的可能性”。

在写给另一位朋友的信中，他说：“纽约与坎布里奇相比，既少了很多，也多了很多。这里的文化和艺术生活如此丰富，无处能及。”但纽约缺少在坎布里奇那种令人温暖的团体感。米尔格拉姆和萨莎在坎布里奇无论参加什么文化活动都能遇到熟人。尽管离开坎布里奇的沮丧依旧萦绕不绝，但夫妻二人也意识到，纽约终究比其他城市更能满足他们的需求。

那一年的夏天和初秋是米尔格拉姆从哈佛向纽约城市大学过渡的时期，他在很多书信往来中都以这样或那样的方式表达出他的摇摆不定。在他内心深处，这次变动的“好”和“坏”就像资产负债表的“资产项”和“负债项”，不停地变化着。但到了 9 月底，他写信给当时已经在威斯康星州工作的莱文索尔，信中隐约显示出他已经慢慢放下包袱，终于开始感到解脱。

> 让我跟你讲讲我在纽约的生活。首先，从哈佛向市立大学的转变并不容易，这让我的灵魂备受煎熬。几个月来，我经历了“哈佛宿醉”的完整过程。悲观、空虚、愤忿、恼怒、周身不适，又时不时地冒出乐观、自信、野心勃勃、雄心壮志和快乐。我内心的感觉好像闹翻天了。但是，人的精神具有强大的恢复力量。现在，除了若隐若现的悲伤偶尔烦扰我之外，总体感觉心情不错，希望未来的一年能有所收获。
>
> 我的实验室还在修建过程中，但是进展神速。建成之后一定会是一个宽敞的地方。至于这里的学生素质如何，现在评价有点儿太早。
>
> 我们很喜欢那间漂亮的公寓，但萨莎感觉有点儿难以适应这里

的生活……总之，如果给这里的生活打分的话，就是 B+，比过去的 A 稍逊，但成绩还算不错。

无论从哪个角度来说，纽约城市大学和哈佛相比都差了一大截。但是后来的事实证明，这所大学为米尔格拉姆提供了一副羽翼，助他翱翔于一个更广阔的世界。他在这里设计了大量新课程，这是那个“学术伊甸园”根本不会允许他做的事情。面对各种挑战，米尔格拉姆斗志昂扬。事实上，设计全新的社会心理学研究生课程本身就是一件富有挑战性的工作。

07

THE MAN WHO SHOCKED THE WORLD

城市如何影响人的心理

离开哈佛到纽约城市大学后，城市生活心理学成为米尔格拉姆的主要兴趣，他将社会心理学应用在城市的相关课题上。他利用很多创新的实验方法，说明人们在城市和小城镇的行为会有哪些不同。

由于在田园般的坎布里奇生活多年，米尔格拉姆着实花了些时间才适应了纽约这个大都市。1967 年，他从曼哈顿写信给霍兰德，说自己感觉“有点儿像个天真的乡下佬被扔进了忙碌、拥挤、无序、冷酷的流动人海之中”。但是，他对河谷区的新家感到特别满意。从这里可以俯瞰波光粼粼的哈得孙河，各色船只在他们的窗下穿梭往来。站在阳台上还可以远眺三座雄伟大桥的全貌，它们分别是乔治华盛顿大桥、塔潘齐大桥和亨利哈得孙大桥。

研究中心为他配备的办公室也令他特别满意。办公室位于大楼五层的 503 房间，房间朝南，有一面硕大的玻璃窗，可以看到马路对面的布莱恩特公园和纽约公立图书馆，而整个视野中最赫然的建筑，莫过于不远处高耸入云的帝国大厦了。

这个办公室是所有教师办公室中最大的一个，配有一个秘书办公室，还有玻璃围成的玄关。这栋大楼有两部错层电梯，5 层是两部电梯都可以到达的楼层，十分便利。办公室的门厅处摆着一个特别的装饰物，那是一个平面的人形剪影，就像沉默的警卫一样看守着这间办公室。人像下面写着一行字：**真品，作者：S. 米尔格拉姆，L. 斯坦伯格，特洛瓦风格**[①]。人像的正面就像一个抽象的拼贴画，拼贴的都是米尔格拉姆同事们出版的期刊论文首页。这个古怪的创意当然来自米尔格拉姆，他用这种方式来展示同事们的成就。

萨莎依旧待在家里照顾孩子，打理家务。尽管米尔格拉姆一天中大多数时间都在工作，但他并没有忽视孩子们的成长。他说，米歇尔"像火焰一样亮丽"。她的语言能力发展得很快，米尔格拉姆甚至觉得在聊天的时候应该把她当作成年人。马克还是个小不点儿，喜欢跟在姐姐的身后爬来爬去，把家具当玩具，脸上总是带着一股坚决的表情。

米尔格拉姆加入纽约城市大学的时候，这里的研究生院整体上还处于起步阶段。事实上，纽约城市大学本身的历史也不长，该校成立于 1961 年，米尔格拉姆加入的时候只有短短 6 年的历史。学校是在纽约立法机关的批准下成立的，其实就是将 4 所纽约公立院校合并在一起：皇后学院、亨特学院、布鲁克林学院和城市学院。经过多年的发展，纽约城市大学目前已经成为美国规模最大的市立大学，下属 18 个学院和校区，分布在纽约的 5 个区中。早在 1920 年，当时尚未合并的 4 所学院中的很多专业都可以授予硕士学位，但是直到学校成为一所综合性大学之后，才获得了授予博士学位的资格。有几个学科率先开设了博士课程，随着时间的流逝，越来越多的学科也加入其中。1965 年，大学的第一批博士生毕业，但人数很少。

研究生院的第一届主任于 1961 年走马上任，就是前文提到的米娜·瑞斯。在成为研究生院主任之前，她是一位著名的数学家，在数学领域做出过重要的贡献。她事业的起点是在亨特学院教书。第二次世界大战爆发之后，她向亨特学院请假去政府部门工作，在战争中用自己的数学才能为国家效力。随着战争进入尾声，海军请她担任海军研究局数学分部的主任。1952—1953 年喜获升职，成为科学副主任。

---

① 古巴的一种传统音乐形式。——译者注

在担任纽约城市大学研究生院主任期间，瑞斯富有活力的领导风格促进了该院的发展壮大。此外，该院新颖的研究生教育模式也要归功于她。瑞斯对学校未来的发展有着一个伟大的蓝图，她要将学校建成一个配有一流师资队伍的顶级研究生院。这个蓝图得到了校长阿尔伯特·鲍克（Albert Bowker；任期为 1963—1971 年）的大力支持。

瑞斯和鲍克都认为，如果研究生院想成为具有凝聚力的统一整体，那么各个分校的研究生课程就要接受统一的中央管理，而不是将博士学位的授予权交给各个分校。瑞斯曾前去伦敦大学取经，那所学校的组织架构和特别的跨学院教师委员会（intercollege faculty committee）给她留下了深刻的印象。她后来将这种理念引进纽约城市大学，大学中的每个学科都成立一个委员会，委员会成员来自 4 个分校。1967 年对米尔格拉姆聘用问题进行讨论的正是这样的委员会。委员会最终一致同意聘用他为该校的心理学正教授。

纽约人心目中的纽约什么样

米尔格拉姆之所以拒绝了康奈尔大学和加州圣克鲁兹大学，最终选择了纽约城市大学，最主要的原因就是他对城市生活心理学的兴趣。他在纽约城市大学的第一年就推出了一门新课程：城市研究班。这是他设计的城市心理学系列课程中的第一个。很快他就开始带着学生进行各种创新性实验，展示大城市和小城市居民的行为差异。

其实早在来纽约之前，他就认为可以将社会心理学应用于各种城市问题。1966 年秋天，在哈佛的最后一年，他曾为一组哈佛和拉德克利夫学院的大学毕业生进行了城市心理学方面的辅导。他带领学生们研究的课题是纽约、伦敦、巴黎不同城市氛围的成因，并对这些因素进行比较。他们在《纽约时报》和《哈佛克里姆森报》上刊登广告，征集可以显示这三个城市特征的真实故事。有些学生还研究了与三个城市相关的电影，比较人们走路的速度以及意外撞到行人时的不同表现等。早在 1964 年，米尔格拉姆和保罗·霍兰德还曾共同为《国家》杂志（*The Nation*）撰写了一篇关于基蒂·珍诺维丝（Kitty Genovese）事件的时事评论文章，这件事情与城市心理学也有着密切的联系。

28 岁的基蒂·珍诺维丝是一名漂亮的酒吧经理，住在皇后区的犹太人社区丘园。1964 年 3 月 13 日晚，她在回家的途中被歹徒跟踪。歹徒抓住她后不停用刀刺她的身体，整个施暴过程长达半小时。一位记者对这件案子进行了调查，发现当时有 38 名邻居目睹了犯罪的发生或者至少听到了她的呼救，但是没有一个人伸出援手。这个事件震惊了整个美国，成为城市生活中人与人之间疏离感的代表事件。有两位社会心理学家为此还进行了一系列“旁观者效应”（bystander effect）的实验，试图解释这种现象的原因，借此提高公众对社会心理学的关注。这两位心理学家是：哥伦比亚大学的比伯·拉特纳（Bibb Latané）和纽约大学的约翰·达利（John Darley）。

米尔格拉姆在《国家》杂志上发表的文章从总体概念上对这件事情进行了分析。文章指出，城市生活中某种行为的结果，导致了邻居们在基蒂·珍诺维丝受害时的不作为。比如说，米尔格拉姆和霍兰德认为，案件发生在一个高档社区中，暴力行为是这里的居民难以想象的事情，也是与这种社区不匹配的行为。因此，罪行发生的时候，很多居民并没有真正意识到这里正在发生杀害一位年轻女性的极端行为。相反，人们可能会遵循思维定式，为事件做出自我安慰式的合理解释：也许一对小情人在吵架，或者附近正在举办热闹的晚会，有人喝多了耍酒疯。

这篇文章对这个悲剧事件进行了全新的解读，有理有据，公平客观。米尔格拉姆认为，在这个事件中，暴行模糊了公众的辨别能力，“这 38 位目击者应该受到谴责，但是我们也不要忘了，他们并不是真正的罪犯。他们的问题只是未能阻止罪行。稍加考虑就能明白这两者间的不同之处”。

米尔格拉姆相信，社会心理学能帮助我们更好地理解城市环境中的行为。这种信念不仅深刻影响了他的研究方向，他也努力用这种信念引导学生们的事业选择。他在学校的专业简介中这样写道：

> 社会心理学专业有两个基础部分。首先，该学科建立在传统的社会心理学理论和研究之上。我们提供的课程和培训包括：态度改变、群体过程、对人知觉，以及实验、实地研究和调查方法等。其次，在进行全新的社会心理学探索过程中，我们训练学生将周围的城市环境作为灵感和问题之源。我们可以把纽约这个城市看作一个大型实验室，在其中进行社会心理学研究，对研究生进行训练。在这方面，位于曼哈顿市中心的研究生中心占据了得天独厚的优势。

该专业师生的研究课题也充分体现了这种城市化导向，包括群众分析、心理压力和社会阶层、城市环境中的健康相关行为、城市设计和社会行为等。这是美国大学中第一个以城市为主要研究对象的社会心理学研究生专业。毫无疑问，研究生院的管理层对这个方向也很认可，因为这正是大学在 1960 年成立之初的目标之一。

1969 年 9 月，米尔格拉姆已经在纽约城市大学工作了两年，他带领学生们进行了大量创新性实验，比较大城市和小城市居民的各种行为差异。鉴于他在城市研究上的成果，华盛顿的美国心理协会邀请他在年会上演讲，演讲题目是《城市生活体验》（*The Experience of Living in Cities*）。第二年，《科学》杂志刊登了这次演讲的节选。

1938 年，社会学家路易斯·沃斯（Louis Wirth）定义了城市的三个特点：人口数量多、人口密度大、居民异质性。米尔格拉姆十分赞同沃斯的精辟见解，但他认为，还需要一个概念来解释沃斯所说的这些人口特征如何被个体内在化，并且影响了个体的主观城市生活体验。他认为，“超载”就是这个缺失的环节。所谓的超载，就是体系输入超过了体系的处理能力。他认为可以这样理解：城市生活中产生的行为变化，其实就是人们为了适应城市生活中的知觉攻击做出的反应。

在《科学》上刊登的演讲节选中，记录了他带领学生做的一些实验，实验目的是为了确定刺激超载的具体结果。在其中一个实验中，研究人员在电话里请求城市中的居民帮忙，但需要帮助的事情与居民的日常工作毫不相干。实验比较了大小城市的居民在帮助陌生人问题上的差别。此外，实验还想了解，是不是城市中的人际关系越冷漠疏远，居民提供的帮助就越少。

THE MAN WHO SHOCKED THE WORLD 请求帮助实验

实验选择的三个大城市是：芝加哥、纽约和费城，三个小城镇则是纽约的库克萨奇（Coxsackie）、伊利诺伊的希诺阿（Chenoa），以及宾夕法尼亚的麦卡多（McAdoo）。无论哪个城市，选择的被试中一半为家庭主妇，一半为女士服装店售货员，实验的过程如下。

研究人员装作一个正在打长途电话的人，但接线员把电话接错了。他在电话里先是以旅行为借口问当地的天气。忽然说了一句："请等一下。"然后放下电话约一分钟。再拿起电话的时候，接着问当地酒店和汽车旅店的事情。被试的助人为乐程度以分值的方式测量，1 为一言不发放下电话，16 为在呼叫人放下电话的一分钟里一直耐心等待，对所有的问题都采取合作态度。

结果显示：大城市中的居民普遍不如小城镇中的居民那样热心助人。而这两种地方的家庭主妇比职业女性更愿意帮助陌生人。后来进行的其他研究也显示，总体而言，小地方的居民比城市居民更具有"雷锋精神"。

城市心理学是一门新学科，《科学》中发表的这篇演讲节选可以算作这个新学科的奠基石。米尔格拉姆在城市心理学中最重要的贡献就是城市居民的“心理地图”（mental maps），或称主观地理学（subjective geography），研究的地点是纽约和巴黎。此外，他还将超载概念应用于城市生活之中，用这个概念将城市的客观人口特点，即沃斯所定义的数量、密度和异质性，和个体的主观城市生活体验衔接起来。心理地图的研究目的是为了更好地了解城市中的客观地点如何呈现在居民的主观意识中。米尔格拉姆这样解释心理地图研究的价值：

> 城市在人们心中的形象并不只是我们必须承受的精神负担，也是生活在复杂而高度多样化的环境中必然的伴生物……人们在做出各种与城市相关的重要决定时，依据的并不是城市的真实情况，而是这个城市在他们心中的概念。这一点已经被充分证实。如果伯里克利时代的雅典或者狄更斯时代的伦敦也有这样的地图，一定会给我们带来更多的启示。不幸的是，那时候还没有社会心理学家系统地绘制这样的地图，但是我们比前人更明白这一点，我们可以履行这个职责。

这种认知地图是心理学中一个全新的领域，具有重大的现实意义。米尔格拉姆和他的学生们为这项新课题设计了很多新方法，其中第一个方法叫作场景抽样法，不仅可以将个人的主观体验具体化，还能对这种个人知觉进行统计，得出一些广义的结论，准确而客观地评估出纽约哪些地方最能被人识别出来，哪些地方最不易被识别。简而言之，如果一个人身处城市中随意选择的地点，他清楚自己身在何处的可能性有多大？

米尔格拉姆强调，想要回答这个问题，必须设计一个客观的地理取样方法，而不能采用简单随意的方式。他举了个例子，假设一个调查员想判断曼哈顿和布鲁克林的识别度，“如果他只是向一组人展示照片，一张是曼哈顿帝国大厦，一张是他叔叔位于布鲁克林的车库，结果是显而易见的，认识帝国大厦的人肯定比认识车库的人要多”。但是，这个结果所建立的基础并不客观，不能据此判定曼哈顿更容易识别。

场景抽样法建立在这样一个事实基础上：地球上任何一个点，都可以通过相交叉的经度和纬度来准确定位。为此，米尔格拉姆和学生们采用了美国地质测绘局的高清晰度纽约城市遥感地图，以 1 000 米为间距标出了经度线和纬度线，这些纵向线和横向线的交叉点，就是米尔格拉姆选择的地点。他的研究小组对这些地点进行了系统化的筛选。最终选择了 150 个地点的彩色图像照片，分布在纽约的五个区：曼哈顿、皇后、布鲁克林、斯坦顿岛以及布朗克斯。被试人数为 200 名，由于这些人来自纽约不同的地区，每个人都可能对城市中的某些地方更熟悉，因此，这 200 名被试是按照各个区的人口数量比例选择出来的，如表 7-1 所示。

表 7-1　　各区被试进行场景定位的正确百分比

	正确区	正确街区	正确街道
布朗克斯	26.0	5.9	2.6
布鲁克林	35.8	11.4	2.8
曼哈顿	64.1	32.0	15.5
皇后区	39.6	10.8	2.2
斯坦顿岛	26.0	5.4	0.6

这些图像被制成幻灯片播放，被试要对照片上的地点进行场景定位，要求越来越精确：首先判断属于哪个区，然后判断所在街区，最后要明确具体的街道名称。

表 7-1 给出了每个区的被试正确定位图片的比例。随着要求越来越具体，识别率也不断下降，但是在所有这三个指标中，曼哈顿都是识别率最高的区。比如，对曼哈顿区的识别率是其他区的两倍，对曼哈顿街区的识别率是布朗克斯的 5 倍。而最有说服力的依据就是对曼哈顿街道的识别率，远远高于其他区。

米尔格拉姆还发现，曼哈顿在纽约人的心理地图中绝对占统治地位，很多纽约人对曼哈顿的识别率甚至高于对其所居住区的识别率。比如，住在皇后区的被试对曼哈顿大街的识别率是对皇后区大街识别率的5倍，米尔格拉姆在谈到这个问题时说：

> 人们经常抱怨皇后区没有特色。出租车司机说他们最害怕到皇后区跑活儿，生怕迷路。甚至连皇后区的居民都会在那里找不到方向，这足以说明问题。而在曼哈顿却有着更好的地点感（sense of place）。因此我们可以说，曼哈顿是纽约文化的根基，也是这个城市的意象根基。

“你可以给我让个座吗”

THE MAN WHO SHOCKED THE WORLD
电醒人心

在我们的社会生活中有一些无形的社会规则和标准，它们强烈影响着人类的日常行为，这也是米尔格拉姆研究中贯穿始终的主线。尽管这些规则力量强大，却微妙而难以捉摸，我们几乎无法察觉。只有在这些规则被破坏的时候，我们才能感受到它们的存在。

在乘坐电梯的时候，你可曾一直盯着身旁陌生人的眼睛？你可曾在一个高级餐馆吃相不雅地吞咽一大堆美食，然后在侍者递上账单的时候，不仅不给小费，反倒要求对方为你喜欢的慈善事业捐款？你可曾站在喧闹的都市十字路口一角大唱美国国歌？你会这么做吗？

有一次，萨莎的母亲来到了米尔格拉姆家，她的一句无伤大雅的评论触发了米尔格拉姆的灵感，进而设计出一个特别的实验来展示社会规范的强大力量。在这个实验中，无论是主试还是被试都感到了压力。这是他所有实验中绝无仅有的一个。

米尔格拉姆的岳母住在曼哈顿上东区，去米尔格拉姆的住处需要乘坐公共汽车。1971 年初秋的一天，她到了米尔格拉姆家之后问他："为什么公共汽车和地铁里的年轻人不再给头发花白的老太太让座了？" 米尔格拉姆回答："你要求他们让座了吗？" 她看了他一眼，好像他疯了似的："没有啊。"

第二天上课的时候，他向城市研究班的学生们说出了他的研究设想。这个设想的核心问题是：如果学生们要求坐在座位上的乘客让座，结果会怎样？学生听到这个想法之后立刻爆发出了紧张的笑声。很多学生表示，纽约人不可能因为一个陌生人的要求就让座。米尔格拉姆问哪位学生自愿去完成这个实验，没有一个学生应声。最后，一位名叫艾拉·古德曼（Ira Goodman）的学生走上前，勇敢地接受了这个任务，还有一名同学与他同行，充当观察员。

艾拉将在公共汽车或地铁上请求 20 位乘客让座，他会礼貌地提出请求，但是不说明原因。这个消息很快就传遍整个心理学系，大家纷纷说："他们又有新玩意儿了！他们又有新玩意儿了！" 第二天，古德曼回来交差的时候，带回了出乎大家意料的发现。米尔格拉姆回忆道："学生们把古德曼当成了圣人，好像他发现了在纽约地铁里生存的复杂秘密。" 古德曼在课堂上报告，有大约一半的乘客给他让座。但是与计划的 20 名被试相比，他只询问了 14 位乘客。米尔格拉姆问他为什么没有完成额定任务，艾拉回答："我只是没办法继续下去了。这是我这一生中做过的最难的事儿。"

是否只有古德曼一个人会有这种反应？米尔格拉姆决定让班级里的所有学生都加入这个实验，包括他自己和共同授课的教师欧文·凯茨（Irwin Katz）。米尔格拉姆这样形容他的亲身经历：

> 坦率地说，尽管古德曼已经有了切身体会，我还是觉得这件事

情应该易如反掌。我走向座位上的一位乘客，正要嘟囔出一些“魔术咒语”，但这些词忽然好像卡在了我的喉咙里，就是说不出来。我站在那里，身体发直，什么也没说就走开了。任务没有完成。学生观察员催促我再试一次，但是我全身发软，动弹不得。我不停地说服自己：“你这个胆小鬼、懦夫。这个任务是你安排的，如果连你自己都完不成，你怎么回去见学生？”

退缩了几次之后，我终于走到一个乘客面前，小声说出了我的请求：“对不起先生，能给我让个座吗？”那一瞬间我感到一种强烈的、不同寻常的恐惧感。这个男人站起来，给我让座了。但是我的痛苦并没有结束。我坐在那个男人的座位上，强烈地感觉需要做点什么，让我的请求显得合理。我把头埋在两膝之间，能感到自己脸色苍白。这根本不像进行角色扮演，而是好像马上就要死了一样……

1972 年春天的新学期，米尔格拉姆决定把这个实验搬到纽约地铁中进行。但是这一次实验经过了改良，程序更加复杂。他和实验社会心理学班级的学生一起，设计出各种请求乘客让座的方法，最终确定了 4 种不同的实验情境：第一个是“无理由情境”，主试随意选择一名座位上的乘客，站在其面前，不做任何解释地说：“对不起，可以给我让个座吗？”这与上学期进行的实验完全一样。结果是，56% 的乘客让座，12.3% 的乘客做出了折中反应：他们没有放弃自己的座位，而是向旁边挪了一下，和主试分享一个座位。算上这种反应，那么共有 68.3% 乘客被试给米尔格拉姆的学生让座。

在第一个情境中出现了较高的让座比例，也许是因为乘客认为学生有迫不得已的理由。于是米尔格拉姆又设计了第二个情境叫作“非重要理由情境”。在这个情境中，学生会说：“对不起，可以给我让个座吗？我站着无法看书。”在请求中加上一个没有说服力的理由，乘客就不会在心中假设出一个更加迫切的理由。这一次，让座的比例明显下降，但还是有 41.9%

的乘客满足了这个请求。

也许还有一个原因会造成这种高让座率，因为学生提出请求特别突然，被试没有任何心理准备，找不出合适的理由拒绝学生，让座只是惊愕之余的反应。毕竟，让出座位比快速找出理由拒绝别人要容易得多。因此他们又设计出了第三个情境来检验这个因素。

第三个情境叫作“偷听情境”。几名学生在地铁车厢中进行了一场“流动表演”。两名学生站在被试面前，装作彼此不认识，其中一人问另一人：“对不起，你觉得如果我要求别人让座合适吗？”另一个说：“什么？”第一名学生重复刚才的问题，另一位学生给出了不确定回答：“我不知道。”通过这个情境我们可以了解到，如果给被试足够充分的心理准备，是否会让更多的人拒绝主试的请求。两名学生在进行对话的时候，会将声音提高到面前乘客可以听到的程度，结束对话之后等 10 秒钟，然后那位提问的学生请求面前的乘客让座。这一次，让座的比例大幅降低。只有 36.6% 的乘客让出了座位，而第一个情境中，这个比例是 68.3%。

第四个情境的设计目的是：如果采取间接的请求方式，是否会增加被试不合作的比例。在这个情境中，学生和乘客之间的目光接触几乎为零，因为这个情境中的请求不是说出来的，而是写在一张纸上。学生向座位上的乘客递过一张纸，上面写着：“对不起，能给我让个座吗？我特别想坐下来。谢谢。”米尔格拉姆认为，由于没有面对面口头请求的压力，让座率会进一步降低。但事实证明他错了，50% 的地铁乘客让出了座位。米尔格拉姆推断，可能是这种奇怪的请求方法让乘客感到不舒服，这种不适感催促其快速结束这一切。

此外，这次实验还有一个附带的发现，在实验结果的模式中显示出了性别差异。在所有的情境中，给女学生让座的乘客更多。而让座的乘客中，男性多于女性。

学生主试中有一位叫作哈诺德·塔库夏（Harold Takooshian）的学生，后来成为纽约福特汉姆大学（Fordham University）的教师，他继承了米尔格拉姆的衣钵，继续研究城市生活心理学。他从地铁实验和服从实验中找到了一些十分有意义的共同点。

> 在这个违背地铁规则的研究中，主试的反应是最令人意外也最显著的特征。我们发现，从来没有人在地铁上见过陌生人要求乘客让座，这种事情真的很罕见。每名学生都在报告中表示，这个过程让他们感到了强烈的紧张。
>
> 这种紧张与米尔格拉姆服从实验中所制造出来的极端感受类似……比如，至少有两名女学生报告说，她们在实验过程中无法自控地紧张大笑，而服从实验中的被试也出现过这种反应……在被婉转地问及"既然感觉不舒服，为什么还要继续做下去呢"时，一名女学生回答："为了课程我不得不这么做。"为了这个目的，她抗拒了自己的不适完成了实验。很显然，这种紧张感和服从实验中的紧张相同……奇怪的是：学生只是违反了一个看似如此微不足道的社会规范，就产生了这么强烈的紧张感，好像其中涉及了一些道德的成分。而我们要求对方让座这件事，似乎已经不再是普通意义上的"反常"行为，而是道德意义上的"反常"行为。

地铁研究很快就公布于众。1972 年 6 月 2 日春季学期末，米尔格拉姆在研究中心组织了一次关于城市生活认知和情感的跨学科会议，在会议上公布了这个发现。几年之后，由于他的学生约翰·沙比尼，这个研究再一次被人们提及。沙比尼身材魁梧，但是长得很孩子气。他是米尔格拉姆学生中最聪明的一个，现任宾夕法尼亚大学教授，曾担任该校心理学系的主任。他在纽约城市大学上学期间最好的朋友叫莫瑞·希尔法（Maury Silver）。希尔法外表清瘦结实，波西米亚式的五官，与沙比尼有着同样的哲学偏好。师从米尔格拉姆的时候，他们二人和这位老师之间的关系很亲密，更像是同事。

在选择博士论文题目的时候，沙比尼计划以“人类不愿斥责他人”为研究主题。作为论文指导老师，米尔格拉姆希望他能在一个真实背景中进行这个实验，而不是在实验室里。于是沙比尼在地铁里进行了数次表演。他扮演一个横行霸道的讨厌家伙，还找来了一名女学生和他共同“演出”。希尔法在一旁充当观察员。

但是有一天，实验中出现了突发现象。刚开始，一切都依计划进行，女学生先走进拥挤的车厢，找到了一个座位坐下。然后主试沙比尼也走了进来，走到女学生面前说：“这是我的座位，我先看到的。”女学生试图请求身旁乘客的帮助，但是未果，于是她离开了车厢，沙比尼坐在了她的位置上。忽然，一名带着外国口音的男人冲了过来，站在“坏蛋”沙比尼面前严肃地说：“你这么做可不好。如果我让你站起来，你感觉如何？”这位乘客的愤怒似乎越来越强烈，他弯下腰，直盯着沙比尼的眼睛大声喊：“早晚有一天你会因为这个被干掉！”这种叫嚷显然没有让他平息，他揪起沙比尼，大声喊：“你给我起来！”然后把他推到地铁车厢的另一边，转身坐在了沙比尼的位置上。沙比尼和希尔法努力安抚他，最终三个人都在下一站下车。

沙比尼和希尔法回去之后向米尔格拉姆报告这段危险经历。沙比尼回忆说：“我记得他坐在办公室的椅子里，两只脚搭在桌子边儿上，对我们说：‘有些人类学家冒着生命危险去研究食人族文化，我认为心理学家没有什么理由不这么做。’”但他最终还是同意沙比尼在实验室里完成这个研究，毕竟这里更安全，更好控制。

熟悉的陌生人

关于米尔格拉姆的城市研究，还有一个研究不能不提。他发现，在城市生活中有一个普遍的现象：

THE MAN WHO SHOCKED THE WORLD

电醒人心

我们可能熟悉很多人的面孔，却从未与他们真正互动过。

他称这些人为“熟悉的陌生人”。1971 年的春季学期中，他在实验社会心理学班级中进行了一项研究，希望了解更多关于“熟悉的陌生人”的现象。他们选择了宾州中央铁路公司哈得孙路段的斯布坦杜维火车站（Spuyten Duyvil）月台作为研究地点。之所以选择这里，是因为这个火车站距离他在河谷区的家特别近。每天早晨都有三辆火车载着乘客到曼哈顿上班。米尔格拉姆从这里坐上火车，26 分钟后在大中央车站下车，走两条半街区就是研究生中心大楼。

THE MAN WHO SHOCKED THE WORLD 熟悉的陌生人实验

实验期间，米尔格拉姆的学生们每天早晨都会在杜维车站集合，用照相机拍下等车乘客的照片。为了方便辨认，学生们对照片上的每位乘客进行了编号（见图 7-1）。每张照片都准备了多个复印件。几个星期后，学生们分组回到火车站，将一个信封分发给在这里等车的乘客。信封里放着一张学生拍摄的照片和一个调查表。他们先表明身份，然后说他们正在进行社区问题的研究，询问对方是否能在乘车途中填写调查表。学生们跟着乘客上车，到达大中央车站后收回所有完成的调查表。三辆火车中共有 139 名乘客收到了调查表，其中 119 人（89%）交回了调查表。

图 7-1　在熟悉的陌生人研究中发给通勤乘客的代表性照片

米尔格拉姆和学生们发现，89.5% 的被试能够辨认出照片中至少一名熟悉的陌生人。平均每人辨认出 4 名。相比之下，只有 61.5% 的人与至少一名陌生乘客交谈过，平均下来，每位乘客曾与 1.5 位陌生人进行过交谈。

问卷上有个问题：是否曾对某一位熟悉的陌生人感到好奇。大约有 47% 人回答“是”。但这种好奇心并没有带来交互，只有 32% 的调查者表示，他们至少曾有过和陌生人交谈的念头，只是转瞬即逝。

米尔格拉姆认为，这种与熟悉的陌生人不进行交互的倾向，是人们在城市环境中适应刺激超载的一种方式。个体人格被解体后成为场景的一部分，而不再是可以彼此交流的人。他这样解释道：

为了处理所有可能的环境输入，我们对输出进行了过滤，因此我们的交互行为就变得稀薄了。在熟悉的陌生人案例中，我们允许一个人与我们进行感知上的碰撞，但是隔绝了任何交互行为。部分原因是由于，与社会加工过程相比，一个人的知觉加工过程花费的时间要少得多。我们能瞥见一个人，但是需要用更多的时间才能进行社会参与。

米尔格拉姆在这里引用超载概念似乎有道理，但是却并不完全令人信服。他曾用刺激超载概念解释都市生活产生的各种特殊行为方式，但如果想解释熟悉的陌生人问题，还应该选择一些小城镇或其他非城市环境中的火车站，进行一些控制或对照情境实验。但他并没有这么做。这个实验也展示了意图和行为之间的鸿沟，就像服从实验和从众实验一样。在熟悉的陌生人实验中，约 50% 回答调查问卷的乘客曾对那些熟悉的陌生人感到好奇，但只有 30% 的人考虑过与对方交谈。

他发表了一份简短的研究报告。与此同时，他还与一位名叫哈里·弗洛姆（Harry From）的研究生合作，制作电影《城市和自我》（*The City and the Self*）。这是与《科学》上的演讲节选《城市生活体验》相呼应的视觉作品，对熟悉的陌生人现象进行了观察，整部电影能够给观者带来强烈的共鸣感。特别是当我们思考“9·11”恐怖袭击的时候，会发现这部电影中展示了很多真理和人性事实。

米尔格拉姆担任电影的解说。但解说词量很小而且十分简单，电影主要是让那一幕幕的场景来表达他的意图。当镜头转向熟悉的陌生人这部分时，他采用了韵律散文诗的形式配画外音，声音中带着隐隐的痛楚。

我们研究熟悉的陌生人，
我们在一个个站台上与他们交流。
他们对我们说：
一年又一年，熟悉的陌生人，
越来越难以彼此交谈。

障碍日深，
我们知道——
如果我们与他相遇，
在距离站台遥远的地方，
比如远在他乡，
我们会停驻、握手，并且
第一次发现，
我们原来彼此相识，
却不是在这里。
我们知道——
如果爆发巨大灾难，
水灾、火灾和风暴，
屏障就会破碎，
我们就会彼此交谈，
但问题是
生活在城市中的我们，
如何走近？
如果没有火灾，
如果没有水灾，
如果没有风暴。

暴力电视节目是否会引人犯罪

米尔格拉姆一直都在挑战学术传统，但他的研究基本上都具有一个重要特征。研究的目标，即因变量大都是可以观察的具体行为，无论是拾起一封“丢失的信件”还是在地铁里让座。正如他在一次采访中所说：“只有在具体行为中才能真正辨识出社会行为中的作用力。这就是为什么我是一个实验主义者的原因。”从这个角度来看，他的心理地图研究脱离了他的常规研究风格。因为这个研究侧重的是个人体验，而不是外在行为。

1969 年年初，米尔格拉姆终于等到了一个大张旗鼓重回行为研究舞台的机会。3 月 29 日，哥伦比亚广播公司（CBS）社会研究办公室主任约瑟夫·克拉伯（Joseph Klapper）组织了一次科学会议，会议的主题是讨论电视暴力对观众的影响。除了探讨相关的理论问题之外，会上还邀请参与者提交相关的研究建议。米尔格拉姆也受邀参加了这次会议。一个月之后的 4 月 23 日，他向哥伦比亚广播公司提交了一份研究建议书，很快就通过了社会心理学专家组的评估，获得了 26 万美元的研究经费。

电视暴力和攻击性之间的关系并不是米尔格拉姆的研究方向，而且他对两者之间是否有关联也持怀疑态度。但他没有在申请中如实表达自己的观点。他真正感兴趣的是进行一次大手笔的研究。的确，这笔巨款可以让他做很多事情。他首先雇了一位研究助手，来自密歇根州立大学的社会心理学家 R. 兰斯·肖特兰德（R. Lance Shotland），还配有若干帮手，协助他完成在 4 个城市中的研究，这 4 个城市分别是纽约、芝加哥、圣路易斯和底特律。此外，在数据分析方面，他还可以请教美国顶尖的研究方法论专家和统计方法专家。

米尔格拉姆为电视影响力问题带来了新思路。即使在今天看来，这个研究依旧是独一无二的。当时大多数研究电视反社会行为的实验都会选择电视节目作为刺激物。典型的做法就是，被试随机观看一些电视节目，有的内容很暴力，有的则没有暴力镜头。然后对一些攻击因变量进行比较。但这种方法存在一个问题：所选择的电视节目除了暴力差异之外，可能还存在其他的性质差异。

米尔格拉姆和肖特兰德采取了完全不同于传统的方法。他们与哥伦比亚广播公司合作，将黄金时段播放的热门电视剧《医疗中心》(*Medical Center*)进行修改，制成了一组特集，包括三个结局的版本和一个对照版本。

这个特集的名字叫作“倒计时”(*Countdown*)，由剧作家唐·布林科利（Don Brinkley）编剧，米尔格拉姆在剧情安排上也提供了一些建议。电视剧于1970年年初制作完成，米尔格拉姆特地坐镇米高梅电影制片厂监督制作工作，防止电视台加入一些不符合实验要求的情节。当然，他并不是总能如愿。

特集的情节是一名医院病房勤杂工的悲惨遭遇。男主人公名叫汤姆·戴斯蒙德（Tom Desmond），他最近倒霉透了，丢了工作，妻子生病，孩子尚在襁褓之中，他指望着养家糊口的船也被收回。这个故事的三个结局中，有两个是毁灭性的，这位绝望的勤杂工砸开医疗中心放置在各处的慈善捐助箱，偷走善款。他在一个结局中被警察抓住了，另一个结局中则逃过了警方的追捕。第三个结局则是符合社会道德的，他没有偷走钱，而是将钱放回了捐款箱。在两个反社会的版本中还有勤杂工在电话中辱骂医疗中心主任的情节。对照情境的剧情完全不同，没有任何暴力行为。

从1970年9月到1971年11月，米尔格拉姆和肖特兰德将这个电视剧应用在一系列现场实验中，有的实验将数百万在家中收看节目的观众当作潜在被试。在这些实验中，无论是观看节目还是模仿反社会行为，都发生在真实生活之中。

实验过程大体如下：对外宣称在曼哈顿中心地区举行一次新

片试映活动，被试是曼哈顿的有线电视用户和无线电视用户，这4部电视剧就是实验中的刺激物。所有参与活动的人都被告知，会得到通用电气公司的一部晶体管收音机作为奖励。观众在规定时间领取奖品，地点是位于42大街一栋建筑中的“礼品发放中心”。几天后，当被试来到发放中心时，会发现这里什么都没有。环顾四周，可以看到一面墙上有希望工程的慈善标志，旁边是一个透明的塑料盒子，装着一些纸币和硬币。隐蔽摄像头会记录下被试的每个动作。实验目的是检验被试是否会从慈善捐款箱中偷钱。更准确地说，与符合道德规范的对照电视剧相比，观众在观看了反社会结局的节目之后，是否更容易出现偷钱的行为。

这次研究包括8个实验，电视观众分成三类，分别观看反社会版本、亲社会版本和对照版本。米尔格拉姆发现，在现实生活中，观看反社会版本的观众并没有更多地模仿剧中的反社会行为。该项研究之所以独一无二，是因为米尔格拉姆控制了常规的黄金时间段电视节目安排，他可以将自变量，即三个不同的结局融入到电视节目中，与此同时，又能确保三个实验情境中的节目是一个恒定常量。

奇怪的是，在关于电视暴力和攻击性的文献中却很少看到这个研究的影子。原因主要有两个。首先，他和肖特兰德共同撰写了《电视和反社会行为的现场实验》(*Television and Antisocial Behavior: Field Experiments*)一书，对这项研究进行了详细阐述。但这篇论文并没有将此次实验与学习和模仿研究联系在一起，也没有提及媒体暴力影响的问题。米尔格拉姆的实验结果显示，电视上的反社会行为没有对观众产生太大的影响。但很多研究都提出了有力的证据，证明这种影响是真实存在的。

其次，米尔格拉姆系列实验的实验结论很含糊，让人一头雾水，难以把握这些实验到底想要表达什么观点。是人们不会受电视中破坏行为的影响，还是说反社会电视节目的确会对观众产生负面的影响，只是米尔格拉姆的实验方法有问题？亦或者，模仿反社会行为可能会延迟，会在晚些时候或者在其他地方显示出来？

因此，米尔格拉姆的现场实验被束之高阁并非毫无道理。但实验中一个重要的闪光点也因此被埋没了，那就是独特的实验设计。在所有电视暴力影响的研究中，米尔格拉姆对自变量的控制无人能及，而控制自变量是获得因果关系结论的一个重要因素。

《倒计时》的导演是大名鼎鼎的文森特·舒曼（Vincent Sherman），他在电视台工作之前曾与很多好莱坞大牌明星有过合作，包括贝蒂·戴维斯（Bette Davis）、琼·克劳馥（Joan Crawford）、埃罗尔·弗林（Errol Flynn）等。如今，这位 90 多岁的老人依旧记得米尔格拉姆在摄影棚时的事情以及他那“构思精彩”的实验。1983 年 3 月，米尔格拉姆在写给舒曼的信中还提起了当年在电视方面的研究，并将电视纳入了社会心理学研究的框架之中。

> 您为我的电视研究执导了《医疗中心》特集。这次电视研究算是我所有研究中规模最大的一个了。但是结论有点儿模棱两可，因此未能获得广泛认可。如果您的节目可以深刻地影响观众，让他们疯狂模仿其中的反社会行为就好了！但是……哎，社会心理学实验中有一些戏剧一样的因素，研究人员可以用他们的天才设计出独具创意的问题，但是结局总是要留给被试来完成。也就是说，我们可能会创造一个情境，将被试带到情境当中，但是我们无法确定他们会做出怎样的反应。我们能够控制的只有问题，而不是答案。从这一点来说，剧作家能够控制故事的结局，这真是一个优势。

性格古怪的天才

无论是在哈佛、耶鲁或是纽约城市大学，米尔格拉姆在同事和学生的心中都是一个复杂难懂的特殊人物，就像一个谜。但是作为社会与人格心理学专业的组长，他却有着鲜明的特点：傲慢自负，作风强势，控制欲强，事事都要按照他的方式进行，让人感觉难以相处。

心理学系的主任哈罗德·普洛尚斯基曾经建议，在研究生中心为奥托·克兰伯格（Otto Klineberg）特设一个兼任职位。克兰伯格是社会心理学界的“元老级人物”，是种族差异问题方面的专家。系里其他同事都认为克兰伯格的加入是一种荣誉，但是米尔格拉姆却非要弄个明白，克兰伯格到底能做什么。因此他顽固地坚持，在邀请克兰伯格加入社会与人格专业之前，必须安排一次与克兰伯格的午餐面谈，对他进行更加深入的了解，然后才能做进一步的决定。最终，克兰伯格确实是在共进午餐的时候通过了米尔格拉姆的“鉴定”才加入该项目组的。

但是乍一交往，米尔格拉姆给人的第一印象却是另外一个样子：态度亲切，个人魅力十足，对各种想法兼收并济。他很喜欢倾听，但对聊家常不感兴趣，如果发现对方说的都是些鸡毛蒜皮的闲话，他会很粗鲁地打断对方。性格活泼坦率的朱迪斯·沃特斯（Judith Waters）曾经担任米尔格拉姆的研究助手。她回忆道：“他毫不掩饰对其他人的不满，当然也包括我。他这种态度绝对不分人，无论对学生还是讲座上特邀的演讲嘉宾，他都不会嘴下留情。就像约翰·沙比尼所说：‘受他侮辱的机会人人平等。’”

事实上，他有时候对待家人的态度也是如此。约翰杰刑事司法学院（John Jay College of Criminal Justice）的罗伯特·潘乍瑞拉教授（Robert Panzarella）回忆，有一天他在办公室里与米尔格拉姆交谈。这时有人轻声敲门。

是萨莎，她把门打开一条缝，向屋里看了一眼。米尔格拉姆忽然变得很不高兴，这种情绪似乎与我有点儿关系。他突然转身对萨莎说："你没看到我在和鲍勃[①]说话吗？我和鲍勃说话的时候别打搅我们。"萨莎说："我只是想告诉你我要走了。"然后就关上门离开了。我为她感到难过，当然这可能只是偶然现象，也许当时我们正在谈论的事情让他神经高度紧张，或者别的什么。我不知道，但是这件事情真的让我感到很不舒服。

米尔格拉姆的弟弟约尔也记得，20世纪80年代的某一天，他和米尔格拉姆曾计划共同写一篇关于他们孩提时代的文章。

我对此很兴奋，于是在一个不太合适的时间给他打电话。很自然，他不愿和我说话，直接把电话挂了……我哥哥真的是一个不错的"挂电话专家"。（他）十分傲慢自负。我的意思是，如果你给他打电话的时候，他正在看电视新闻，他只会说一句："不说了，一会儿打过去。"然后就挂了。这可是公认的，全家人都知道。这让我和他之间在成年后产生了距离感。

作为一名教师，他对学生也有着诸多要求。总是在向学生发起挑战，刺激他们思考，希望他们更富创造力。哈诺德·塔库夏记得：

他看起来并无特别之处。但是只要听他说一分钟的话，你就会知道他这个人很不一般。他表达自我的方式特别激烈，但却言之有物。很多人在听了他的话之后，可能会说："对，那就是我想说的。"（他的）表达清晰，堪比威廉·巴克利（William Buckley）[②]。此外，他还有一个本事，能将那些并不成熟的想法说得人人都喜欢听。我

① 鲍勃是罗伯特的昵称。——译者注
② 美国著名作家和时事评论人，能言善辩。——译者注

> 不得不说，那是米尔格拉姆最显著的特色。
>
> 他在课堂上真是火花频频。火花可能会转瞬即逝，但是他的表达方式真的很吸引人，人们不介意那些火花是否会消失。他能察觉出他人的感受，但不见得总是让你感觉良好。有时候他会对别人做出辛辣的评价。他厌恶陈词滥调、人云亦云和老生常谈。如果他感觉某人说的事情没有什么根据，就会马上向你发起挑战。他在班级里是无可争议的权威，表达方式特别强硬。

他的确是班级里“无可争议的权威”，但他显然也意识到，有必要向大家说明他的这种“权威”只局限于某些情况，他并没有被权力欲控制。罗伯特·潘乍瑞拉记得，有一次自己和米尔格拉姆共同授课：“他一上来就说：‘我研究服从并非因为我是一个独裁者。’这话让我们几个人忍不住笑了起来……很显然，他意识到自己给他人留下了这种印象。”

但是从某个角度来说，米尔格拉姆还是有优点的，他在课堂上的表现可能显得很独裁，但是他的独裁并非完全不讲道理。潘乍瑞拉还记得第一次和米尔格拉姆见面的情景。那是9月里的一个艳阳天，秋季学期的第一天。当时潘乍瑞拉坐在班级的第一排。米尔格拉姆走进教室后，第一件事情就是指着他说：“把太阳镜摘了。”潘乍瑞拉透过眼镜看着米尔格拉姆，轻描淡写地说：“这是处方眼镜，我必须戴着。”米尔格拉姆停了一下，然后说：“好吧。”这件事情就过去了。

米尔格拉姆的专制作风令人不快，首席女高音般傲慢的做事方式人人皆知，但他的绝顶才能也是系里公认的，即使是不喜欢他的人也不得不承认这一点。虽然身高只有1米7，他的头脑中却蕴含着强大的力量，无论走到哪里都是不可小觑的人物。约翰·沙比尼指出，米尔格拉姆的智慧具有一个突出的特征。

> 他是一个天才。所谓的天才就是指这个人很疯狂。我的意思是

说，你永远都不知道，他的创意会将他引领到哪里，他自己也不知道。因此他会写音乐剧，会设计出那么多游戏般的实验，会拍电影……

他思考事物的方式完全是反传统的，他也坚持让学生们这么思考。我找工作期间，他大概每个月都给我打个电话，向我传授些职场经验。比如，他认为，在职业生涯中你的秘书最重要，最应该与之保持良好的关系。如果你对之报以一笑，他会说："不不不，我是认真的。你的秘书远比你的学生、同事或博士后重要。你的秘书将决定你是否能够事业有成……"如果你对他的话有异议，比方说，你说，也许你的同事更重要，那么米尔格拉姆就会认为你的思维方式太传统，没有触及事物的本质。我想，米尔格拉姆就是这样的，他毫不留情地抛弃了那些妨碍他看透真相的泡沫，那些虚假的谬误和常规理念。

至于他的同事，有的人讨厌他，也有人喜欢他。比如小群体研究方面的社会心理学家萨罗门·瑞提格（Salomon Rettig）说，他真的很喜欢和米尔格拉姆在一起，感觉很愉快。不过奇怪的是，尽管他的锐利有时会误伤别人，社会与人格心理学专业的同仁中基本上没有人嫉妒他，包括那些不太喜欢他的人。

这里有两个原因。首先，尽管他是系里最闪亮的明星，但其他教师也绝非等闲之辈，大都是各自领域中知名度很高的专家。比如系里最具影响力的大卫·格拉斯（David Glass），他个子很高，面部轮廓柔和，总是穿着整洁的套装，是行为医学的奠基人之一，研究方向是人体对心理压力的反应。还有女性心理学权威佛罗伦斯·登马克（Florence Denmark），她个子娇小，总是笑容满面。她是一位颇具政治野心的女性，1980 年被推选为美国心理协会的主席，那是她事业的巅峰。与米尔格拉姆关系最密切的欧文·凯茨，曾在偏见和羞耻感方面提出了新看法。艾琳·兰格（Ellen Langer）外形小巧，古灵精怪，对各种社会心理学理论烂熟于胸，就像一个权威专业知识宝库。她曾在“不用心”（mindlessness）方面进行过开拓性的研究。她提醒所有的社会心理学家，反射行为在我们的生活中扮演着重要的角色。目前，行为的无意识决定因素之所以成为研究热点，部分要归功于她。

米尔格拉姆不被嫉妒的第二个理由就是他的盛名已经超出了学术的范畴，难以超越。一个人可能会嫉妒每星期比他多挣 100 美元的人，但不会嫉妒比尔·盖茨。因此，他的很多同事都乐于躲在米尔格拉姆炫目的光彩之中。

作为天才的一个好处就是，无论你多么离奇古怪，大家都觉得很正常。米尔格拉姆应该算是所有学生都“惦记”的人。大家总是会想：“我真想知道他那么做是为什么？”有一次，约翰·沙比尼与米尔格拉姆约好 10 点半见面，他 10 点 29 分的时候来到办公室。米尔格拉姆马上让他离开房间，1 分钟之后再回来。沙比尼走出大楼后坐在楼前的长凳上。与此同时，米尔格拉姆坐在办公桌旁两脚跷在桌子上等着，透过敞开的办公室大门就能看到沙比尼。一分钟之后两个人才正式见面。而哈罗德·塔库夏记得，30 年前，米尔格拉姆在高级社会心理学的第一节课上，做出了一些让他至今无法理解的行为。

> 米尔格拉姆说他不满意教室的布置。那节课共两个小时，但几乎一半的时间内，他都在指挥我们把课桌椅摆成各种形状，看看哪种形状让他“感觉最好”：八角形、长方形、正方形。这就是我们 14 名学生在纽约城市大学研究生院的第一堂课，而教师，就是名声响当当的米尔格拉姆教授。这个奇怪的举动让我们私下里都感到很奇怪，都想知道怎么回事。他一遍一遍指挥着我们搬动各种室内物品，问我们喜欢哪一种布置，还欢迎大家提出新建议，然后又冒出了新点子、新命令……最后的结果是一个简单的正方形。之后，他对这件奇怪的事情绝口不提，没有对我们进行解释，对屋里的摆设

也没有再发表意见。

米尔格拉姆令人费解的性格基本上没有什么危害性，但他反复无常的古怪行为还是让很多学生感到困扰，造成了学生对他态度的两极化。有的人会因为他的善意之举而喜欢他，比如博士生罗娜·卡巴兹尼克（Ronna Kabatznick）。在准备博士论文的时候，她经常要独自一人在电脑实验室中待很久。有一天她对米尔格拉姆说，这种孤独感让她经常想哭。米尔格拉姆让她把电脑搬到自己的办公室，这样他就可以给她做个伴儿。罗娜真的在米尔格拉姆的办公室里完成了自己的论文，她每天都坐在电脑旁边忙论文，米尔格拉姆则忙着自己的事情，打电话或者备课。

但另一方面，也有学生对他恨得牙痒痒。约尔记得，有一次到米尔格拉姆的办公室找他，看见一个学生满眼泪水地冲出办公室大门。还有一次，米尔格拉姆找一名学生谈话。谈话结束后，他发现办公室那个漂亮的黑沙发上出现了一个小洞，原来是刚才坐在这里的学生偷偷用笔戳出来的。

即便是和米尔格拉姆关系很好的学生，也都对他在课堂上的情绪无常感到不适应。他的情绪常常突如其来，没有预兆，就像一阵狂风。学生们上他的课就像在坐情绪过山车，此刻尽享深邃思想带来的喜悦，彼刻又唯恐被他找碴儿呵斥。

为什么他的行为中会出现这种间歇性波动呢？而他的学生们，无论是喜欢他还是憎恨他，都与他保持了长久的联系，又怎么来解释这一点呢？

答案可能藏在这样一个事实中：在米尔格拉姆的内心深处，他的职业和他这个人早已经成为一体。社会心理学不仅是他的职业，更是他的生命。社会心理学中有一条重要理论：**环境是决定行为的最重要因素**。我们的行为特别容易受即时社会环境中的细微特征影响，这种影响远远超过我们的想象。不同的情境会激发出我们人格中的不同方面。米尔格拉姆的很多同事和学生都说，他对周边环境的细枝末节特别敏感，之所以时不时冒出一些古怪行为，可能就是受到了他人行为细节的刺激，而我们大多数人往往都不会对这些细节如此敏感。

虽然对他的性格颇有微词，但当学生们开始为博士论文寻找导师时，米尔格拉姆是所有教师中最抢手的一个，也是指导博士毕业论文数量最多的教授，共有 14 人由他指导。

通常有两种指导学生写博士论文的方法，至少这是心理学专业中的常规做法。有些导师会让学生参与进自己的研究项目，将其拓展成一个可以在论文中讨论的课题。另一种方法，如果学生自己感兴趣的课题并不是导师的主要研究方向，导师会鼓励学生保持自己的独立性。高尔顿·奥尔波特就是第二种导师的代表。他在哈佛的社会关系学系中指导了很多博士论文，论文的课题各有不同，涉及了很多领域。事实上，奥尔波特并不希望博士生选择他的研究项目，更愿意学生们开辟自己的兴趣点。

米尔格拉姆效法了奥尔波特开放式的导师风格。他的学生研究的课题可谓百花齐放，很多课题都在他的研究领域之外。事实上，只有两名学生的博士论文主题与服从实验有关。有一名学生叫作阿瑟·布朗克（Arthur Blank），他在论文中对实验中的对话进行了微量分析。布朗克在回忆当年时说：

> 我的方向是社会语言学，这只能算是米尔格拉姆研究的边缘地带。但他在这个问题上的态度给我留下了深刻的影响。他始终对这个世界保持着好奇心，特别愿意支持他人的探索。他会引导你走进一个全新的世界。对我而言，他对新课题和新理念的开放态度是无价之宝。他总是欣然接受新观点，然后对其进行改善，或者为其带来一个全新的视角。

从米尔格拉姆开始指导博士论文的那一刻起，学生们才逐渐体会到他的关爱和支持。除了鼓励学生在学术上的创新，他还尽力帮他们寻找最好的工作。纵使是毕业多年的学生，他也愿意随时为他们写推荐信。当年，福尔雷迪可森大学的朱迪斯·沃特斯有了一个升至助理教授的机会。米尔格拉姆提了个建议：为了增加升职机会，她应该邀请一位知名专家做一次公开讲座。他毛遂自荐做演讲，而且完全免费。要知道，那时候他每次演讲的报酬高达数千美元。正如佛罗伦斯·登马克所说："他支持每一位信得过的人，每一位没有让他失望的人。"

但是，最让学生和同事们记忆犹新的还是他那永不枯竭的智慧和游戏般的学术风格。在不同的环境中，他的这种性格会有着不同的表达方式。比如，他的工作态度特别严肃，但他只执着于那些强烈吸引他的事情，对其他事情没有半点兴趣。孩子般的好奇心激发他进行各种全新尝试。这个男人既向我们呈现了严肃深刻的服从实验，也会问一些轻松搞笑的问题，比如：纽约人如何解释那些从地下冒出来的滚滚神秘蒸汽[①]？

他的一名博士生爱丽丝·格尔斯坦（Elyse Goldstein）回忆，米尔格拉姆是一个非常喜欢开玩笑的人，"他的幽默风趣无人能及"。他曾在纽约城市大学做过一件滑稽的事情，一整天都以唱歌的方式和别人交流。别人和他说话也要用唱的方式，否则他就不予回应。有一名学生记得，有一次米尔格拉姆在讲授关于服从的问题时，曾把一个小发电机连接在他的手指上，对自己进行电击。朱迪斯·沃特斯曾经是米尔格拉姆的研究助理，她记得在那些令人精神高度紧张的课程间歇，米尔格拉姆会领着学生玩一些他发明的文字游戏。其中一个游戏就是把一个简单的词变成复杂的心理学句子。比如，"我猜"可以变成"基于以上列举出来的假设，假定在某些限定情景下可能获得以下结果"。米尔格拉姆曾经给保罗·霍兰德写过一封信，当时保罗的妻子将要临产，这是他们的第一个孩子。米尔格拉姆在信中问保罗："在第一个孩子出生的时候，是想做室内观测还是室外观测？"

① 纽约地下有着复杂的高压蒸汽管道，可能是这些蒸汽的由来。——译者注

08

THE MAN WHO SHOCKED THE WORLD

让社会心理学走入大众视野

米尔格拉姆根据《城市生活体验》一书拍摄了影片《城市和自我》，他的制片经验让他看到科学方法有一些限制。20 世纪 70 年代中期之前，制作影片已经开始进驻米尔格拉姆兴趣和活动的舞台中心。

为了制作《医疗中心》特集，米尔格拉姆在好莱坞待了一段时间，好莱坞制作团队的效率和管理水平给他留下了深刻的影响。这不由得让他产生了亲自制作电影的念头，而他的运气真是好得出奇。从西海岸回到大学几个月之后，哈里·弗洛姆走进了他的办公室。身材矮胖的弗洛姆是一名纪录片导演，说话隐约带着点东欧口音。他毕业于罗马尼亚电影大学（Film University in Romania），后来移民到以色列，在以色列电影联合会（Israel Film Union）的资助下来到美国。在美国拍摄了数部纪录片之后，他开始对心理学产生了兴趣。为此他来到研究中心咨询这里的心理学博士事宜，并被介绍给了斯坦利·米尔格拉姆。

两个人第一次见面是在米尔格拉姆的办公室，彼此相谈甚欢，聊了好几个小时。米尔格拉姆对弗洛姆电影制作的背景十分感兴趣。此外，弗洛姆的家庭在第二次世界大战期间曾遭到纳粹的迫害，这也让两个人有了很多共同语言。1970 年的秋天，弗洛姆开始在研究中心读社会心理学博士。在拜读了米尔格拉姆的《城市生活体验》之后，他建议米尔格拉姆根据这本书拍一部电影。

两个人合作的成果就是纪录片《城市和自我》。该片于 1972 年完成，少得可怜的拍片预算是米尔格拉姆东拼西凑弄来的。之所以能用如此低的预算拍出一部电影，主要是因为电影的编辑工作由弗洛姆的妻子纳查亲自操刀，节省了很大一部分的开支。她在一家知名的电影制作公司担任助理编辑，主要工作是制作广告片。公司老板允许她在夜晚免费使用公司的尖端编辑设备做“私活儿”。

这部电影基本上就是米尔格拉姆《城市生活体验》一书的影像版本，其中既有自然发生的场景，也有设计好的实验场景。影片展示了都市人经历刺激超载的各种表现：在纽约繁忙的人行道上，一大摞纸从一个男人手中滑落，他手忙脚乱地捡拾四处散落的纸张，却没人帮助他。在 14 大街的折扣店门前，一名扒手匆忙将室外柜台上摆着的鞋塞进购物袋。很多行人看到了，却没有人试图阻止这种偷窃行为。一名年轻人在城市里的公寓楼中挨家敲门，请求使用电话和附近的朋友联系，因为他忘记了朋友的地址。居民们大多置之不理，最多也只是通过门上那个小小的观视窗与他交谈，不肯让年轻人进门。

电影中也呈现了城市中愉快的一面，体现了米尔格拉姆对纽约矛盾的情感。街头艺术家在钢鼓上敲击巴赫的协奏曲；两栋办公楼之间的狭窄空地上有一个小花园，中间有一个可爱的人工小瀑布。

《城市和自我》除了具有科学意义和教育意义之外，还获得了艺术界的肯定，在纽约国际电影电视节上获银奖，并被选中在现代艺术博物馆和唐乃尔图书馆（Donnell Library）中展出。电影在商业上也获得了成功，很多大学购买这部电影用于教学。

将目光转向欧洲

1971 年 9 月，米尔格拉姆向古根海姆基金会（Guggenheim Fellowship）提出申请，进行欧洲城市心理地图的研究。当时他有两个备选城市：伦敦和巴黎，但没有确定该选择哪一个。他和萨莎一方面觉得伦敦生活比较便利，但又觉得巴黎可以让孩子们有机会学法语。申请于1972年3月获得批准，他们决定去巴黎。这应该算是大家意料之中的决定，毕竟他对巴黎始终情有独钟。

米尔格拉姆希望深入研究城市认知地图问题，这种愿望是发自内心的，因为这个研究可以同时满足他在跨文化比较研究和城市心理地图两方面的兴趣。在进行了周密计划后，他决定在第二年开始他的欧洲之旅，也就是1973—1974年。因为在纽约城市大学任职的时间将满7年，按照规定，他可以享受一年的年假。通常，如果教师休一学期的年假，大学支付全额薪水，休一年则是半年薪水。米尔格拉姆当时的年薪是32 000美元，而古德海姆基金提供的研究经费是15 000美元。如果将研究推迟到第二年，薪水加上研究费，可以避免资金紧张。但是，他去欧洲还有着其他一些学术之外的理由。

首先，他感觉有必要停下来喘口气。自1960年在耶鲁开始教师生涯到1971—1972学年，他已经马不停蹄地讲了12年的课。当年在耶鲁和哈佛工作的时间都不长，因此他从未享受过年假的待遇。此外，1971—1972学年格外忙碌，令他身心疲惫。除了正常的授课和委员会工作之外，每天还有大量的琐碎工作：与学生们进行地铁研究，完成电视研究，准备撰写提交给哥伦比亚广播公司的报告，还要组织城市行为的跨学科会议。此外，从1972年1月起，他开始与哈里·弗洛姆共同制作《城市和自我》。

其次，他从1963年起有了将服从研究写成一本书的念头，为此会经常写下一些关于这本书的点子，但一直拖到1969年下半年才真正动笔。与此同时，繁忙的工作占去了他绝大多数的工作时间，书籍出版几乎是一件不可能完成的任务。因此，他希望能暂时从工作中抽离出来专心著书。

还在哈佛的时候，哈珀罗出版社的编辑弗吉尼娅·希鲁（Virginia Hilu）就曾与他接洽，希望能出版一本关于服从研究的书。但当时米尔格拉姆手头有一个沉重的写作任务，直到 1969 年，他才把精力放在自己的书上。1969 年 9 月，他与哈珀罗公司签了出版协议，在把协议寄回出版社的同时，他还附上了第 2 章的草稿。双方协商后同意，书的前言部分就使用他在名不见经传的英国期刊《偏见形式》（*Patterns of Prejudice*）上发表的一篇文章。弗吉尼娅在 11 月 5 日写了一封鼓舞人心的回信："看完第 2 章，我迫不及待地想看第 3 章，您出色的语言能力让这一章更加生动、更加震撼了。"

协议规定的截稿日期是 1970 年 9 月。签约后几个月过去了，米尔格拉姆一直没有动静。7 月 21 日，希鲁写信询问书的进展情况。出版社的每个人都乐观地相信，米尔格拉姆的沉默代表着他正在伏案埋头工作，收到书稿指日可待。1970 年 8 月 13 日，米尔格拉姆终于把一个章节的草稿寄给了出版社，并承诺很快寄去另一章。希鲁对这个速度很不满意，她在信中希望米尔格拉姆能有个明确答复："您的书稿呢？出版社正在安排 1971 年的出版计划，我一直希望您的书能够成为春季出版目录中的大作品。"为了赶上 1971 年的出版计划，她需要在 1971 年 1 月 1 日前拿到全部稿件。

但希鲁几个月来的催促并没有奏效。米尔格拉姆在 1971 年 4 月初才将整部书的草稿寄给出版社，并表示还需要进行大量的修改。希鲁在接下来的几个月中对草稿给出了一些反馈。1971 年 9 月 17 日，他将修改过的前 8 章寄给希鲁，"期待希鲁能对书稿进行锦上添花的润色"。面对着剩下的章节，他一定已经意识到，这本书还需要大量的工作，他有必要从日常的学术工作中脱身，全力写书，确保在合理的时间内完成任务。为此，他决定向古根海姆基金会递交研究经费申请。由于申请截止日期是 10 月 1 日，他在 9 月 30 日亲自将申请书送到基金会位于公园大街的办公室。事实上，他在巴黎做的第一件事情并不是申请中提到的巴黎心理地图，而是写书。

最后，正如他对萨莎和密友们所说，他需要离开一段时间，因为他现在正在经历中年危机。他在写给保罗·霍兰德的信中说："我快 40 岁了，巅峰时刻已经过去，你能不能告诉我到底该怎么做，才能最好地利用未来所剩无几的岁月？”他从未和萨莎提及中年危机的具体原因。萨莎认为，他在回顾过往岁月时，一定是感到了某种失落。尽管获得了令人羡慕的成就，但生活却并非真正如他所愿。一直以来，无论遇到多大的艰难险阻他都能成功克服。但当年未能在哈佛获得终身教授的职位，未能在一所著名学府任职，始终是他心中挥之不去的阴影。自从来到纽约城市大学的研究生中心，也没有哪家著名大学向他伸来橄榄枝，这个理想在未来实现的机会也特别渺茫。

此外，政治因素越来越多地影响着他的学术生活，平添了几许烦恼。他在政治上是一个自由主义者，强烈反对越南战争，支持核裁军。但在平权运动的问题上，他的观点就显得比较保守了。1971 年 10 月 26 日写给利昂·曼恩的信中，他说：“研究中心的情况有些进展和变化。但有个大问题：在校园里到底是学术标准重要，还是政治压力重要？政府要求在招收学生的时候考虑种族问题，我们在评估黑人学生时已经对招收标准进行了修改。但是如果这种行为走得太远，可能会对我们这个专业的品质产生严重影响，如果出现这种现象，我就离开这儿。”现在正是他可以换换心情喘口气的时候了。

米尔格拉姆的法国之行始于 1972 年夏天。萨莎和孩子们先在 7 月 12 日飞往巴黎，在雷姆撒大街（Rue de Rémusat）租了一间舒适的两室小公寓。两个卧室都位于公寓的北侧，正对着一个室内庭园，会客厅在南侧，下面就是马路。马路两旁各种着三排树，郁郁葱葱的景观让人感觉好像住在树屋里。

米尔格拉姆不能同行，因为在离开纽约之前还有很多工作要做。萨莎离开的第二天早晨，他就写信给家人：“没有你们在身边感觉特别孤独，真想念你们。”两天之后，他又写了一封信：“这公寓只是个空荡荡的大房子而已，里面回响着的只有孤独。我多盼望离开，飞到巴黎和你们在一起……一家人其乐融融的感觉和这种孤独感对比太强烈了。”一个星期之后的 7 月 19 日，他也飞往了巴黎。

8 月的巴黎炎热难耐，很多人都选择出城度假，整个城市显得空荡荡的。米尔格拉姆也不喜欢这个季节的巴黎，带着一家人加入了“出巴黎”的队伍。他们一家子在法属摩洛哥的家庭式地中海度假村中享受了两星期的悠闲时光。新学期开始之后，萨莎把孩子们送到潘兴宫学校上学。这所美式学校距离他们的公寓只有几个街区远。米歇尔读三年级，马克读一年级。孩子们每天都有法语课，但学校内的日常交流都用英语。学校的制服是绿色的夹克，胸前绣着学校的标志。米尔格拉姆在信中对霍兰德说：“这一切非常‘不犹太’，但是我喜欢。”

夏去秋来，巴黎进入了最迷人的时节。按理说，逃开了42大街的繁忙，身处美丽的巴黎，米尔格拉姆应该可以摆脱一切烦恼了，但事实并非如此。1972年10月23日，他写信给霍兰德说他莫名其妙地感觉“十分低落”，也许是因为他正在对自己的生活进行“存在主义的审视”，或者只是因为患上了轻微流感。当时，霍兰德即将出版一本关于美苏关系的书，他在信中对此表示了祝贺，又开玩笑说：“由于你的书里没有充分体现政府的‘缓和’精神，很自然，你将会被驱逐出境。”他在信中还希望未来的一年里能看到自己的书也付诸出版，希望能尽快告诉霍兰德这个好消息。几个月后，他终于开始动笔了。

1973年1月13日，他飞往纽约处理一些事务。其中最重要的就是与哈珀罗出版社商量书的问题。弗吉尼娅·希鲁告诉他，如果他能在2月1日之前截稿，就可以赶在9月出版。尽管书稿一拖再拖，但是希鲁一直很有耐心地等待着。米尔格拉姆也非常希望能实现她的这个计划。

当时，整本书的书稿已经完成，他来纽约就是为了把书稿交给出版社，一起进行最终定稿工作，完成脚注，列出参考书目，加入各种图表和照片等。他提供了一些上乘的素描作为书中的插图，那是他的学生朱迪斯·沃特斯的作品。在定稿的过程中，他们发现书的结尾比较薄弱，需要重写。此外，希鲁还让米尔格拉姆写一篇序言。他用了几天的时间完成了这些任务。1月24日，这本书终于可以出版了。他写信给萨莎说：“希鲁是一个波利·安娜[1]式的好人，对这本书有着特别强烈的信心。”

他同时还有另一个写作任务，为学术出版社写一本书，主题是他所做的电视研究。这本书与 R. 兰斯·肖特兰德合著，名为《电视和反社会行为的现场实验》，于 1973 年夏天出版。他这次回纽约也是要与学术出版社协商这本书的润色工作，编辑要求他重新写序言并且提供一些照片。

他回纽约的第三个任务是与哈里·弗洛姆一起与时代生活电影公司（Time-Life）签订代理协议，授权该公司为电影《城市和自我》的代理商。米尔格拉姆制作电影的热情高涨。《城市和自我》面世几年后，哈珀罗出版社与米尔格拉姆和哈里·弗洛姆签订了一份电影制作合同，制作 4 部不同社会心理学主题的教学电影。两个人甚至还雇了一名经纪人，试图将《城市和自我》卖给电视公司，只是没能如愿。

尽管日程繁忙，他依旧坚持每天写一封家书，字里行间尽显他的暖暖爱意。尽管夫妻二人只是短暂分离，对彼此的思念却依旧强烈。1 月 24 日，他写信给家人表达着他的爱：“我多么喜欢萨莎陪在身边！且不说她的吻或其他的事情。我的生活忙忙碌碌，事情进展得也很顺利，但是我在这里的生活圈子却十分狭小……我的爱，拥抱你们，亲吻你们。爱你们的米尔格拉姆。”同一天，萨莎写信给米尔格拉姆：“如果你能在 2 月 2 日如期完成工作，那就意味着再过一个多星期就可以见到你了……渴望着早日再见，孩子们思念你……爱你，吻你，萨莎。”

纽约之行的主要目的是处理一些公事，因此米尔格拉姆只身前往。这算是一个特例，因为他们在法国的这一年中，每次出国基本上都是拖家带口。1972 年去伦敦过感恩节，接下来的春天去意大利，最远的目的地就是以色列。位于耶路撒冷的希伯来大学沟通学院（Communications Institute of the Hebrew University）是研究大众沟通的著名学府。1972 年 12 月中旬，

① 美国著名儿童读物《波利·安娜》中的小主人公，性格乐天积极，带给身边人幸福快乐。——译者注

该院的艾利休·卡茨（Elihu Katz）邀请米尔格拉姆就刚刚结束的电视研究来校演讲。

米尔格拉姆接受了邀请，但希望能将其他的个人研究成果也纳入演讲内容。在这两星期中，米尔格拉姆向沟通学院以及希伯来大学心理系的同人们进行了6次演讲。除了电视研究之外，他还简要介绍了服从研究和社会心理学中的实验方法。演讲间歇，米尔格拉姆一家人在以色列各地观光，包括海法、尼坦雅、特拉维夫、耶利哥和死海等，还造访了位于沙费德的艺术家聚居地，攀登马萨大山。这是一次愉快尽兴的旅行。离开以色列前，希伯来大学院长向米尔格拉姆提供了学校中一个终身教授的职位，邀请他加入该校。他对此非常高兴，但在进行了慎重的思考后还是婉言谢绝了。

服从实验的出版事宜尘埃落定，米尔格拉姆终于实现了长久以来的最大心愿。他于1月回到了法国，在拖延了5个多月之后终于可以正式开始巴黎认知地图的研究了。1973年3月13日，他写信给保罗·霍兰德说，他把之前的时间都放在两部书上了，心理地图的研究刚刚开始。但事实证明他对心理地图研究的发展有些过于乐观了。研究经费开始捉襟见肘，到了4月，第一步的访谈工作还没有开始。

他为此深感焦虑。这项研究必须完成，否则他将无颜面对古根海姆基金会。但是巴黎的生活成本很高，基金会提供的1.5万美元只够勉强支付他们的日常生活开销。雪上加霜的是，美元又开始贬值。古根海姆基金会为此做了一些补偿，追加了一些后续资金，但也只是杯水车薪。他和萨莎不得不节衣缩食应对未来几个月的生活。

山穷水尽之时，巴黎高等实验学院（Ecole Pratique des Hautes Etudes）社会心理学实验室主任赛奇·莫斯科维奇（Serge Moscovici）帮他解决了这个难题。莫斯科维奇也是一名社会心理学家，是米尔格拉姆的好朋友，他主持的社会心理学实验室是政府资助的一个研究中心。他出生于罗马尼亚，1941年1月，罗马尼亚首都布加勒斯特的纳粹集团铁十字组织残忍地杀害了数百名犹太人。莫斯科维奇侥幸活了下来，但被关进一个劳改集中营中出苦力，一直熬到 1944 年 8 月苏联解放罗马尼亚才逃离苦海。1948 年，他想方设法来到法国，并在巴黎大学获得了心理学博士学位。

米尔格拉姆和莫斯科维奇的初次见面是在 1963 年的耶鲁。莫斯科维奇当时以访问学者的身份来到普林斯顿高等研究院工作，任期接近尾声时与米尔格拉姆相识。在交谈过程中，两个人都非常欣赏彼此学术上的观点，这是他们毕生友谊的基础，此外，他们也都是喜欢打破习俗的人。

莫斯科维奇的研究方向也是从众，但对当时盛行的实验方法进行了挑战。他认为，大多数从众研究只关注群体如何影响个人，这具有很大的局限性。莫斯科维奇的研究显示，在某些特定情形下，这种影响也会逆转过来，个人也可以影响群体，让群体接受他的观点。莫斯科维奇相信，群体力量的来源只是因为“数量”大。他的论证显示，**少数派可以通过他们的行为风格说服多数人，这种人通常都具有强大的内心力量，会锲而不舍地坚持自己的立场，绝不动摇。**

亨利·方达曾主演过一部引人入胜的电影《12 怒汉》(*Twelve Angry Men*)，就生动展示了个体影响群体的过程。方达在影片中扮演陪审团的一名成员，他们将决定一个少年的命运，这位少年被指控用刀杀死了自己的父亲。最初的投票显示，所有的陪审员都打算定他“有罪”，但这是一个十分草率的决定，因为陪审团之前根本没有对这个案子进行过认真讨论，只有亨利·方达对此提出了异议。他顽强地坚持着自己的观点，有理有据地与每一位陪审员辩论，改变了所有陪审员的态度。最终，陪审团一致裁定少年“无罪”。

20 世纪 80 年代末期，社会心理学更像是一门“北美学科”。大约有 90% 的业内人士集中在美国和加拿大。莫斯科维奇是最早一批加入北美主流社会心理学界的欧洲专家。在很多美国的社会心理学教材中，都能看到他在少数人影响力方面的观点。

米尔格拉姆和莫斯科维奇的通信往来并不频繁，但是对彼此都有着一种惺惺相惜的感情，经常会不遗余力地主动给予对方帮助。

莫斯科维奇认为米尔格拉姆在服从方面的研究特别重要，是一个具有长远价值的重要成果。实验选择的时机尤其让他佩服。在他看来，服从实验不仅与他经历的纳粹恐惧有关，还可以引申到另一场战争。1954 年，法属阿尔及利亚爆发了独立战争，这场漫长而血腥的战争一直打到 1962 年戴高乐承认阿尔及利亚独立为止。他在信中对米尔格拉姆说："纳粹发明的那些方法已经在整个欧洲蔓延开来，这是十分危险的现象。"

米尔格拉姆在回信中曾说，他可能会在几年的时间内去法国复制服从实验。他还回忆起两个人当年在纽黑文那些愉快的交谈，这些交谈涉及领域广泛。这不由让他忽然冒出了一个灵感，也许他们可以合作出一本社会心理学的评论，同时在英国和法国出版。"可以给瑞典皇家科学院送去一本瑞典语版本的译文，没准还能获诺贝尔奖。"

两人相识后不久，莫斯科维奇就开始寻找法国的专业期刊杂志社，希望能发表米尔格拉姆的服从论文，甚至还将米尔格拉姆的英语原文翻译成了法语。后来，米尔格拉姆将他和学生们一起做的服从预备实验报告翻译成法语寄给了他。莫斯科维奇将其投稿至月刊《现代杂志》（*Les Temps Modernes*）。

米尔格拉姆对这个刊物全无概念。事实上，这是法国最具影响力、发行量最高的刊物之一，刊物创始人和主编是大名鼎鼎的让·保罗·萨特（Jean Paul Sartre）和西蒙·波伏娃（Simone de Beauvoir），他们对刊登的文章精挑细选，绝大多数稿件都出自最德高望重的名家之笔。如果米尔格拉姆能出现在这本期刊中，必会在法国的学术界树立自己的威望。但是杂志社拒绝了这篇文章，理由是实验方法和结果都太过骇人。1973 年，通过莫斯科维奇，米尔格拉姆与卡曼 - 莱维出版社（Calmann-Levy）接洽，最终出版了服从研究的法国版本。

同样，米尔格拉姆也为莫斯科维奇的事业提供了大量帮助。1973 年，他以莫斯科维奇的名义，将他的一篇关于社会影响力的论文提交美国科学促进会，参加该会的年度社会心理学奖的评选，但是这个努力最终完全失败了，部分原因是，米尔格拉姆为了满足字数方面的规定，将文章的长度缩短了一半，影响了文章的效果。1976 年和 1982 年，为了在美国出版莫斯科维奇的两本书，米尔格拉姆不断与美国出版商联系，进行了大量的工作。

画出巴黎人的心理地图

1972 年 7 月，就在米尔格拉姆飞往巴黎前的一个星期，他写信给莫斯科维奇，讲述了他未来一年研究巴黎心理地图的计划，并询问莫斯科维奇的研究机构能否为他提供一个研究场地。莫斯科维奇自然毫不犹豫地答应了好朋友的这个请求，但是，他对米尔格拉姆最大的帮助还是在 1973 年的春天，当米尔格拉姆陷入经济困境的时候。

为了帮助米尔格拉姆渡过难关，顺利完成心理地图的研究，莫斯科维奇写信给法国政府科技研究部门的主任，申请一笔 35 000 法郎的紧急资助，帮助米尔格拉姆完成“城市空间的心理呈现”研究，按 1973 年兑换率约合 8 000 美元。这笔钱主要用于访谈 300 名巴黎被试，然后进行数据的收集和分析。莫斯科维奇在申请中特别提到，社会心理学实验室的项目主任丹尼斯·霍德莱特（Denise Jodelet）将协助完成该项目。这是一封十分具有说服力的申请信，莫斯科维奇在申请中褒奖了这个研究的科学性和原创性，他还强调，该研究可以刺激一个新学科，即环境心理学的发展，具有重大价值。莫斯科维奇助友心切，甚至做出了一些不切实际的承诺，例如，承诺可在夏末提交研究报告。

这封信终于帮助米尔格拉姆获得了一笔额外的经费，研究得以为续。

他用这笔钱雇了一家调查研究公司，对居民进行访谈。由于他在法国所剩的时间不多，来自外界的协助是加快研究速度所必需的。

巴黎心理地图研究

巴黎心理地图的研究建立在纽约心理地图研究的基础之上。但是细节更加丰富。两者都采用了“场景取样”方法，向几组法国被试展示法国 40 个城市中的若干照片，要求他们对这些场景进行定位。但是，米尔格拉姆还加入了一些新方法，可以更好地掌握巴黎人心目中的巴黎形象，并将其表现出来。

这个实验表面的目的其实就是巴黎本地人和外地人是否熟悉城市中一些鲜为人知的地方。比如，多少非巴黎人知道圣马丁门（Porte St. Martin）或者阿勒吉亚教堂（Eglise d□Alesia）？结果显示，有 67% 和 54% 的人分别认出了这两个场景。但这个实验的真正意义除了探求人们对巴黎的熟悉程度以外，最重要的还是实验方法的独创性。其中最具创新之举，就是在巴黎的 20 个行政区中根据各区的人口比例选择 218 名被试。实验人员要求他们每人凭感觉画一张巴黎的地图。这些画并非是一张简单的旅游图，而是反映了这个城市在每个人心中独特的形象。

接下来，研究人员会对这些地图一张一张地进行定性分析。米尔格拉姆认为，“各部分在图画中出现的先后顺序，包括被试所强调的部分及其变形的方式，可以显示出画图者的生活方式以及情感关注点”。米尔格拉姆分析了一位来自第 11 区的屠夫所画的地图（见图 8-1）。

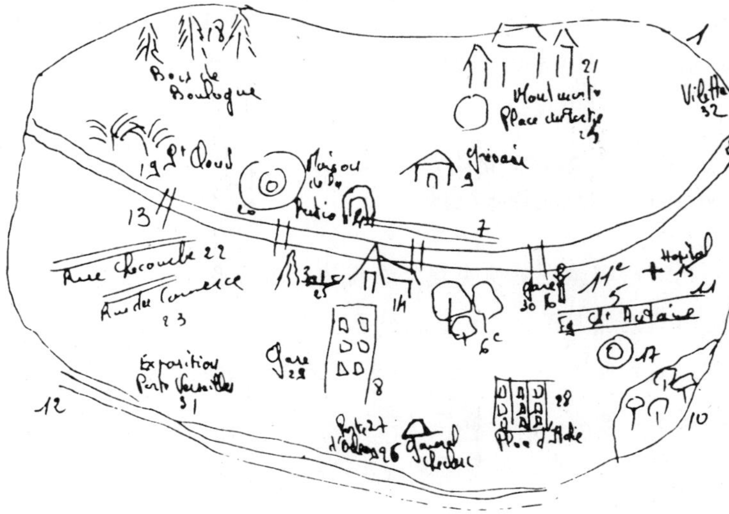

图 8-1　一位巴黎市民的心理地图

乍看上去，这个地图令人感到迷惑。但是仔细研究，我们就能感受到他生活中的各个组成部分。他将自己生活的那个区也画进了地图，这是很多被试没有做到的一点。他也没有忘记拉维莱特（La Villette），那里是巴黎主要的牲畜饲养场和屠宰场。我们可以想象他去凡尔赛展览中心（Porte de Versailles）的大博览会，看那里展示的各种肉类切割设备、摩托车，也许还有汽车。法国大革命中的重要地点圣安东尼区（Faubourg St. Antoine）被他安置在塞纳河的左岸，从政治的角度来说，它的确属于那里。

这张图最让我们感到困惑的一点，就是他将塞纳河曲折的方向倒转了过来。河岸附近的地点也跟现实完全不一样，比如星形广场（Etoile）、广播电台大楼（Maison de la Radio）和圣克劳德（Porte de St. Cloud）等。但是如果我们不考虑这些地点在现实中的地理位置，就会发现它们的排列方式其实是一个意味深长的拓扑序列。

但米尔格拉姆也意识到，真正的巴黎心理地图应该呈现大多数人心中的巴黎图像，而不只是反映少数人的感受。为了勾画出一个更具普遍性的巴黎心理地图，米尔格拉姆从地图定性分析转为定量分析。

他将所有被试画的地图综合在一起，制作了一个整体的城市认知地图。米尔格拉姆认为，地图中各个部分出现的先后顺序也很重要。这显示了在画地图的时候，哪些地方最先出现在被试的脑海里，这些地方也就是城市最重要的特征。因此，在被试画图的时候，米尔格拉姆要求他们标出图上每个部分绘制的先后顺序。例如那位屠夫的地图，上面显示出他第一笔画出来的是这个城市的边界，接下来是塞纳河。通过统计某一地理位置在地图中出现的顺序，以及哪些部分出现的次数最频繁，米尔格拉姆就能精确计量出，巴黎人心中的心理地图具有哪些特征。

巴黎人第一笔画出塞纳河的比例最高，接下来是巴黎圣母院和西岱岛。米尔格拉姆认为这种顺序是很合乎情理的，因为这些部分是“巴黎”这个概念的核心。西岱岛是巴黎的诞生地，巴黎圣母院早在800多年前就已经矗立在那里了。在这些地图中，各部分出现的先后顺序再现了历史。此外，有一些地点普遍代表了巴黎人心中的“巴黎”，以下结果就能证明这一点：所有被试画出的地点加起来一共是4 123个，尽管这个数字看上去很庞大，但有一半都集中在巴黎的6个地点上。

最后，米尔格拉姆问了这些巴黎居民一些问题，进一步探索巴黎人对这座城市真正的知觉。一个问题是：假如你将在巴黎和一位从未谋面的陌生人见面，你们只知道具体的见面时间，不知道见面的地点，那么，你认为在巴黎的哪个地方最有可能遇到他？

有些人没有回答这个问题，或者是认为它很愚蠢，不合逻辑，或者是不知道该怎么回答。有188名被试回答了这个问题，他们的回答中有50%都集中在6个地方，埃菲尔铁塔高居榜首。米尔格拉姆认为，这个发现显示出，人们对这个城市的某些认知可能是他们自己都没有意识到的，这种无声的认知可能是很多人的共性。

总而言之，米尔格拉姆在纽约和巴黎进行地图实验的主要目的就是将“居民心中的城市”这个问题具体化。但是，他在这两个城市中使用了不同的方法来回答这个问题。他在纽约设计了一个客观的“场景取样”方法。而在巴黎，为了将巴黎在人们心中的心理形象视觉化，他通过画地图的方法来表达个人对城市的看法。与场景采样方法相比，手绘地图有一个重要的优势，那就是可以将城市中各个地点在个人心中的位置和实际地理位置进行比较。米尔格拉姆表示，以这种方式制作心理地图的价值在于：

> （心理地图）可以用一种言语无法表达的方式处理城市中的空间符号。能在不改变城市空间实际位置的前提下，展示城市空间如何被编码、被扭曲，然后被有选择地呈现出来。城市映像不仅仅是我们必须承受的精神负担，也是生活在高度多样化的复杂环境中时必然的伴生物……这些地图不仅是个人的产物，也是社会因素的产物，具有集体呈现的特征。文化推广了知识和信仰，这些地图就是知识和信仰的符号形态。

服从实验终极总结

米尔格拉姆一家在巴黎度过了特别美好的一年，归期将至，一家人都对巴黎恋恋不舍。1967 年从坎布里奇搬到纽约时，萨莎和米尔格拉姆就曾对两个地方进行了比较，而这一次，纽约又不幸地被拿来和巴黎比较。

8 月 24 日，一家四口飞回了纽约。一个月以后，米尔格拉姆写信给莫斯科维奇，感谢他在巴黎心理地图研究过程中提供的帮助，没有他的拔刀相助，这个研究恐难完成。他还在信中提到难以重新适应纽约的生活：“买食物的时候，我们会不自觉地将价格换算成法郎。我想，这种强迫症恐怕要几个星期才能消失……”不过，有个好消息令他心情大为愉快，他的书即将出版。米尔格拉姆很好奇书面世之后会引起怎样的反响。“这本书很可能会面临巨大的争议。”他在信中对莫斯科维奇说，“但我想，那总比彻底被忽视要好得多。当然，如果能受到广泛认可就最好了。”

米尔格拉姆将修改完的书稿交给了哈珀罗出版社，与希鲁一起修改了原稿中松散的结尾，出版工作已箭在弦上了。不久，出版社将修改过的完整书稿寄给他进行确认。但是他沮丧地发现，编辑在未和他协商的情况下做出了一个重大的改动。原稿中的某些部分使用了现在时态，他此举的目的是为了强化事件的即时性。但编辑将其全部改成了过去时态。米尔格拉姆很恼火，他认为叙事部分是整本书的框架，使用现在时会令文体更具特色，读者在阅读的时候会有一种栩栩如生的感受。他不得不将这些改动一一复原，重新换成现在时态，这着实是一件单调乏味的工作。

此外，他对出版商设计的封面也十分不中意。萨莎记得，封底的颜色是“呕吐物般的绿色”。一根带刺的电线横穿过封面，带着一种赤裸裸的攻击性。最终，在米尔格拉姆的坚持下，出版社采用了整洁大方的封面设计：黑色背景，黄色和白色的文字，作者姓名下面用亮橘红色的线条加以突出。目前该书的美国版本仍然沿用了这个设计。

这些细碎的修改并没有太影响出版工作，6 月校样完毕，11 月就已经结束了印刷工作。但是为了避开圣诞节前的出书潮，该书的正式出版时间是 1974 年 1 月。在之前的 1973 年 12 月，《哈珀斯》杂志（*Haper's*）刊登了一篇名为《服从的危险》（*The Perils of Obedience*）的介绍，浓缩了这本书中的精华。文章作者是在杂志社工作的泰勒·布兰奇（Taylor Branch），后来成为著名的作家和史学家。

5 月，英国版本面世，法国、德国、荷兰的版本也在这一年相继推出。最终，除了英语之外，这本书共出版了 8 种语言的版本，分别是：西班牙语、瑞典语、意大利语、葡萄牙语、塞尔维亚 - 克罗地亚语、印度尼西亚语、日语和丹麦语。

从米尔格拉姆第一次产生写书的念头到最终出版花去了整整 10 年。过程之所以如此漫长，有下面几个原因。

首先，写作对于米尔格拉姆而言并非易事。真正让他兴奋的是想出一个研究新点子，设计出巧妙的实验方法，然后付诸行动。写书并非他的兴趣所在。此外，在回忆实验细节时需要进行理论整合，这也不是他的强项。

其次，米尔格拉姆是一个十分爱家的男人。服从实验结束后的几年中，米歇尔和马克相继出生，米尔格拉姆的夜晚和周末都留给了家庭，这一点并未因孩子的成长而改变。他和萨莎经常领着孩子们去博物馆和公园，每年去加勒比地区以及美国东北部的新英格兰地区度假，有时候还会去欧洲。

米尔格拉姆在父亲这个“工作”上投入的精力与工作几乎相当，堪称是一位“富有创新精神”的父亲。比如，有一年马克参加一个夏令营，刚一到营地，他父亲的信就已经在那里等着了，米尔格拉姆希望借此聊以缓解儿子想家的心情。他还常常编出一些故事情节，制作家庭电影，马克和米歇尔自然是永远的主角。

他拍摄的一个名为《巴黎小鸟》（*A Bird in Paris*）的电影情节比较复杂。当时他们还在巴黎，按照计划，电影中需要出现很多小鸟儿的镜头。马克和米歇尔特地到露天市场买了一只，但在拍摄过程中不小心飞走了。电影的情节变成了孩子们在巴黎追着小鸟四处跑。等到他们抓住了鸟之后，又觉得把它关在笼子里太可怜。电影的末尾，孩子们把鸟儿带到埃菲尔铁塔的顶部准备放生。米尔格拉姆本来想多拍摄一些镜头，但是小鸟并不合作，孩子们手一松，就“倏”地一下子飞远了。他只好退而求其次，买了一只玩具小鸟录制最后的镜头。

《服从实验》推迟出书的第三个原因要归结于另一个沉重的写作任务。1964 年 3 月 19 日，米尔格拉姆接到《社会心理学手册》编辑加德纳·林德兹（Gardner Lindzey）和埃利奥特·阿伦森的来信，请求他为《社会心理学手册》第二版写一个章节，主题是关于群体现象。

该手册是社会心理学最重要的参考书籍。自 1954 年首次面世以来，每过 15 年都会出一个新版本。书中的每个章节都详细讨论了社会心理学中的一个主题，代表了学科的最高成就。能够为手册贡献一个章节可谓是个莫大的荣誉，米尔格拉姆当然不会拒绝。但事实证明，这个看上去很美的任务占去了米尔格拉姆大部分的时间和精力。他不得不暂时放下服从实验，将注意力全部集中于此。直到 1965 年 3 月，他才向编辑寄去这个章节的概要，同年秋天才真正开始动笔。

他在哈佛的同事雷尼·科恩（Lane Conn）记得，米尔格拉姆开始的时候状态特别不好："他就像卡壳了一样，无法将自己的思想付诸文字。我问他：'你打算怎么办？'他走进办公室，喝了点儿裸盖菇素（一种从蘑菇中提炼出来的迷幻药），然后说：'你知道，我写出来的 90% 的文字都将是些无聊的东西，只有 10% 有价值。'"他试图靠药物激发灵感和创造力。

尽管写作过程并不顺畅，但在 1966 年年末，他却交出了一篇 100 多页的宏篇精品。这一章最后一个小标题叫作"集体行为：群体和社会运动"。由他和访问学者汉斯·托奇共同完成，为此，托奇以合著者的身份出现在这个作品之中。

米尔格拉姆的写作过程如此漫长，埃利奥特·阿伦森不得不委婉地催促他。比如在 1966 年 10 月 12 日的一封信中，他这样写道：

亲爱的米尔格拉姆：

那么……

此致

埃利奥特

米尔格拉姆在这篇杰出的作品中对群体行为的理论和研究进行了整合分析，这应该算是他所有作品中最学术化的一部。阿伦森在看过稿件之后回信表示："这是为手册贡献出的最令人兴奋的章节之一……里面的每一个字都让我爱不释手，根本不需要做出任何大的修改。"

《服从权威的实验观点》问世之时，服从实验已经过去了整整 12 年。米尔格拉姆担心，读者会误以为本书只是将以前发表的文章罗列在一起的论文集。事实证明他的担心是多余的，这本书是一个伟大的胜利。米尔格拉姆不仅详细阐述了实验，还对实验以及由实验引发的各种问题进行了深入的论述。

书中详细描述了 19 个实验情境，其中有一些实验是首次披露。米尔格拉姆通过各种实验数据驳斥了来自各界的批评意见，比如：被试的选择不典型；被试服从是因为看透了这个骗局；实验结果仅限于实验室，不能在现实世界中推广；研究不符合伦理等。心理学家鲍姆林德曾在《美国心理学家》中写过一篇言辞激烈的批评，威尔士诗人和剧作家丹尼·阿布斯（Dannie Abse）也曾发表过一篇批评文章，还曾在服从实验的启发下，写了一出名为《巴甫洛夫之狗》（*The Dogs of Pavlov*）的戏剧。米尔格拉姆当年曾对这些批评进行过公开的反驳。在这本书中，他把当年发表过的书面回应进行了重新整理，在伦理问题上进行了自我辩护。这本书中有一个特别的部分，记录了 10 名被试在不同情境中的一些小插曲，帮助读者了解他们在实验中独特的个人经历。

此外，米尔格拉姆还将进化心理学理论和控制论相结合，在此基础上首次提出了服从理论，我们可以将其称为一种管理科学或控制科学。

THE MAN WHO SHOCKED THE WORLD
电醒人心

米尔格拉姆认为，权威占统治地位的社会群体最大的优势在于能够更好地处理敌意环境。服从倾向是这种社会组织的一个前提，在进化的过程中，服从演变成了人类的天性。人们独立行动的时候，内心中的破坏性冲动会受到意识的控制。但是，如

果组织中的每名成员都遵循个人的正误观念，组织就无法以协作的方式高效运转。因此，一个人一旦进入组织化模式，就必须放弃对自我的内在控制，将控制权交予组织的领导者，他的个人意识不再起作用。

在进入所谓的“代理状态”（agentic state）之后，人们自主的机能模式就会转变成组织化或系统化模式。代理状态是一种完全不同的感受状态，进入这种状态的个体会将个人责任交给合法的主管权威。米尔格拉姆认为，个体一旦接受了权威的合法性，就会接受权威对情境的解释。因此，如果权威说另一个人应该受到惩罚，人们就会心甘情愿成为这个权威的代理人，接受他对情境的评估。人们允许权威重新定义情境的含义，并将责任交给权威，这样就能以一种人们平时认为会受到谴责的方式行事。人们不再关心这个行动在道德上是否正确，完全放弃了对权威的判断，他们最关心的就是，是否正确执行了权威的命令。

米尔格拉姆这样描述代理状态：

一个社会情境中的人，如果主观地将自己放在被更高阶层管理的位置，就处于代理状态。在这种状态中，个体认为不需要为自己的行为负责，而是将自我定义为执行其他人意愿的工具。

米尔格拉姆之前从未在任何专业期刊文章上谈到这种进化控制理论，事实上，这番理论也是本书中最薄弱的环节。首先，不同实验情境中的服从比例不同，米尔格拉姆的理论无法解释这种差别。实验情境之间虽然有差异，但延续的都是同样的权威统治组织架构。如果按照他的理论推导，被试应该毫无例外地将自我的内在控制交给主试，不应该有任何差别。其次，米尔格拉姆的进化控制理论与代理状态之间没有必然的联系。米尔格拉姆认为，破坏性服从需要先进入代理状态，个体在这个状态中不再对其行为负有责任，而是将这种责任交给合法权威。他认为这个过程是进化的需要，从这个角度无法推导出代理状态是否正确。

事实上，关于代理状态概念，我们首先要问的是一个实验问题：进入代理状态是否是破坏性服从的必然先决条件？至于这个先决条件具体如何产生，为什么产生，都是次要问题。

本书中有一些初次披露的实验情境，其中一个情境中所有的被试都是女性。实验结果与相对应的男性实验服从比例相同，都为 65%。尽管在服从比例上没有性别差异，但是他发现，完全服从的女性要比完全服从的男性更加紧张。在每组实验的末尾，被试都会用数值的形式标出在实验中经历的最大紧张度。结论显示，女性自我判定的紧张指数要高于男性。

本书还首次披露了服从比例最高的一个实验情境。在这个情境中，不知情的被试并不直接电击学生，他只是这个行为的“同谋”，拨动开关的任务交给了一名“假被试”。被试自己只需要做一些辅助的动作即可。因此，他虽然对整个过程负有责任，但并不直接参与到惩罚学生这件事情之中。40 名被试中，有 37 人（92.5%）坚持到了最后。这个意味深长的结果表明了一些令人忧虑的事实。米尔格拉姆这样写道：

> 在破坏性的官僚体系中，聪明的管理者会对他的手下进行安排，让那些最无情、最麻木的人直接参与暴力。但大多数其他成员，无论男性和女性，只进行一些与真实暴行距离很遥远的行为，因此他们很少因支持暴力而感到紧张不安。首先，合法权威对他们的这种行为进行了授权，其次，他们并没有亲手执行伤害受害者身体的野蛮行为，因此，他们会加倍地忽视在暴力行为中负有的责任。

米尔格拉姆在1961—1962年进行服从实验的时候，并没有一个总体的指导理论。“代理状态”概念只是他在实验后的推理。在那些系列实验中，有一些实验的设计目的是为一些具体问题寻找答案，比如我们之前讨论过的四段距离系列。其目的是想了解，教师和学生之间不同的物理和情感距离如何影响被试的服从。本书首次披露的这9个实验希望回答的是另一个服从问题。米尔格拉姆相信，被试显示出来的破坏性行为是服从实验权威的产物，而不是在释放内心的攻击性。他希望这些实验能证明这一点。

事实上，服从和攻击性之间是否存在联系，业内一直存在着争议。有人认为被试的行为并不是服从，而是一种攻击性。这种观点基于弗洛伊德的一个理论。弗洛伊德认为，所有人心中都潜藏着破坏性冲动。尽管这种破坏性倾向强烈地需要被释放出来，但通常都被我们压制住了，因为释放破坏性冲动不是社会认可的行为。将这种观点套用在米尔格拉姆的实验中，就可以这样解释被试的行为：在实验室中，米尔格拉姆制造的氛围是一种默许，那些平时被抑制的敌对冲动可以通过“伤害”学生而无所顾忌地释放出来。换言之，被试并不厌恶主试要求他们做出的行为，正相反，那正是他们想要做的。

但米尔格拉姆与弗洛伊德不同。弗洛伊德有一个宏大的学术目标：试图为人类行为寻找一个全能的终极理论，他在攻击性上的观点就是基于这个目标提出的。米尔格拉姆却没有这么大的野心。此外，他对探索人类内在心理也不感兴趣，他喜欢研究对人类行为产生巨大影响的外在社会力量。米尔格拉姆明白攻击性是人性的一部分，但他认为，决定被试行为的最重要因素并不是攻击性，而是情境因素，即主试的命令。被试电击学生也不是为了满足破坏性冲动，而是因为他们认为必须要服从破坏性权威的命令。他的几个实验变体为他的这个观点提供了实验支持。

在其中一个情境中，被试需要做的事情与其他实验一样：如果学生在单词配对中出错，就要对其进行电击。但是有一个重要的不同点，在其他的实验中，电击的强度随着错误出现的次数而逐级加强。但在这个实验中，被试可以在 30 个强度中自由选择。

如果破坏性冲动是被试施加电击的根本原因，那么据此推论，在这个实验情境中，由于被试可以自主选择，他们应该会不断向学生施加高强度电击。但事实上，几乎所有被试都选择了较低的电击强度，在 30 个电击强度档位中，被试使用的平均强度档位为 3.6。米尔格拉姆这样总结："如果破坏性冲动真的需要被释放出来，被试应该会选择高强度电击，为什么他们没有让学生经受更大痛苦呢？无论在其他情境中引导被试使用最高强度电击的理由是什么，都不能将其解释为个体内在的攻击性，我们应该从服从命令过程中的行为改变来解释这个问题。"

还有一个情境也支持了米尔格拉姆的这个观点。这是所有实验中设计最巧妙的一个。

在开始阶段，实验按照其他实验模式一样开展，学生每出一个错误，就要受到不断增强的电击。学生在 75 伏特时开始抱怨，随着电击强度加大，他的抱怨也越来越强烈。当被试开始用 150 伏特电击学生时，主试说：实验要结束了，因为学生的反抗越来越强烈，而且他还有心脏问题，不能再接受更多的电击。这时，忽然发生了一件奇怪的事情，旁边的房间传来了学生的大声抗议并且要求继续，他说一位朋友最近参加了这个实验，一直坚持到最后。如果现在就停止，将是对他男子气概的侮辱。主试对学生重申，停止实验是出自对学生健康的考虑。学生依旧坚持继续实验，说来到这里就是为了"完成任务"，一定要完成。他不断要求教师继续。

蒙在鼓里的被试面临着一个困境，他该听谁的？是要求继续实验的学生，还是准备结束实验的主试。结果显示，在这场心理斗争中，所有被试都做出了同样的选择：尽管学生强烈要求，没有一个人继续这个电击实验。所有人都遵从了主试的要求，停止了实验。

如果攻击性是这里的关键，被试肯定要继续向学生施加电击，连受害人自己都许可了这种破坏行为，还有什么不可以的？但是没有人继续，被试的行为是受到了权威命令的控制，而不是一种恶意倾向，这个实验很清楚地证明了这一点。

每个人都关心的服从话题

这本书刚一面世就吸引了公众的关注。关注的焦点就是那些令人震惊的实验结果，其轰动效应就像 1963 年服从实验论文首次发表一样。但是这一次的影响范围更广泛。伦敦的《星期日泰晤士报》将书中的大部分内容以连载的形式刊登出来，在 1975 年国家图书奖（National Book Award）角逐中，这本书杀入了决赛。BBC 电视台的纪录片节目《地平线》专门为米尔格拉姆和他的研究制作了一期节目，名为《遵命而为》（*You Do as You are Told*）。美国各种电视访谈节目和新闻节目争相采访和邀请他上节目，比如《今日》（*Today*）和《多纳休》（*Donahue*）等。法国和英国的媒体上也出现了他的身影。

作为一本科学实验书籍，《服从权威》在大众报刊杂志上受到如此广泛的关注是特别罕见的，仅相关的英语评论就有 60 多篇，这些评论的态度褒贬不一，正如 10 多年前对他的那篇期刊论文的评价。《洛杉矶时报》的一篇评论写道："《服从权威》是我在 20 多年评论生涯中看到的最重要的书籍之一。"伦敦的《旁观者》（*The Spectator*）则说："米尔格拉姆教授似乎在其中看到了一些深层社会意义。毫无疑问，很多评论人认可他的看法，但是我并不确定这一点。"

但是有一个评论却因其强烈的攻击性而显得不同寻常。那是 1974 年 1 月 13 日的《纽约时报书评》（*The New York Times Book Review*）中的一篇重点评论。

这篇评论的首页上画着一些恐怖的超现实主义插图，以电击器为图画的核心。好像在提前警告读者，将要评论的这本书内容凶险。这篇评论言语刻薄激烈，作者是哥伦比亚大学的英语教授史蒂文·马库斯（Steven Marcus）。尽管他同意这个实验“令人感到特别刺激，没准儿也很重要”，但充其量不过是一个“奸恶的小品”罢了，实验目的就是为了显示人心中最恶劣的东西。他批评这本书中的有些部分语气好像说教，“语法错误百出”。他还挑出米尔格拉姆在理论解释方面犯的错误，认为米尔格拉姆的服从理论根本就是谬论。事实上，有些书评人也认为这本书的理论部分比较薄弱，但是措辞比较婉转。马库斯的字里行间却极尽讥讽嘲笑之能事，称这些理论部分“总体而言就是个灾难”，是“一个糟糕透顶的笑话”，不过是一些“空洞虚假的观点”而已。

米尔格拉姆在参加著名脱口秀主持人迪克·卡弗特（Dick Cavett）的电视节目时，卡弗特问起他对马库斯评论的看法。米尔格拉姆回答：“很显然，从科学的角度来讲，他并不是一名合格的书评人。因为作为一名英语教师，他并没有指出哪些句子需要进行语法修改，这才是他的分内工作。从科学的角度来说，这不是一篇严肃的评论。他只把目光放在一些琐碎的细节上，没有总结出从这些实验和这种现象中能够学习到什么。”

尽管对米尔格拉姆和服从研究的批评不绝于耳，但是大部分书评的态度都比较温和，这比较符合他当时的身份。毕竟他在学术领域中是受人尊重的严肃学者，在专业领域外也得到了高度的重视。

1966 年，就在他首次发表服从论文三年之后，他在美国心理协会的年会上被任命为人格和社会心理学部门的项目主任。1972 年 3 月，他被提名参加社会问题心理学研究协会的委员资格选拔，该协会的目标是：运用社会科学知识处理社会问题。1977 年，他受邀在一次精神病学研讨会上做关于服从权威的报告。这个研讨会上专家云集，包括前白宫法律顾问约翰·迪恩（John Dean）。1976 年到 1980 年之间，他在 4 次关于道德和研究的会议上做报告。1978 年 6 月，耶路撒冷举办了一次关于心理压力的国际会议，他在会上做了主要演讲，题目是《公平社会中的服从问题》（*The Problem of Obedience in a Just Society*）。这都是对他学术成就的肯定。

有一次，哈佛考虑在社会心理学系增加一个终身教授职位，系主任 R. 邓肯·鲁斯（R. Duncan Luce）写信给米尔格拉姆，征询他对 5 位候选人的意见：埃利奥特·阿伦森、艾伦·博西德（Ellen Berscheid）、里德·黑斯蒂（Reid Hastie）、比伯·拉特纳和李·罗斯（Lee Ross）。这 5 位候选人在各自的领域中都是出色人物。米尔格拉姆在回信中表示，他认为阿伦森是最佳人选，在信的结尾处，他还写了一段对社会心理学的简短评论，对选拔人才时的僵化标准进行了温和的抨击。

> 当今社会中，有很多人只是贴着“社会心理学”的标签，研究的却是不具社会性的内心现象。这虽然让社会心理学领域更加活跃，但是也令其散乱无章。如果您能遇到一个人，既有强大的实验和理论功底，又能准确表达出对这个领域的看法，那么无论如何都要把他纳入麾下，因为那就是我们这个学科迫切需要的知识分子。

频频的电视亮相和密集的书籍评论让米尔格拉姆的曝光率倍增，他也算一个小有名气的明星了，自然也像其他明星一样收到了五花八门的来信，有的稀奇古怪，愚蠢之极，但也有中肯认真的信件。

有一位来自宾夕法尼亚州印第安纳镇的人喜欢收集签名，他索要米尔格拉姆的签名，加入其 7 000 个名人签名的收藏之中。一位俄亥俄州坎通镇的高中学生想以米尔格拉姆的研究为主题做一次演讲，请求他的帮助。一位名为麦克斯·勒纳（Max Lerner）的专栏作家请求转载米尔格拉姆的一篇文章，但他所说的那篇“文章”当时还只是一个计划，并没有开始动笔。佛罗里达的一位大学生向他讨教，询问精神病专家 R. D. 莱因（R. D. Laing）的著作和他的服从研究之间有着怎样的关联。

摇滚明星彼得·盖布瑞尔（Peter Gabriel）在读过《服从权威》之后，打算以服从为主题写首新歌，希望能将米尔格拉姆《服从》纪录片音轨中的一些片段加在他的旋律中，还想把服从实验中的一些照片放在专辑的内封套上。他对米尔格拉姆说，他不想批评服从实验，他不是一个“打算用尖利的刀片攻击您的朋克摇滚歌手”，但是米尔格拉姆拒绝了这个请求，他说这些资料只能用在学术用途上，不能用于娱乐行业。1981 年，盖布瑞尔的新专辑《因此》（*So*）中果真出现了一首以服从实验为主题的歌《我们遵命而为》（*We Do What We're Told*）。在这首挽歌般的作品中未能像他期待的那样加入服从实验的声音片段。

在米尔格拉姆接到的信中，来自切斯特港的一位年轻母亲在信中提出了一个特别的请求。他们的第一个孩子詹姆斯刚刚过 1 岁生日。婴儿刚出生的时候，父母收集了他诞生月份中出版的报纸和杂志，还有一些畅销书和热门音乐专辑，作为送给新生儿的礼物。为了迎接他的第一个生日，父母想再送给他一个具有纪念意义的礼物：收集世界名人的签名，包括著名科学家、画家、文学家等。她还希望能获得米尔格拉姆的一张签名照或者一篇手稿。米尔格拉姆在回信中对这个婴儿说：

亲爱的詹姆斯：

在《服从权威》的第 208 页有一段关于儿童服从的分析，你意下如何？很快你就会了解到那些事情，就可以开始指挥你的父母了。

此致

斯坦利·米尔格拉姆

这些形形色色的信件中，有一封的内容特别严肃，来自纽约北部一所精神病医院的一名心理医生。她有一名病人，是一个思维敏捷、身体健康的年轻男子，但他和他的兄弟正在经受二联性精神病（folie à deux）[①] 的折

① 家庭中两名成员共同患有的感应性精神病。——译者注

磨，这种难以治愈的精神病可能会产生严重的后果。她在信中说，这位病人坚信，米尔格拉姆正在进行“卫星遥感控制研究”，而他就是被催眠的对象。他希望能被“释放”出来，以便继续正常的生活。医生问病人，米尔格拉姆的亲笔来信是否能有所帮助。病人很喜欢这个建议。心理医生请求米尔格拉姆，是否能考虑写一封信给这位病人，亲口告诉他没有卷入任何米尔格拉姆的实验，也从未有过这种事情。米尔格拉姆很快就写了回信，希望能对病人有所帮助。

电影是另一种心理学实验

米尔格拉姆与哈里·弗洛姆合作制作了《城市和自我》之后，开始对电影制作产生了浓厚的兴趣。服从研究的书大功告成之后，他终于有时间全力投入这个新兴趣之中。正如我们之前所说，由于《城市和自我》在艺术上也获得了很大的成功，哈珀罗出版社与他们二人签署了 4 部教学电影的合同，以不同的社会心理学问题为主题。第一部《社会心理学之邀》（*Invitation to Social Psychology*）和第二部《从众和独立》（*Conformity and Independence*）完成于 1975 年，他在《社会心理学之邀》中还担任旁白。1975 年，这两部教学电影连传佳绩，先在芝加哥国际电影节上获得银奖，接着在哥伦布电影节（Columbus Film Festival）上获克里斯铜奖（Chris Bronze Award）。1976 年，他们又制作了《人类攻击性》（*Human Aggression*）和《非语言交流》（*Non-Verbal Communication*）。这些电影对概念以及各种学术发现的阐述历久弥新，至今仍被很多大学用于课堂教学。

《社会心理学之邀》与其他三部电影一样，采用了现实资料和实验相结合的方法，展示社会心理学的原理和发现。比如，通过一个实例“在大学食堂排队的人群中，有人不小心弄洒了咖啡”，来演绎“行为者 - 观察者”的归因效果，即我们习惯于将自己的行为归因于环境，却将他人的行为归因于性格。比如，一名学生看到有人把咖啡弄洒了，就会说这个人很笨。

但如果他自己也出现了同样的问题，他会解释说：“咖啡太烫了。”电影中还用戏剧化的手法展示了阿尔伯特·班杜拉（Albert Bandura）的攻击性实验：一个孩子目睹一名成年人用拳头痛击充气的“出气娃娃”。影片告诉我们，孩子如何在这个过程中模仿了攻击行为。

《从众和独立》将日常行为和研究结合起来以达到教学目的。比如，影片中有一段表现了戒烟组织的集会结束后，每位参与成员都有着不同的表现，以此揭示各种类型的社会影响力。这个场景刚开始，戒烟组织的领导结束了集会，最后他对在场的成员们说：下星期决定不抽烟的请举手，他的这个倡议得到了所有人的响应。

接下来，镜头跟随两位成员走到室外。首先，一名女性参与者将一盒烟扔到了垃圾桶里，表情十分坚决。她的这种行为就是赫伯特·凯尔曼所称的“内化”（internalization）：如果一个新信念或新行为契合了个体的需要或价值观，他们就会改变自己的行为，并且一直坚持下去，甚至在离开群体独自一人的时候依然不会动摇。但另一位男性参与者的行为则展示出一种肤浅的“顺从”，即个体的行为改变只有在群体监督下才能坚持下去。当这位男性离开大楼之后，立刻点燃了一根烟，深深吸了一大口，来满足在开会期间忍得难耐的烟瘾。

米尔格拉姆在片中也以戏剧化的手法展示了自己的研究领域。镜头以研究中心马路对面的人行道为背景，几个人抬头看着学校大楼六层的一个办公室窗户。不久，越来越多的行人开始模仿。随着聚集的人不断增加，最初的那几个人的社会吸引力越来越强。尽管这个实验很简单，却展示了人性和社会生活中的一个基本真理：我们会利用其他人的行为作为信息源，帮助我们看透复杂的环境。米尔格拉姆的这个实验并不是想说明人类会盲目采取行动，就像一群集体自杀的旅鼠。其真正的含义是，模仿也可以变成一个合理化的过程。在这个例子中，某位行人可能认为：一群人停下来向上看一扇窗户，可能是有着合理的原因的。人聚集得越多，这种原因可能就越重要。

《非语言交流》讨论的是各种非语言，如目光接触、人之间的空间距离、声调、面部表情、手势等，以及我们如何使用这些语言。通过大量有趣的现实生活实例和设计好的情境，电影告诉我们，人们使用这些非语言进行暗示的时候，既是无意识的，也是有意识的。片中表现有意使用非语言暗示的实例是一个人坐在出租车上穿梭于曼哈顿眼花缭乱的市中心。出租车司机絮絮叨叨地讲述他如何通过行人的手势判断谁需要出租车。

在制作这部电影期间，多伦多正在举行一个非语言行为的国际会议。这个巧合被米尔格拉姆和弗洛姆很好地利用起来。他们和一小组技术人员飞往多伦多，邀请几位顶尖的非语言方面的专家参与电影的拍摄。比如，人类学家爱德华·霍尔（Edward Hall）在电影中讨论了使用个人空间问题上的跨文化差异。罗伯特·罗森塔尔也在电影中指出女性"阅读"非语言暗示的能力要强于男性。

《人类攻击性》中记录了布朗克斯一个真实青少年团伙的普通一天，包括他们的攻击性行为。在一个场景中，这群少年叫嚷着游荡在居民区街道上。其中一人看到地上有个保龄球，他捡起球，毫不犹豫地扔进附近一扇敞开的窗户里，根本不考虑是否会伤害到屋子里的人。团伙头目带着手下来到他们经常聚会的地方。这是一栋废弃的公寓楼，门框上还残留着之前犹太居民贴的平安符。团伙成员围坐在一起，吸毒品，吃蛋糕，调戏一个女孩。摄制组与这个团伙进行了一番交涉之后，他们同意参加电影拍摄，把付给他们的报酬拿来买啤酒、开晚会。

有一天晚上，弗洛姆接到警察打来的电话，说可能是演电影让团伙成员感到很兴奋，他们跑到一栋建筑的顶部，一名少年从楼上扔下一个水泥块，砸死了楼下的一个女孩。警察表示，如果摄制组继续拍摄这些少年流氓，警察将不再为摄制组提供任何保护。有一天，这个团伙为了给电影增加点儿"佐料"，计划与另一个团伙火拼，甚至连枪和棍棒都准备好了。弗洛姆立刻给警察打电话，告知这场打斗将要在那儿进行，请求警察制止这场火拼。他对警察说："我们不打算再拍摄下去了，有些事情比电影更重要。"之后，他们解除了和这个团伙的合同。

米尔格拉姆拍电影的经历让他意识到，电影可以超越科学方法的某些局限性。弗洛姆记得，拍摄《城市和自我》期间，有一次，"米尔格拉姆觉得与严格的实验方法相比，以电影方式处理他感兴趣的课题更加自由。实验方法有时会让他感到备受约束。电影能将一些含糊隐约的东西呈现出来，科学方法却不能，而这种含糊隐约是人类生活中无处不在的特征"。电影可以表达出言语无法表达的东西，这让米尔格拉姆很着迷。尽管通过胶片发现的事物"难以用书面文字的形式加以总结……但是它传递的感受和信息足以影响观众，就像一篇科学论文的结论一样"。

20 世纪 70 年代中期，电影制作逐渐成为米尔格拉姆兴趣和活动的核心。1977 年 5 月，名人录《成功者》（*Men of Achievement*）打算将他的成就收录书中，请求他填写信息表，他将自己的职业写成"教授及电影工作者"。他甚至还在纽约的几所学校中学习电影制作课程，比如社会研究新学院和纽约大学等。1975 年秋天，他加入琼尼·博克（Joanne Burke）的电影剪辑工作室。博克剪辑的电影有故事片《大盗铁金刚》（*Anderson Tapes*）和纪录片《庇护我》（*Gimme Shelter*）。《庇护我》记录了滚石乐队在阿尔塔蒙特演出的前后过程。在这场最终陷入疯狂和失控的演出中，一名观众被保安刺死。

他对电影制作心驰神往，加之在过去的电影制作中获得的导演经验，于是大胆地向美国电影学院的独立电影制作部门提交了一份申请，希望能资助他完成一个电影计划，可惜无功而返。

1976 年春天起，他为学生们设计了一些与电影有关的社会心理学课程，比如，摄影与电影心理学、电影中的城市心理学、社会科学的研究工具：电影和录像等。

电影这种媒介帮助米尔格拉姆超越了社会心理学家的局限，但这并没有动摇社会心理学在他心中的地位。他在 1977 年写下的一段话就可以证明这一点："社会心理学的创造力在于，能以实验框架重新构建不同的社会体验，将社会力量模糊难懂的运转过程清晰地显示出来，帮助我们探索其中的因果关系。"

虽然米尔格拉姆迷恋电影制作，但他依旧将自己定义为一名社会心理学家，自从来到纽约城市大学，他就一直在教授社会心理学核心课程。1983 年 5 月 7 日，他写信给久未联络的儿时伙伴伯纳德·弗莱德。伯纳德曾是宾夕法尼亚拉法耶特学院生物学教授，目前已经退休。米尔格拉姆在信中表达了他对社会心理学一贯的态度。

> 我自 1967 年起就在纽约城市大学教授社会心理学，一直做着本职工作，和你的工作没有什么区别。只是我的事情中带着更多的幻想和一丝胡言乱语的特点。但在内心深处，我一直保持着对科学的深厚兴趣，保持着对万事万物的兴趣和好奇心，那是我们自孩提时代起就具有的天性之一。我的事业还算成功，但是备受争议。不过最重要的是，我的事业能够用具有建设性的严谨方式引导我的创造力和对科学的热忱。

米尔格拉姆与哈里·弗洛姆共同制作教学电影的时候，资深编剧乔治·白拉克（George Bellak）也开始酝酿一部与服从实验有关的电影。白拉克曾经写过很多电视剧本，包括：《辩护人》（*The Defenders*）和《铁面无私》（*Untouchables*）。白拉克第一次读到服从实验的时候就被吸引住了。第二次世界大战期间他曾在美国陆军情报部门服役，因此实验能够引起他的共鸣。正如他所说："我和米尔格拉姆关注的都是同样的问题，比如，对人类的暴行、德国的局势、犹太人等。"因此他决定写一个剧本，将实验、实验中的参与者以及与之相关的各种事件搬上屏幕。最终一个电视电影剧本《第十级》(*The Tenth Level*)诞生了。

这个剧本在推广的过程中，人们对待它的态度就像早期看待服从实验一样。白拉克写出了故事的框架，希望在未来的 4 ~ 5 年中找到买主。但是没有哪家公司愿意碰这个本子。其中反应最强烈的是美国广播公司的老板，他认为这个剧本很有意思，但是难以接受。在他看来，这个故事是“渎神的”。白拉克认为，这个评语的意思就是：这位高层人物无法相信人类仅凭天性就能做出这种事情，上帝绝不会允许人类这样做。即便这是上帝许可的行为，应该只是少数人可以做到，不可能有这么高的比例。

最终，白拉克想办法吸引了哥伦比亚广播公司的兴趣，这部电视电影终于进入了制作过程，在其黄金时段的“电视剧 90 分”中播出，制作费用为 30 万美元。电影本来计划在 1975 年圣诞节期间播出，但是由于一直无法找到赞助商，直到 1976 年 8 月才推出。白拉克记得，那些著名的赞助商，如施乐、IBM 和美国电话电报公司都不愿赞助这部电影。尽管如此，影片的主演威廉·夏特纳(William Shatner)对这部剧依旧抱有强烈的信心。他在片中扮演一位类似米尔格拉姆的科学家。为了拍戏，他甚至放弃了与孩子们共度圣诞节。

哥伦比亚付给米尔格拉姆 5 000 美元作为顾问费，但并没有采纳他的制作意见，为此他感到很沮丧。他认为这部电影很无聊，“只是一些杂乱无章的老掉牙影像，根本没有抓住服从实验骨子里的戏剧性”。这部电影的确有瑕疵，可能是为了强化戏剧效果而添加了太多的虚构情节，显得比较沉重累赘。

不过这部电影具有一种独特的力量，清楚地展示了“想当然”和“实际情况”之间的差别，即“人们自认为会怎样电击受害者”和“人们实际怎样电击受害者”之间的差别。电影还栩栩如生地表现出了被试内心的痛苦与挣扎。本片还展现了米尔格拉姆在目睹被试承受巨大痛苦时，却没有终止实验。美国心理学基金会(American Psychological Foundation)对这部电影的评价很高，将1977年的国家媒体奖（National Media Awards）颁给了乔治·白拉克，因为他“增长了公众的心理学知识和对心理学的理解”。

这部电影让更多的人了解了服从实验，米尔格拉姆最终也不再对电影的缺点耿耿于怀，他觉得，为了获得观众的认可就必须付出代价。事实上，电影能引起如此大的社会反响令他甚是高兴。

1977年，艾迪逊·威斯利出版社出版了米尔格拉姆的论文集《社会世界中的个人：论文和实验》（*The Individual in a Social World: Essays and Experiments*），将他之前写出的大部分论文囊括其中。能够出版这样一部论文集是米尔格拉姆的理想。但是寻找出版商却并非易事。通常，这种科学论文集都没有太大的商业利润。此外，他不希望只着眼于热点的服从实验，而是要向读者介绍更多的研究成果，这个出发点可能也会影响销量。事实上，他一直不希望被服从实验束缚。如果有人在他面前将服从实验说成“米尔格拉姆实验”，会引起他的不满：“你说的是我的哪一个实验？”他曾经告诉弟弟约尔，经常觉得自己像演员詹姆斯·阿内斯（James Arness），这位演员虽然参演过众多影视剧作品，但是人们耳熟能详的只是他在电视剧《荒野大镖客》（*Gunsmoke*）中的演出。

论文集将米尔格拉姆的文章分成了几大主题，比如：城市中的个体，个体和权威等。每部分有一小段米尔格拉姆写的介绍，为读者提供历史背景以及这部分文章与主题之间的关系等。这些介绍通常都比较扣题，但有一些显得很突兀，比如，他整理了1960年写下的一些笔记，并在介绍中说，这是对“旁观者介入”（bystander intervention）现象做的一系列实验计划，其实他所指的就是基蒂·珍诺维丝事件。

论文集出版之时，米尔格拉姆尚处于年富力强的阶段，前面的事业道路还很长。这个论文集多少像一个奇怪的预兆，因为他在之后的岁月中依旧保持着旺盛的创新思维，但却再也没有新的创新性实验研究成果问世，不过有两个有趣的研究值得一提。第一项研究与一种打破规则的日常行为有关，那就是插队。另一个则是西哈诺研究（cyranoids），它为一个古老的社会心理学命题提供了一个全新方法，这个命题就是：我们如何在头脑中构筑对他人的印象。

09

THE MAN WHO SHOCKED THE WORLD

我们如何构筑对他人的印象

米尔格拉姆在纽约城市大学的时候，最苦恼的事莫过于向外面申请研究经费补助，不断遭遇困难，因为实验计划的理论基础薄弱而被拒绝。另外，他的心脏也开始出状况，慢慢耗损他的体力和意志。

米尔格拉姆1967年踏进纽约城市大学研究中心大门的时候，打算最多在这里待5年。但纽约城市大学对他的学术激励完全出乎了他的意料，这里最终成了他的学术归宿，他在这里一直工作到最后一刻。初来乍到之时，他对城市生活心理学的兴趣刚刚萌芽，这所大学得天独厚的地理优势让这个萌芽尽情绽放，并将研究触角延伸到纽约心理地图。1967—1971年，他担任社会与人格心理学专业的组长，这个位置使他得以在教学过程中侧重城市研究。也是在纽约城市大学，他在电影制作方面的兴趣和才能得以充分施展。自从1965年在耶鲁制作《服从》纪录片起，他就喜欢上了电影制作，在纽约城市大学与哈里·弗洛姆的合作重新唤醒了他的这个兴趣。

20世纪70年代中期，米尔格拉姆的荷包越来越鼓，经济状况好得让他自己都感到诧异。这种富足生活有着如下几个来源。一方面，纽约城市大学是美国教师工资最高的高校之一；另一方面，书和电影的版税甚是丰厚，演讲也带来了很多外快。自从《服从权威》出版之后，他演讲的出场费基本上都在每场1 000～2 000美元之间。弗洛姆回忆道："对他而言那可是笔不小的数目，当然，对我而言也是。"米尔格拉姆的弟弟约尔记得："这是一件令他特别骄傲的事情，我特别佩服他。通常而言，大学教授的收入最多只能算平平，很多人的收入都很微薄。"给他带来丰厚收益的演讲基本上都与服从实验有关。米尔格拉姆一生参加过约 140 场演讲和研讨会，超过 1/3 都与服从实验有着直接或间接的关系。1984 年，服从实验已经过去了 22 年，依旧有人邀请他进行这方面的演讲。

在电影中探讨实验伦理

服从实验给他带来荣誉和金钱的同时，也成了他事业发展的绊脚石。他一直想甩开服从研究的影子。1976 年，他在写给一位儿时伙伴的信中说："我 1960 年开始研究服从，那已经是很久以前的事情了，我应该继续前进……但是职业生涯将我带进了一个蜗牛壳，我做的每件事情都是围着一个点绕圈，蜗牛壳绕得越来越大，怎么也走不出去。"

20 世纪 60 年代末和 70 年代初，美国爆发了大规模的学生运动和黑人种族平等运动。虽然米尔格拉姆所在的研究中心基本上没有受到这些运动的影响，但也并非躲进小楼成一统。这里的学生也和其他大学的学生一样，要求提高社会参与度的呼声越来越高。他们对知识和学术方面的关注深刻影响了现代社会的发展。

但是米尔格拉姆并不打算将自己的聪明才智使用在这个方面。他认为，纯学术研究才是最值得追逐的目标，哪怕只是为了满足自己的好奇心。因此，他在这段波澜起伏的运动中独善其身，专注于学术世界。他研究摄影师与对象的关系，研究电视节目《偷拍》（*Candid Camera*）中所包含的社会心理学含义，研究行人右侧通行规则，研究如果你向一个陌生人伸出手，他是否会与你握手等。哈里·弗洛姆说，那些寻求社会参与度的学生认为这些研究"看起来太小资产阶级了"，米尔格拉姆并不受这些学生的欢迎。

在纽约城市大学最令他烦恼的事情还是研究经费的问题，他在这个问题上经常遇到障碍。对于一名学者而言，成功获得研究赞助可是一件大事情。这笔资金不仅可以让科学家实现自己的研究计划，还涉及面子和自尊心的问题。获得资助意味着申请人的研究价值得到认可，其效果等同于在业内权威期刊上发表论文。此外，这笔钱还可以实实在在地提升申请人在学校中的地位。

1977 年 3 月 29 日，米尔格拉姆向美国国家科学基金会递交了一个数额比较大的经费申请。而在这之前的 1969 年，哥伦比亚广播公司在电视研究上为他提供了 26 万美元的赞助。1973 年，他获得法国政府资助，完成其在巴黎心理地图方面的研究。之后他就没有获得任何外界的研究资助。只有在 1975—1976 年，研究中心为他提供了 1 万美元的内部研究经费，进行了一个小型心理地图研究。现在，他迫不及待地希望再次加入研究经费的角逐之中。

这份申请提交给了美国国家科学基金会社会伦理和价值部门。米尔格拉姆计划制作三部教学电影，分别探讨心理学、社会学和生物医学研究中的伦理问题。米尔格拉姆在申请中表示，他制作电影的目的是“以生动、有趣的方式详细地向学生和从业人员阐述伦理问题的基本原理”。

除了这些书面原因之外，他还有一些不便道来的理由。这笔钱可以满足他对电影的熊熊热情，尤其重要的是可以帮他提高导演能力。在以往的电影制作中，导演工作都是弗洛姆的事情，他一直没有机会过一把导演的瘾。

此外，制作这些电影还有助于修复米尔格拉姆受创的自尊心。自从服从实验问世以来，关于实验伦理问题的批评始终没有停止。此外，1957 年未能通过哈佛的统计学考试也让他耿耿于怀，那是他研究生课程中唯一一次不及格。20 多年过去了，他对这件事情的介怀让与他关系亲密的同事和学生们甚感不解。当然，还有一个难以抹杀的沉重打击，那就是哈佛拒绝了他的永久职位申请。

服从实验招来的伦理指责让米尔格拉姆很恼火，但令他生气的原因并不是这些批评的内容。他明白在这个问题上有异议很正常，真正困扰他的原因是，他认为存在批评就意味着服从研究从某种意义上来讲是失败的。在他看来，整个研究过程没有太多问题。研究首先提出了一个合理的问题：

一个普通人在服从破坏性命令方面可以走多远？然后为这个问题提供一个出人意料的答案，并在实验中对被试进行心理保护。但评论界不断质疑他的实验方法，这就意味着这个实验方法并没有完全成功。现在，他希望通过电影的方式彻底平息那些针对他的伦理质疑，以扭转颓势。他计划选择一些被普遍认为是违反伦理、应该受到尖锐批判的实验，在电影中将这些实验和他的实验进行比较。他希望通过这种同类对比，证明他的实验并非违反伦理。

米尔格拉姆申请的电影制作经费共计 263 994 美元，拍摄周期为两年半。这笔钱中的 222 810 美元为直接费用，41 184 美元为支付给大学的“间接费用”或日常费用。

之前，他还曾提交过两份电影申请，但是申请的资金额很小。与之相比，此次申请跨越的学科更广，规模更大。1975 年 9 月 12 日，他将第一份申请提交给美国电影学会，参加每年一度的独立电影制作比赛的角逐。那一年共有 43 位幸运儿获得了资助，他虽然未能获得最后的胜利，但至少杀入了决赛。这个成绩已经特别令人钦佩了，因为那一年的竞争激烈，共有 1 047 名参赛者。

接下来，米尔格拉姆向哈珀罗媒体公司提交了第二份申请。他和哈里·弗洛姆之前为公司制作的 4 部教学电影反响不错，公司也曾表示希望制作更多的电影，但是最终还是不了了之。

此次美国国家科学基金会申请中计划拍摄的三部电影叙事背景相同。伦理审查委员举行会议，对三个实验的伦理问题进行评估。委员会主席在开场白中对委员们说：“此次会议将评估几个实验的伦理问题。如果委员会认为哪些实验存在伦理问题，将投票表决这些实验是否应该继续，如果可以继续，需要哪些改进。”委员会主席开始介绍第一个实验，然后镜头一转，开始对每个实验进行影像重现。

米尔格拉姆在提交给美国国家科学基金会的申请中，并没有明确指出这三部电影中具体会讨论哪些实验。但从之前的那两份小额申请中不难猜出答案，服从实验毫无疑问是其中之一，另外两个实验肯定会具有如下的特征：被试在实验过程中经受了出乎意料的可怕痛苦，被认为存在严重的伦理问题。

THE MAN WHO SHOCKED THE WORLD 存在伦理问题的实验

米尔格拉姆可能选择的第一个实验发生在1961年。当时，一架准备降落的DC-9飞机上坐着一组新兵。忽然长官告诉他们，由于起落架故障，飞机即将坠毁。士兵们从飞机上可以看到地面跑道上赶来的救护车和消防车。军官在飞机上匆忙地向士兵分发灾难联系人表格，然后命令士兵双手抱头，将头放在两膝之间，保持这个姿势，等待飞机坠毁，所有的士兵都陷入了极度恐惧之中。但这只是一个骗局。飞机着陆后，医疗人员收集了新兵的尿样，研究身体对压力的反应。

米尔格拉姆可能选择的第二个实验是1964年加拿大研究人员做的实验室实验。实验人员招来一批嗜酒男性被试，谎称实验目的是为了寻找治疗酒精上瘾的可行办法。但是令这些被试没有想到的是，研究人员在实验过程中向他们体内注射了琥珀胆碱，造成被试呼吸暂停，时间从90秒到130秒不等。实验结束后，所有的被试都表示，他们以为自己死了。一名被试说，他的感受就像在第二次世界大战时的一次经历一样。当时他是轰炸机上的机尾射手，在一次突袭任务中，他们的飞机水平低飞过德国一个城市的上空，随时可能被地面的德国军队击落。那是一段特别紧张痛苦的记忆。但他认为，相比之下，呼吸中断实验更加让人痛苦。

米尔格拉姆在制订这个电影计划时，为了确保对这些实验的评价公平客观，还计划邀请专门研究伦理的专家丹尼尔·卡拉汉（Daniel Callahan）担任影片顾问。卡拉汉是社会、伦理和生命科学研究院的主任。他欣然接受了米尔格拉姆的邀请，还表示很喜欢这个点子，因为关于伦理问题的电影向来好片乏陈。米尔格拉姆计划，片中的伦理委员会成员将由真正的心理学家担任，主要是那些“真正关注伦理问题并予以深入思考的心理学家”，他们将在片中陈述各自在伦理研究方面的观点。比如赫伯特·凯尔曼、劳伦斯·科尔伯格（Lawrence Kohlberg）以及斯坦利·斯坎特（Stanley Schachter）。还有一到两名非心理学专家，比如哲学家罗伯特·诺齐克（Robert Nozick）和社会学家奥威尔·布瑞姆（Orville Brim）。

在电影中，对实验进行影像呈现之后，伦理委员会的成员将进行讨论。此时会邀请观看电影的观众进行一次投票，判断这个实验是否存在伦理问题。然后，电影继续，委员会进入投票过程。在委员讨论过程中，他们将会发表各自对实验的看法。这一部分完全现场录制，不进行排练，也不会提前了解他们的意见。委员们的陈述完全都是他们真实的见解。米尔格拉姆意识到，这部电影成功的关键，很大程度上取决于委员的陈述是否有力。他感觉，应该对这一部分进行特效编辑，强化效果。

米尔格拉姆的申请中还包括一个观后评估部分。电影结束之后，会对观众进行第二次调查，了解电影是否增加了观众对伦理问题的认识，他们在相关问题上的看法是否会出现转变，借以评估电影的效果。此外，他还会根据观众评价对电影做出适当的修改。

电影结束的时候，有下面一段旁白。

> 随着实验的力量愈加强大，心理学界面临的问题也日益严重，与医学研究中存在的问题旗鼓相当。因此，心理学家自身应该更多地关注实验伦理问题，如果在心理学界内部不能将这些问题控制住，其他行业的人可能会毫不犹豫地贸然跟进，人类实验不再受法律保护，那将是一个新黑暗时代。

社会既要珍视科学的价值，也要珍视人权。我们应该为科学研究创造良好的环境。一个社会若想自称为“文明社会”，那么在利用科学工具探索和考察人性的时候，就必须寻找恰当的伦理平衡。

美国国家科学基金会将这份申请寄给了数名独立评委，包括教育片和纪录片制作人以及心理学家等。总体而言，评委们对这份申请都给予了肯定。大家都认为，无论是电影制作还是科学研究，米尔格拉姆都具有独创性。但是有几位评委的态度有所保留，他们认为，由于米尔格拉姆在社会学和生物学方面没有专业经验，美国国家科学基金会应该只批准申请中的那部关于心理学的电影。

尽管独立评委建议全部或者部分批准这份申请，最终申请还是被美国国家科学基金会否决了。最重要的原因不是别的，而是因为申请金额过大，占去了当年美国国家科学基金会预算的大部分。1979 年，他又提交了一份申请，这次他计划拍摄的电影只有一部，即心理学伦理问题的电影。申请数额为 97 000 美元。此外，根据上次申请时评委给出的意见，他对电影计划进行了修改。在评审会中加入女性评委，非心理学专家的比重加大。此外，最后的结束语口气有所缓和，去掉了“新黑暗时代”那段话，因为一位评委曾表示，这句话是“启示录一般的空洞语言，没有必要”。尽管申请进行了修改，但再次被拒，而且没有给出任何合理的理由。

你能看出是谁在说话吗

在这期间，米尔格拉姆还打算为另外一项研究申请一大笔研究经费，那就是“西哈诺研究”。这个名字源自 19 世纪埃德蒙·罗斯坦德（Edmond Rostand）的名剧《西哈诺·贝热拉克》（*Cyrano de Bergerac*）[①]。西哈诺·贝热拉克是剧中男主人公的名字。这名才华横溢的军官深深地爱着他的表妹

① 该剧曾被改编成电影，中译名为《大鼻子情圣》。——译者注

罗克珊，却因自己长着难看的大鼻子而羞于表达爱意。后来他帮助帅气但才能平庸的士兵克里斯蒂安追求罗克珊，帮他写情书，甚至一句一句地教他表白心迹。

在米尔格拉姆的研究中，“西哈诺”的角色是沟通媒介。他这样描述西哈诺：“他说出来的想法并非源自他自己的中枢神经系统，而是源自另外一个人，在西哈诺的耳朵中藏着一个外人看不到的耳机，连接着一个微型调频信号接收器。另一个人可以通过这个接收器将他的话语传递给西哈诺。”

米尔格拉姆设计的西哈诺模式交互行为中有三名参与者。来源者即一段话的源起人。西哈诺为中介人，接收来源语言，将其传递给第三者，即交互者，也就是听众。米尔格拉姆认为，《西哈诺·贝热拉克》中有一幕发生在露台的戏，与他的这种交互模式很相似。

在这场戏中，克里斯蒂安站在心爱的姑娘罗克珊的窗下，向她背诵了一大段激情浪漫的爱之告白。但这段告白的出处并非是他本人，而是源自躲在窗下阴影中的西哈诺。他将那段告白一句一句地低声告诉克里斯蒂安，后者只是在机械地重复罢了。

1977 年 11 月 4 日，米尔格拉姆在纽约城市大学的媒体课上对西哈诺模式进行了一次简单的实验。他有一个笔记本，上面字迹潦草地记录了相关的准备工作，包括很多与电影、发明和实验有关的新点子。笔记名字为《中介人：西哈诺模式研究》(*The Person as Medium: Studies in the Cyranic Model*)。他在笔记中写下了这次初步实验的效果：“中介人所进行的沟通似乎很自然，尽管中介人只是重复来源者的语言，但他表达得很流畅。这一方法效果很好。我相信，无论是用于理论研究，还是任何可能的实际训练，这个方法都会产生很多有趣的用途。在社会心理学领域中，这个方法的适用范围可能包括人的知觉研究、归因理论、偏见等。一名 15 岁的辍学学生也会像成熟科学家一样演讲，一个害羞的男孩会忽然通晓女孩心事，熟练地与漂亮女孩周旋。”

1979年2月，为了能扩展西哈诺研究的范围。米尔格拉姆向美国国家科学基金会社会和发展心理学部门递交了经费申请。该部门专门资助社会心理学方面的主流基础研究。这份申请题目为《间接叙述法在社会心理学中的作用》，申请金额为20万美元，时间为两年。当时，这个部门的主任是著名社会心理学家凯利·谢佛（Kelly Shaver），研究领域为社会知觉中的归因过程，即我们如何在理解人类行为的过程中判断责任和过失。米尔格拉姆的申请中附有一封致谢佛的信，表示可以将前期实验的录像片段寄给谢佛。他感觉这些录像可能会对申请有用处，可以将研究中蕴含的力量更好地传达给评审。谢佛同意了米尔格拉姆的这个想法，让他把录像带寄过来，如果评委想看，就会提供给他们。

这份申请寄给了一组独立评委和相关的评论人员，他们会提供出一份书面的评估意见，谢佛和常务顾问小组在5月份将举行评审会，届时将以这份评估意见为参考。8名独立评委的意见各不相同，但整体脉络基本一致。一方面，大多数人都认为，西哈诺是一个特别富有想象力的实验计划，对社会心理学的发展有着重要的意义。另一方面，他们又觉得这个研究和具体实验计划中缺少强有力的理论基础。

米尔格拉姆在以往的研究中展示了他的学术天分。他总是能够准确判断出值得探索的问题，然后为这些问题设计出独一无二的方法。但很多评委指出，米尔格拉姆这一次将这个过程颠倒过来了。他先想出一个绝妙的方法，然后再寻找可以应用这个方法的现象。他提交的研究计划是一个混合体，既有基础理论研究部分，又有实际应用部分，但似乎又不像在进行理论整合。申请中有一项基础研究与态度改变有关，这是社会心理学中一个古老的分支。他的想法是创造两个不同情境的实验。一个情境是被试直接劝说一组人；另一个情境是被试运用西哈诺模式来劝说另一组人。被试在第二个情境中就是西哈诺中间人，来源者是一名相关问题的专家。这组实验的目的是探求西哈诺模式的陈述是否比正常方式更具说服力。

很显然，米尔格拉姆在设计实验的时候并没有进行太多思考。正如几位评委所指出的，这个实验的设计其实是进行了一次“完美的混淆”，无法解释两个不同沟通情境之间到底有着怎样的重大区别。比如说，如果观众在西哈诺情境中更容易被说服，那么原因是什么？是因为这种沟通模式本身起作用，还是因为与“普通”情境相比，这个情境中有了专家的参与？

米尔格拉姆的另一个实验计划则显得更实用一些。他想证明西哈诺模式在一些紧急情况中会起到重要作用，比如绑架人质。在与匪徒谈判的过程中，与绑架者直接说话的人不需具有这方面的谈判经验。他只需要戴上西哈诺设备，即使专业谈判人员不在现场，也可以一句一句地指导他与绑匪谈判。

有一位评委对这个申请持否定态度，他的评语很具有代表性。

> 很显然，这个项目的首席研究员对他发明的方法太着迷了，试图为它寻找一个用途。不幸的是，我觉得他提交的研究没有任何地方可以切实加深我们对社会行为的理解。更为不幸的是，这位首席研究员曾为我们这个行业做出过重要贡献。

米尔格拉姆在 1979 年 7 月 30 日收到了美国国家科学基金会的否决信。得知评审委员会没有看过实验录像，他特别生气。他认为，由于这是一个全新的方法，如果没有亲眼看见实验情况，根本不能做出正确评估。因此，他请求谢佛向各位委员提供前期研究的录像带，在观看之后重新考虑他的申请。

美国国家科学基金会社会和发展心理学部门主任这个职位的任期只有短短的两年。当米尔格拉姆还在尝试让评审委员重新考虑这个申请时，谢佛已经离开了这个部门，社会心理学家罗伯特·巴伦（Robert A. Baron）走马上任。巴伦主要的研究方向是攻击性。此外，他还是一本著名心理学教材的合著者。

虽然谢佛已经离开，但米尔格拉姆的项目却没有人走茶凉。新上任的巴伦对米尔格拉姆的申请十分重视，他不仅向米尔格拉姆再次敞开大门，还把西哈诺研究作为一个新项目重新进行评审。这就意味着他可以重新选择一批独立评委。此外，他还向米尔格拉姆保证，在评审过程中会播放那些录像资料。

11 月，米尔格拉姆对实验计划进行了些许改动后重新提交。在附给巴伦的信中，依照美国国家科学基金会的鼓励做法，他推荐了几位独立评委候选人，称这些人的研究与西哈诺方法有关系。事实上，这些候选人有一个显而易见的共同点：大部分人都是他在耶鲁和哈佛时候的同事。他们包括：罗杰·布朗、欧文·贾尼斯、菲利普·津巴多、杰罗姆·布鲁纳和米尔格拉姆在哈佛时的研究助理艾利诺·罗施。

但在这一轮评审过程中，评委的分歧比上一次还要严重。一部分评委认为“这个计划简直太有意思了”，另一些人的态度正好相反。一位评委写道：“这是我为美国国家科学基金会担任评审的 18 年中见过的最差的一个。”但是，这些评委有一个共识，这一点与上一次评审结论很像：米尔格拉姆发明了一种巧妙的方法，想要为它寻找可以应用的现象，他提交的研究缺乏理论意义。有一位评委一方面肯定了米尔格拉姆对社会心理学做出的贡献，但也一针见血地写道：“就这个方案而言，米尔格拉姆就像一个聪明的小孩得到了一个聪明的锤子，现在需要找点什么来敲打敲打……如果普罗克斯迈尔议员（Senator Proxmire）将这个方案提名金羊毛奖（Golden Fleece）[①]，我也绝对不会提出异议。我只能说，那只不过是为了一个呆板的学舌实验浪费 25 万美元罢了。”

由于独立评委普遍持否定态度，巴伦的评审小组最终也拒绝了这份申请。巴伦在致米尔格拉姆的信中通知了这个坏消息，口气就像赔罪一样。他在信中说，他已经使出了浑身解数，确保这个方案能够获得公平的评审。他组织评审组看录像，尽可能从米尔格拉姆的推荐中选择独立评委。但是

① 该议员于 1975 年推出金羊毛奖，意在揭示那些浪费纳税人金钱的毫无意义的研究项目。——译者注

很显然，尽管朋友们喜欢米尔格拉姆，但友谊并没有遮蔽他们的眼睛，他们没有忽略这个计划中的败笔。

米尔格拉姆申请资金的计划再次被拒，无疑让他失望之极。事实上，评委的批评也让他无言以对，他对西哈诺方法中存在的问题也心知肚明。1983 年 10 月 8 日，他写信给纽约城市大学的同事斯图尔特·阿尔伯特（Stuart Albert），信中说：

> 尽管这个现象确切的科学意义难以把握，但它还是很有趣的。有时候，我感觉与其称它为科学现象，不如说它更像是一个戏剧现象。它激发了艺术好奇心，而不能引出科学命题。但是我还不是很确定，我会继续对之进行研究……最主要的问题就是判断这个方法中的核心问题，找出具体的测量目标。这其中的自变量西哈诺令人着迷，但因变量，即实验结果是什么，却并不清楚。

1984 年春天，纽约城市大学提供了 5 000 美元的小额内部经费，对这个现象进行了进一步研究。这次研究中最重要的发现就是：

当我们在头脑中构筑对他人的印象时，会具有强烈的寻求统一和一致性的倾向。尽管西哈诺和来源者之间存在巨大差异，观众在感知的过程中，还是会认为两者具有一致的人格。

比如，在一个实验中，来源者是一名 50 岁的心理学教授，西哈诺是一名 12 岁的小男孩。实验过程中，没有人察觉到西哈诺的语言并非出自小男孩之口。另一个实验中，来源者不止一人，西哈诺只有一个。同样，没有人意识到西哈诺展示出来的人格是由多个部分组成。

拉尔夫·瓦尔多·爱默生（Ralph Waldo Emerson）曾经这样写道：“不

加思考地坚持一致性是愚不可及的。”但是，一致性却是人性的重要特征。当我们面对矛盾对立的信息时，总是会本能地寻求一致与和谐。因为人类有一种需求，希望将复杂的社会进行简化，使其变得更容易预知。比如，社会心理学家不断向我们证明，在人类感知过程中有一种观点：美即是好，这就体现了简化原则。也就是说：我们相信外在的容貌和内在性格是一致的。相反，如果因和果之间不一致，比如，一个重要的结果只是源自一个微不足道的原因，人们就会感到十分不快。有些社会心理学家认为，这可能会解释为什么肯尼迪遇刺之后，公众普遍相信这是一场阴谋。米尔格拉姆的西哈诺研究证明了人类行为中这种简化和统一的倾向特别强烈，只是他的方法比较具有创新性。

突如其来的病魔

1980年1月，纽约城市大学授予米尔格拉姆杰出心理学教授荣誉。这个奖项始于1974年，由当时的纽约城市大学心理学博士站行政主任佛罗伦斯·登马克发起。但是直到6年之后，入选教授才可以享受拨款优先政策。另一件喜事接踵而至。1月26日，马克在河谷区的犹太教堂中接受了男孩成人礼。礼毕之后，萨莎在家中准备了午宴，招待6位客人。米歇尔在6个月前，即1979年6月3日，也在同一座教堂中接受了女孩成人礼，这对一家人而言可谓是件大事。

喜事连连，没有人意识到阴霾正一点点逼近米尔格拉姆的生活。几个月之后，一个明媚的五月天，米尔格拉姆决定到公寓楼对面的山地公园中骑自行车。这是自去年秋天以来，他第一次骑自行车外出放松身心。但他在外面停留的时间特别长，有些不同寻常。他回到家的时候，在大门口把自行车交给了出来迎他的萨莎，然后回到卧室。萨莎把自行车放在地下室之后也回到房间，看到米尔格拉姆正躺在床上，十分虚弱。她多少了解一些心脏病突发的症状，感觉他的情况不妙，立刻将他送到10分钟车程之外的哥伦比亚长老会医院（Columbia-Presbyterian Hospital）急诊室。医生检查后发现，他患上了严重的冠心病。

1975 年，米尔格拉姆在一次体检中被查出有高血压，一直在服用降压药，萨莎也刻意减少日常饮食中的盐分。但是这次心脏病发作来得突然而猛烈，没有任何先兆。经过两个半星期的住院治疗之后他终于康复了。7 月中旬，他每天能够步行几千米。但是医生的警告让他不得不放弃 8 月去欧洲的度假计划，将目的地改在麻省的波克夏。

他在重病特护期间曾收到罗杰·布朗的问候信。康复回家之后，米尔格拉姆回复了一封感谢信，并提到在住院期间与弗朗西斯·米诺特·维尔德医生（Francis Minot Weld）之间的对话。

> 我们闲聊过几次。有一天他忽然拿出一份同意书，问我是否愿意参与他的一个实验。多么具有讽刺意味的请求啊，180° 大转弯……这个实验的目的是了解病人在出院之后，有多少人能幸存下去。我进行了一番深刻的自我反省，然后又向这位心脏病医生请教，最终同意了他的请求，我想这是一次不错的赎罪机会。到目前为止进展很顺利，但这个研究最微妙的部分是在未来：医院每隔一段时间就会给我家里打电话，小心翼翼地探求我是否还活在这个世界上。这是实验的一部分，我想，这部分工作可能会由他的助手来做。

他很快就恢复了正常的生活：教书、研究、到各地演讲。但是，受心脏状况所限，他在长途旅行的时候只能选择加压飞机。传统的喷气客机有加压舱，但小型螺旋桨飞机却没有。因此，如果演讲邀请方位于喷气客机无法抵达的小城镇或乡村地区，他就无法应承。

一年之后的 1981 年 6 月 23 日，他的心脏病再一次发作，依旧在哥伦比亚长老会医院中住院两个星期。8 月，他做了一次冠状动脉造影，结果显示血管堵塞情况特别严重，甚至连心脏搭桥手术都没法做。米尔格拉姆的生命随时都处于危险之中，唯一可以考虑的就是心脏移植，但在左右权衡之后，他没有选择这个方法。

秋季学期开始的时候，他又重回正常的生活。但不断恶化的心脏状况已经发出了不祥的信号。往昔的活力不再，药物让他倍加虚弱，走路的时候甚至要时不时停下来大口喘气。此外，他的性欲减退，心情沮丧低落。他经常向朋友们哀叹：辉煌已经成为过眼云烟。在写给霍兰德的信中，他悲观地表示：就目前的工作进展来看，过去似乎比未来更光明。

心脏病还让他的行为出现了巨大变化，这一点周围的人有目共睹。他性格中的尖锐辛辣开始淡化，不再那么棱角分明。他开始变得圆润温和，喜欢沉思，有点多愁善感，更能体会他人的感受。他的弟弟约尔回忆道：

> 如果不算上童年时代，我们之间真正亲密无间的关系始于他第一次心脏病发作之后……他和我聊起写作的痛苦，聊起父母，聊起我的优点。他说起的很多事情都让我感到惊讶。我想我的惊讶并不是因为聊天的内容，而是这种聊天方式。忽然，他不再是我的哥哥……我想，与我聊天的是一个大限将至的病人。

他的情况不断恶化，有必要从忙碌的工作中抽出时间休息。1982 年春天，他的年假申请获准。通常，他应该会选择出国度假，最有可能的目的地就是法国，但是在两次心脏病发作之后，享受一个安静平和的假期似乎更加现实。因此，他这段时间基本上就待在河谷区的家中。他还买了一台 IBM 电脑，闲暇时间开始学习 BASIC 语言，很快就成为一名“行家”。

在写给莫斯科维奇的信中，他讲述了这个新爱好。

> 我承认，电脑彻底征服了我的心。很奇怪，我在电脑环境中工作了至少 20 年，但是直到微机出现之后，我的兴趣才被激发出来。我相信，世界正在经历一场意义重大的电子智能转变。而且令我诧

异的是我的两个孩子在编程方面能力非凡。整整一代人和青少年们都正在学习这种技能，就像我们小时候学说脏话一样。

学习电脑让他获得了很大的满足感。但更令他高兴的是秋季来临之时，他的身体出现了好转的迹象，完全可以回到研究中心继续教书和研究。

米尔格拉姆特别想念他的五尺讲台。对很多科学家而言，教书只排在第二位，但对他来说，教师工作和科学研究一样，都是他生活中重要的部分。他的学生伊娃·弗格曼（Eva Fogelman）说："对他而言，教书或者当教授是一种生活方式，而不只是一个工作。"他的博士生阿瑟·温伯格（Arthur Weinberger）回忆道："他是一位杰出的教师……他可能很独裁，可能很专制，可能在教室中一手遮天。但是如果你想要寻找学术上的刺激，想要在社会心理学世界开创新天地，米尔格拉姆就是最佳的教师人选。"对于他的学生罗纳·卡巴金科（Ronna Kabatznick）而言，师从米尔格拉姆"一直是我生命中最快乐的事情之一，当他说起心理学的时候，语言流畅简洁，能以一种扣人心弦的方式解释每件事情。他的课堂上总是充满了快乐和刺激，每节课前他都会做充分的准备，有一套系统的教学方法"。同事欧文·凯茨这样总结：

他是一位特别优秀的教师，我深知这一点，因为我们经常共同授课。他喜欢激励学生，让他们体会到茅塞顿开和勇于创新的快乐。在他的言传身教下，很多具有潜质的学生都学到了如何享受学术研究中的快乐。

米尔格拉姆做学问的方法并不沉重死板，我想，快乐是推动他在心理学道路上前进的动力，这种快乐的源泉，就是去发现社会中一些太过明显以至于被他人漠视的事情。他对人类的行为方式很感兴趣，对周围的人很感兴趣，这种兴趣永不枯竭。他对社会生活有一种近乎孩子气的、放纵的好奇，他将这种好奇心应用在科学领域，这让他感到快乐，并将这些快乐毫不保留地传达给学生们。作为一名教师，他的目标只有一个：挖掘学生们的创造潜力。

这年秋天，米歇尔将成为瓦萨学院的新生，专业是认知科学，这个专业是多学科的综合体，既有计算机科学、语言学、哲学，又有心理学和人类学。米尔格拉姆告诉朋友们，他和萨莎本来希望她选择学费适中的纽约州立大学，但是看到女儿对瓦萨学院如此着迷，他们决定“哪怕是破产也要试一试”。

马克已经15岁了，刚开始读高中。他和米歇尔的电脑水平都很高。他刚刚破解了一个难度很高的电脑游戏《冒险》，并通过电脑杂志推销自己的破解方法，很快就有40多个客户表示了兴趣。两年之后，1984年的秋天，马克考上布兰迪斯大学，主修计算机科学。在他的SAT成绩中，数学成绩是99分。

萨莎也有了一份全职工作，在自助社区服务中心的华盛顿高地办公室担任全职社工。这之前她也曾工作过，但都只是兼职或志愿者。1964年夏天，萨莎在结婚后不久获得史密斯学院社会工作硕士学位。之后两个孩子陆续降生，米歇尔出生在1964年11月，马克出生在1967年1月，萨莎忙于家务和照顾孩子，无法以全职的方式工作。1979年和1980年，她曾在河谷区希伯来老人之家费尔菲尔德分部做过一段时间的兼职，每星期工作两个上午。在那之前的1972年到1981年，她还定期到米尔格拉姆的办公室中帮忙。做一名全职社会工作者是萨莎一直以来的理想，但始终无法实现。现在，由于米歇尔准备上瓦萨学院，这个理想必须变成现实，因为瓦萨学院学费高昂，仅靠米尔格拉姆自己的收入难以支撑，萨莎的全职工作可以补贴家用，以解燃眉之急。

在年假期间，米尔格拉姆遵循着严格的饮食限制，有意识地减少精神压力。1982年秋天，他结束年假回到研究中心。一回到工作岗位，他又恢复了繁忙紧张的日常工作，每学期教授两门课程，指导4名博士生的论文。

他又变成了心理学系的大忙人。

尽管健康状况每况愈下，他的学术活力和实验能力却始终旺盛。他曾经和学生们进行了一次关于“插队行为”的实验，并在秋季学期开始之前完成了这个实验的报告。在写给阿兰·艾尔穆斯的信中，他说：“我们收集了一些很有意思的数据。但我们面前摆着一个挑战，即如何深入分析这个现象，才能克服其内在的平庸性。目前的工作已经到怎样的程度，还有待观察。”

事实证明，他成功地应对了挑战。这份报告后来刊登在《人格和社会心理学》上，这是该领域中最权威也最挑剔的期刊，稿件的录用率只有10%。

1982年秋季学期，他任课的城市心理学班级开始研究“垂直城市”课题。早在1970年，他曾在《城市生活体验》中对大城市和小城镇居民的行为进行了对比。12年之后，他又对“垂直城市”和“扁平城市”进行了比较。这次研究与1970年的研究类似，但是规模很小。他的问题是：摩天大楼中的生活怎样影响人类的思考和行为？如果垂直生活对人类的关系有影响，那么这种影响到底是什么？

米尔格拉姆在休假期间学习微机的经历，帮助他打开了一个全新的世界，他从中看到了实验方法更多的潜力。首先，他计划做一次电脑时代的阿希从众实验。1983年春季学期，他带领实验社会心理学研究班的学生，将阿希的从众实验进行改进，加入了更多的电脑元素。被试不会与其他假被试坐在一起，而是单独面对电脑。电脑屏幕上会出现一些错误答案，主试告诉他们，这是其他被试给出的答案。有时候，主试会说那些答案来自电脑网络中的其他参与者；有时候，他们会告诉被试，电脑就是他们的互动对象。米尔格拉姆在信中对罗杰·布朗说：“这是一种有趣的方法，通过程序设计构建一种人工智能，让电脑看上去好像明白你在说什么，并做出基本符合社会标准的恰当反应。上星期，学生们开始分析数据，走廊里回荡着学生们发出的‘太对了’的欢呼。”

1983 年春季学期，米尔格拉姆与失去联系多年的旧友杰罗姆·布鲁纳重新取得了联系。布鲁纳刚刚接受曼哈顿社会研究新学院的教授职位。与旧友重逢让他感到很兴奋，在写给罗杰·布朗的信中他谈到了他们这位共同的朋友，说："与他聊天，比跟城市中任何其他人聊天都有意思。你知道的，与布鲁纳交流能得到一种精神上的共鸣，那种感觉十分特别。"

春季学期行将结束，他又得到了一个惊喜。1983 年 5 月 11 日，他收到来自美国艺术与科学研究院的通知，他被选为该研究院的院士。这个机构历史悠久，由美国总统约翰·亚当斯于 1780 年创办。多年以来，由于服从研究掀起的争议，他认为自己根本不可能被任何全国性机构认可，事实上，他已经完全放弃了这个念头。因此，这个意外的荣誉让他喜出望外。

马克从秋天开始读高三，一家人需要考虑明年大学择校的问题了。这年的暑假，米尔格拉姆对波士顿地区的学校进行了一番调查，之后驱车来到科德角的伊斯坦，在那里租了个度假屋。整个暑假的天气都出奇地好，几乎每天都是阳光灿烂，他们可以在附近的海滩尽情享受每一刻。晚上，他们会去"初识海滩"看海湾落日。米尔格拉姆在写给朋友的信中，描述了一个让他难以忘怀的夜晚。

> 清爽的海风引来众多放风筝的人。潮水已经退去，向海的方向走 800 米，海水也只有脚踝那么高，可以看到海草从退却的潮水中伸出了头。太阳徐徐下落，火一般的颜色迅速点燃了整个海岸线。孩子们虽然站在远处，但他们的声音仿佛回响在耳畔。风筝点缀着夜空，海风令人迷醉。忽然，我看到了一个诗意无限的情景：一个人骑着马从远处向海湾飞驰而来，马蹄踏在海水中，雪白的浪花四处飞溅。

8 月 15 日是米尔格拉姆 50 岁的生日。他在这之前就已经回到了河谷区的家。本来，一家人计划举办一次盛大的 50 岁生日晚会，但是这个计划"看上去很美"，执行起来颇有难度。最终，在生日的那天，米尔格拉姆的几名学生带他出去共进午餐以示祝贺；晚上，萨莎邀请了几位邻居来家中喝香槟，祝他生日快乐。

一代心理学大师的最后岁月

1983 年秋天，距离奥威尔（Orwellian）的代表作《1984》[①] 中所描述的年份已经不远了。米尔格拉姆收到了雪片般的演讲邀请，请他讲述服从研究和小说中的极权社会之间存在哪些关系。他接受了一些邀请。事实上，如果不是由于心脏问题限制了他的行动，他可能会收到更多的邀请。1983—1984 学年中，他在各大院校进行的演讲都以《1984》中虚构的国家为主题。

有一次演讲是个例外，那是在 1984 年 3 月，福特汉姆大学林肯中心校区举办了基蒂·珍诺维丝纪念会。这次会议由心理学家哈诺德·塔库夏（Harold Takooshian）组织，来自社会学和法学方面的专家以及公共事务官员聚集到一起，对这件发生在城市中的悲剧进行了深刻的反思。会议上的主要发言人是军医局局长艾弗瑞特·库珀（C. Everett Koop）以及美国国家精神卫生研究所和国家司法研究所的两位主任。米尔格拉姆在发言中指出，珍诺维丝谋杀案之所以引发了如此广泛的社会关注，是因为：

> 这个案件触及了一个最根本的人类问题，那也是我们最原始的噩梦：如果我们需要帮助，周围的人是会袖手旁观，任凭我们被毁灭，还是会出手相助？当我们的生命和价值观难以为继，其他人是否会帮助我们渡过难关，或者，我们每个人都只是一片尘埃，漂浮在一片空荡荡的真空之中？

春季学期过去了，萨莎和米尔格拉姆又开始了度假准备，满心希望今

① 奥威尔于 1949 年出版的一本反极权的“硬科幻”作品。作品对一个虚构的极权国家进行了大胆深入的剖析，表达了作者的反极权主义理念。——译者注

年的假期能像去年夏天一样愉快而惬意。他们在6月中旬来到了马萨诸塞州的维尔福利特，住在一栋租来的房子中。但在一个星期后的6月30日晚，米尔格拉姆第三次心脏病突发。救护车载着他飞驰到53公里外的海尼斯医院进行抢救。发病的原因很可能是因为这天上午他在海滩的沙丘上进行了一些比较剧烈的运动。医生警告他，以他这种心脏条件，不应该从事这么消耗体力的活动。

7月18日，距离上次病发时间不到一个月，心脏病再一次把他击倒。此时他们已经回到了河谷区的家，萨莎开车把他送到哥伦比亚长老会医院。不巧的是，当时正好赶上医院非医护类员工罢工。在住院期间，罢工员工的抗议让身体虚弱的他格外痛苦，因为这些人在医院窗外用敲鼓的方式表示抗议。噪声从每天早晨6点45分开始，一直持续到深夜。米尔格拉姆在《河谷报》（*The Riverdale Press*）的特邀专栏中表示了对这种抗议行为的不满。他同情医院工人们的境遇，认为他们提出的要求是合理的。但他们制造出来的没完没了的噪声实在令人难以忍受。他写道："对于我们那个楼层中正在康复期或者行将就木的病人来说，这种声音是一种可怕的刺激，病人在心脏病发后需要静养，他们发出的噪声严重干扰了静养。人们可能会想，你们的本职工作是看护病人，怎么会对病人如此冷酷？"

两个星期后，米尔格拉姆出院回家休养。频频发作的心脏病并没有抹杀他的幽默感。他设计了一张感谢卡，寄给那些生病期间捎来问候的朋友，卡片上写着：

> 关于这个夏天我到底犯了一次还是两次心脏病的问题，有必要予以澄清。我努力完成了两次，第一次是6月在科德角，在那次心脏病的康复期间患上了第二次，地点是在纽约。当然，第二次心脏病发作的原因是因为政府将营业税提高到了8.25%。
>
> 心脏病通常需要6个星期的康复期，这样才能防止以后再出现问题。我应该能在秋天重回教师岗位。同时，正如梅纳赫姆·贝京

（Menachem B）[①] 一样，我算是处于一种安静的遁世生活之中。收到你们的便条和信件真高兴，很遗憾我不能一一回复。

热情的问候和最好的祝福送给你们！

米尔格拉姆

于河谷区

1984 年 8 月

卡片的后面还像模像样地印着：

当代问候贺卡 [②]

1984

每张卡片的内容相同，为了使其更加个性化，他在卡片封面印上了自己的一张照片，照片旁边画着一个圆形的对话框，里面写着收信人的姓名（见图 9-1。）

图 9-1 个性化感谢卡

米尔格拉姆在第四次心脏病康复期间设计的个性化感谢卡，邮寄给患病期间送来问候的朋友。

① 梅纳赫姆·贝京：犹太复国主义领袖，以色列前总理，1983 年辞职隐居。——译者注

② 原文中，米尔格拉姆用 cardiac（心脏病）代替 card（贺卡）。——译者注

这之前的春季学期中，他一直在与实验社会心理学班的学生们进行西哈诺研究。纽约城市大学为这项研究提供了5 000美元的内部研究经费。8月24日到8月28日，美国心理协会在多伦多举办年会，其中一个研讨会名为“心理学新范式”，米尔格拉姆受邀在会上介绍西哈诺研究。这次研讨会的举办者是社会心理学家詹姆斯·潘尼贝克（James Pennebaker）。他通过研究发现，记述生活中的痛苦事件可以释放情感，改善生理和心理健康。他是从纽约城市大学的同事苏珊·克巴萨（Susan Kobasa）口中了解到米尔格拉姆这项新研究的。这将是米尔格拉姆第一次公开讨论西哈诺研究。

不幸的是，6月底，米尔格拉姆的健康状况恶化，已经病到无法坐飞机的地步。但他还是想办法进行了缺席演讲。他把演讲录在磁带上寄给潘尼贝克。与会当天的听众们发现，他们并没有看到米尔格拉姆本人，只是看到在演讲台上，众多演讲嘉宾的旁边放着一个录音机，里面传出米尔格拉姆的声音，听起来如此怪异和不真实。

秋季学期开始，他又回到了纽约城市大学。令萨莎意外的是，米尔格拉姆的心脏病医生同意他重拾教鞭。表面看上去，米尔格拉姆的身体似乎已经完全康复。除了正常授课之外，他继续给即将毕业的博士生写工作推荐信，还完成了一些研究论文，并为霍兰德的论文提供了详细的反馈，一切似乎都一如既往。此外，在一位研究生的帮助下，他还打算招募一些被试，对西哈诺现象进行深入的研究。学期过半的时候，他甚至还制订了一个新计划，打算在1985年初举办一次名为“纽约每日文化”的会议。

但是事实上，这位看似活跃的教授已经病入膏肓。他无法再像以前那样每天步行到火车站，萨莎每天早晨都要开车送他到车站，下午再去车站把他接回家。他的心脏状况已经相当危险，当他第四次心脏病发作的时候，也就是1984年夏天的第二次，他的心脏供血量只有正常供血量的17%。

那么，在这艰难的最后岁月，是什么支撑着他一如既往呢？他有三个力量之源。第一个也是最重要的一个，就是萨莎的支持。米尔格拉姆在

1984年年底写给朋友们的信中感谢萨莎在第一次心脏病发时对他的照顾。他说：

> 无论谁亲眼看见这番经历，都会认为这太可怕了，但这只是其中的一部分。困境会让人顿悟。在科德角医院住院期间，萨莎每天驱车106公里到医院，给我带来她的爱与支持。又有谁能享受到比这更多的爱和奉献呢？这是我当时最强烈的感受。

第二个力量之源就是他的工作。每天在学校埋头工作虽然辛苦，但是却可以给他带来更多的力量。正像他的同事欧文·凯茨所说：

> 他处理疾病的方式让我记忆犹新……我从未见到有谁像他一样承受住了这么大的苦痛和折磨。很多人退缩了，很多人陷入痛苦不能自拔，很多人变得悲观丧气。他却与他的工作同在，与他的学生同在，他依然对周遭世界和人有着浓厚的兴趣。

第三个力量之源，就是他内心深处的犹太民族意识。米尔格拉姆具有强烈的犹太民族意识，只是没有表现出来而已。事实上，他不经意说出的一些话会显示出他身上那种犹太人的执着劲儿。

1983年年底，米尔格拉姆和萨莎像以往一样，给朋友们寄去祝福信件，总结过往的一年并向朋友们表示感谢。他在信的末尾说：

> 我们已经回到了河谷区的家，过往的一年对我们不薄，很好奇未来会发生什么。有时候，我经常会想起一首犹太圣歌。圣歌原本只有10个犹太单词，但是翻译过来却要累赘得多。此时此刻，没有什么比它更合适的祝福了。
>
> 芸芸大千世界，

是架狭窄的桥。

牢记重要之事，

永远不要恐惧。

1984年12月20日下午，米尔格拉姆成功主持了他的学生克里斯蒂娜·泰勒的博士论文答辩。答辩会过后的下午4点左右，他对欧文·凯茨说感觉不舒服。凯茨建议坐出租车到最近的医院看一看，但米尔格拉姆不想去，说："萨莎在等我，我不想让她失望。"因此，凯茨步行送米尔格拉姆去大中央车站，并坚持一路送他回河谷区。在半个小时的路程中，米尔格拉姆不断给凯茨讲笑话。凯茨觉得，他这样做既是为了转移自己的注意力，也是怕凯茨担心。到了河谷区后，正在家等着他的萨莎立刻驱车把他送到哥伦比亚长老会医院。到达急诊室之后，米尔格拉姆缓缓地走到前台说："我的名字叫斯坦利·米尔格拉姆，这是我的身份证，我第五次心脏病发作。"

即使在弥留之际，他还是保持了一如既往的幽默，他躺在急诊室的病床上时跟医生开玩笑，问现在有没有狒狒的心脏。他指的是最近的"菲依宝贝"（Baby Fae）事件，一名叫作菲依的新生儿患有严重的先天性心脏病，在移植了狒狒的心脏后活了20天。

不到一个小时之后，他的心脏停止了跳动。享年51岁。

10

THE MAN WHO SHOCKED THE WORLD

研究服务于大众的心理学

米尔格拉姆留下的遗产是清晰易懂、没有术语的文章，让他的研究工作可以被广大的读者群接受。他扮演了一个非常重要的角色，让社会大众认识到学术的价值，用科学的取向来了解日常生活中的社会行为。

米尔格拉姆与美国心理学界的关系一直都处于爱恨交织的状态。他的服从研究被认为是现代心理学的经典之作，是任何一门心理学和社会心理学课程中都“必须”纳入的课题。如果哪本教科书中没有提到它，就会被认为不够全面。服从实验可以充分证明一点：社会心理学这门学科能够揭示出一些常识无法预测出来的社会行为。正如罗杰·布朗所说：“能向学生讲述米尔格拉姆的实验，哪位心理学家不会由衷感到高兴？他让我们这个学科获得了社会的认可。”

最近的一项研究将米尔格拉姆列为 20 世纪最伟大的心理学家之一，但是美国心理协会从未将其最高荣誉“杰出科学贡献奖”颁给他。米尔格拉姆的很多同事或朋友都曾经获此殊荣，包括高尔顿·奥尔波特、欧文·贾尼斯、利昂·费斯廷格、罗杰·布朗、所罗门·阿希、杰罗姆·布鲁纳、埃利奥特·阿伦森，甚至还包括米尔格拉姆在哈佛的同班同学扫罗·斯滕伯格。此外，大多数关于心理学历史的文献中也很少提到他的名字，即使提到了，也只是一笔带过。但与这种被忽视的地位呈鲜明对比的是，米尔格拉姆的研究成果却频频出现在很多专业文章的参考书目里。

然而，业内之所以“习惯性”地忽视他的存在，米尔格拉姆自身也有可究之处。他在很多心理学家心中的印象就是一名业余人士，因为他不断地从一个有研究价值的现象跳到下一个，却从未对手中的课题进行过深入彻底的研究。即使是那些十分认可米尔格拉姆成就的人，也不得不承认这一点。

他发表论文时的一些奇怪选择也是原因之一。他曾做过大规模的跨文化从众研究，却从未在专业期刊上发表过相关论文。他完全忽视了科学论文的发表规则，将他的跨文化从众论文发表在《科学美国人》（*Scientific American*）这样的科普杂志上。科学家通常不会选择这种类型的出版物发表研究成果。这导致业内在很长时间内几乎不知道这篇从众研究的存在，自然也谈不上了解这个研究的价值了。米尔格拉姆后来还做过类似的奇怪决定，1967 年，他首先选择在《今日心理学》上发表小世界研究。在 1969 年和 1970 年，才将这份研究发表在行业期刊上。

一个实验影响所有人

社会心理学家阿伦森和卡尔·史密斯（Carl Smith）曾经提出过“实验现实主义”（experimental realism）的概念，即实验情境特别逼真，被试完全投入到实验之中，无法用一种冷静、剥离的态度做出理性反应，因此增加了实验结果的可靠性。米尔格拉姆的服从实验无疑就是这种“实验现实主义”的典型代表，服从研究创新地使用实验现实主义证明了一个重要的社会和道德问题。45 年过去了，它在这方面的经典之处依旧无人能够超越。

米尔格拉姆的研究具有一种启示力量，影响了我们思考很多问题的方式，比如人性之恶和破坏性的本质，道德规范在社会生活中扮演的角色，面对社会压力时我们的可变性等。他的服从研究告诉我们，面对权威下达的命令，我们会做出怎样出乎意料的反应。

THE MAN WHO SHOCKED THE WORLD
电醒人心

社会中的等级制度组织可能会让我们失去人性，这并非是某一部分人的专利，而是现代社会中的一种普遍行为。米尔格拉姆向我们揭示出，无须魔鬼或变态狂，只需合法权威人物一声令下，普通人就会做出他们自己根本不会做的可怕举动。

米尔格拉姆发现，学生与被试的距离越近，被试的服从比例就越低，但如果在被试和学生之间有缓冲区，服从比例就会提高。这让我们深刻意识到，即时情境拥有不可预知的强大力量，有时候甚至会驾驭我们的是非观。

在这里需要重申的是，米尔格拉姆实验想要告诉我们的并不是人类具有服从权威的天性，而是在展示这种服从倾向有多么强大。他还指出了极端服从出现的两个因素：将自己的责任交给负责人，接受负责人对情境的描述。

服从实验的影响力跨越了学术边界，在心理学之外的很多领域中也产生了重要影响，比如经济学、教育、社会学、政治科学、哲学和艺术等。你会在形形色色的出版物中看到这个研究的影子，或是对这个研究进行讨论，或者以之为参考资料。

一些著名作家也在自己的作品中对服从研究进行了深刻的思考，如阿瑟·库斯勒（Arthur Koestler）的《两面人》（*Janus*），多丽丝·莱辛（Doris Lessing）的《我们选择居住在心灵监狱》（*Prisons We Choose to Live Inside*），以及巴林顿·摩尔（Barrington Moore）的《服从和反抗的社会基础》（*The Social Bases of Obedience and Revolt*）等。

除此之外，还有一些值得一提的作品。1984 年，挪威作家玛丽亚·莫迪（Maria Modig）出版了一本书，名为《必不可少的反抗》（*The Necessary Disobedience*）。该书再版了三次，最近的一次是在 2003 年。这本书告诉读者，如果变化可以促进他们的成长，就要勇于承担变化所带来的风险，勇于承担社会赋予我们的责任。要学会做出艰难的抉择，包括在必要的时候反抗权威。这本书就是献给米尔格拉姆的，它的灵感和内容全部来自服从实验。1982 年 5 月，莫迪曾经在纽约对米尔格拉姆进行过采访，她将这段采访也放在了书中。

一位叫作苏珊尼·克罗希尔（Suzanne Clothier）的训犬师最近出版了一本文笔优美的书，名为《骨头雨从天而降》（*Bones Would Rain from the Sky*），书中就借鉴了服从实验的一些内容。作者建议狗主人，有些所谓的专家会提出一些很残酷的训狗方案，千万不要照着做。事实上，我们的本能也会告诉我们，这些建议完全就是没有人性的做法。

加拿大作家艾琳·考夫兰（Eileen Coughlan）曾写了一本引人入胜的犯罪小说，名为《逐渐死去》（*Dying by Degrees*），故事讲述了在加拿大艾伯达省的一个大学里，一位狂妄自大的教授进行了一次米尔格拉姆式的服从实验，但在实验中途却发生了可怕的事件。

服从实验在表演领域也有着长久不衰的影响力。我们在前面提过，摇滚歌星彼得·盖布瑞尔在 1986 年的专辑《因此》中，收录了一首名为《我们遵命而为》的歌曲。法国的一个朋克摇滚乐队名字就叫米尔格拉姆，他们发行的专辑名为《450 伏特》。还有一个叫作“中途获得”（Midget）的乐队发行过一个叫作《米尔格拉姆实验》的专辑。但是后两个乐队的音乐与米尔格拉姆实验并没有主题上的关联。很显然，这些乐队只是单纯地对他这个人和实验很着迷而已。

借用米尔格拉姆或服从实验来命名作品的艺术家还有很多。1999 年夏天，剧作家罗比·查菲茨（Robbie Chafitz）制作了一部非百老汇风格的喜剧，每周上演一次，名为《斯坦利·米尔格拉姆实验》。这部戏的广告自称具有“原创幽默”。查菲茨称，本剧的主题与服从实验没有关系。但是自从他在中学看了米尔格拉姆的纪录片《服从》之后，就一直想组织一个乐队，并以这个实验命名这支乐队。他最终没有学习演奏乐器，这个理想自然落空，现在，他希望用这个名字来命名他的戏剧。但这个幽默剧与服从实验有一个相似之处：大家看到的并不是真相。

除此之外，还有很多艺术工作者从服从实验中吸取了灵感，包括很多电影工作者。其中的代表作是两部故事片和电影学院学生制作的一些短片。第一部故事片名为《第十级》，另一部是法国著名导演亨利·维尼尔（Henri Verneuil）拍摄的《我如伊卡洛斯》（*I... comme Icare*），主演是伊夫·蒙当（Yves Montand）。当年电影在制作的过程中，米尔格拉姆和萨莎刚好在法国，维尼尔和蒙当曾邀请两人到巴黎郊外的电影棚，参观当日的电影拍摄。

2002 年 2 月，一位名为罗德·迪金森（Rod Dickinson）的概念艺术家，在苏格兰格拉斯哥的现代艺术中心对实验进行了舞台重现。舞台上的被试和主试都由演员扮演，但学生却出现在舞台上的电影屏幕里。迪金森对实验的模仿细致入微，舞台上的实验设备和办公家具与当年在耶鲁实验室中的一模一样。

至少有 4 位剧作家曾经根据服从实验写过戏剧。还有很多剧本正在酝酿过程中。第一个戏剧作品诞生于 1973 年，是威尔士诗人及剧作家丹尼·阿布斯的《巴甫洛夫之狗》。第二部作品是水牛城的戏剧家兼记者安东尼·卡迪内尔（Anthony Cardinale）的独幕戏剧《托里法的诡计》（*Tolliver's Trick*）。这部剧的灵感既来自服从实验，也来自卡迪内尔与当地一位大屠杀幸存者的友情。他曾陪同这位幸存者参加过大屠杀幸存者在耶路撒冷举行的一次集会。第三部作品是四幕黑色喜剧《马赛克》（*Mosaic*），作者是达芙妮·胡尔（Daphne Hull）。其中一幕以戏剧化方法对服从实验进行了改写。最近一部受服从研究影响的长剧是《再来一伏特》（*One More Volt*），作者是约翰·拉文（John P. Lavin），完成于 2001 年。当时他还是卡耐基梅隆大学戏剧专业的研究生。

毫无疑问，如果米尔格拉姆尚在人世，看到服从实验不断为剧作家提供灵感，他一定会很欣慰。他一直认为，实验和戏剧之间有着很多相似之处。他曾用一句颇富哲理的话表达了这个想法："好的实验就像好的戏剧一样逼真。"对米尔格拉姆而言，实验室中的实验就是一种戏剧形式，只是有一个重要的区别：戏剧的剧本可以从开头写到结尾，但实验的结尾，也就是被试的行为，基本上是不可预知的，通常要在实验结束的时候才会揭晓。

米尔格拉姆在实验中更像是一个戏剧导演，他对实验的技术细节和场景布置一丝不苟，希望能像戏剧导演一样影响他的"观众"，也就是阅读实验报告的读者。他曾经说过一句话，是对包括他在内的众多社会心理学家实验方法的精辟总结："化学和物理学实验经常需要闪闪发光的设备、烧瓶、量杯或者电子仪器，但是社会心理学实验却具有更多的戏剧特色。"

对米尔格拉姆来说，戏剧方法为科学家提供了另一种视角来审视自己的实验目标，寻找达到目标必须采取的方式。在反驳丹尼·阿布斯的文章中，他清楚地表明了这种观点。阿布斯曾在一篇介绍《巴甫洛夫之狗》的随笔中，语气强烈地谴责米尔格拉姆在实验中采用欺骗和压力胁迫的方式。他认为：很多人可能觉得，为了证明被试可能会做出艾希曼那样的行为，主试必须扮演类似纳粹秘密警察头子希姆莱的角色。

米尔格拉姆的反驳文章与阿布斯的随笔一并收录在他的论文集中。他在驳文中表示，阿布斯如此严苛的批评让他震惊。在他看来，阿布斯所谓的"欺骗"更准确的名字应该是"技术性错觉"，因为"作为一名剧作家，您当然能够理解，有时候错觉可能具有启发的作用。事实上，戏剧也会使用良性错觉为剧情发展提供基础"。他进一步指出：剧作家和研究人员使用的一些技巧是为结果服务的。就戏剧而言，这些技巧可以提升娱乐性和知识性，就实验而言，可以帮助研究人员揭示出一些难以用其他方式获得的真相。

米尔格拉姆还指出舞台和实验室的相似点：这两个场所中，使用一些虚假的方法是所有参与者都能接受的事情。在戏剧中，如果一个老人在去掉化妆品后变成一个年轻人，观众们不会感觉被欺骗。同理，在实验结束之后，当研究人员澄清事实，大多数服从实验的被试都认为这是一件十分值得的事情。

洞悉人性，方能完善自我

服从实验问世近 45 载，对社会产生了复杂而深远的影响。它最重要的作用之一就是不断警醒世人，组织化环境已经成为现代社会的核心特征，但组织化中潜伏着一种内在的危险。许多行业都从服从实验中吸取了具有现实意义的经验教训，比如销售、财务以及管理行业等。它提醒着这些行业中的从业人员，要记住米尔格拉姆在《服从权威》中做出的警告：

THE MAN WHO SHOCKED THE WORLD 电醒人心。

> 当个体融入一个组织架构中时，这个曾经自主独立的人就变成了一个新“生物”，这个“生物”不再受个人道德观念的束缚，不再受人性的制约，其内心充满的只是对权威的认可。

事实上，在这之后发生的很多人类悲剧，都体现了个人责任如何在等级化组织中沦丧的现象。比如，汽车厂的员工听命于老板的指挥，生产安全性差的汽车；烟草公司的员工接受公司欺骗公众的销售策略等。有一本教科书在探讨商业道德时使用了一幅插图，如图 10-1。作者利用服从实验警示读者，在商业世界中，领导可能会向员工提出一些不符合伦理的要求。

很多商学院的教师和管理者都认为，米尔格拉姆的服从研究给很多领域带来了实实在在的人性化改变，至少在商业环境中如此。比如，让各级员工越来越多地参与到决策过程之中，鼓励独立思考，设立消费者热线电话，派遣政府调查员，鼓励汇报不道德行为，揭露有伦理问题的指令等。

米尔格拉姆教授，您居然让我做这种事儿，真不可思议；但更不可思议的是，我居然正在做这种事儿。

图 10-1　权威：令人震惊的力量

服从实验影响最深刻的非心理学领域莫过于法律学术界和法律实践。很多美国最高法院的简报中都引用了服从研究，近期在律商联讯数据库（Lexis Nexis）进行的检索显示，自 1983 年以来，共有 165 份评论和法律期刊文章引用了米尔格拉姆的服从实验，有的文章引用的篇幅很小，有的文章则将服从研究作为重要阐述对象。还有 12 篇文章引用了他其他的研究成果。圣地亚哥大学法律教授史蒂文·哈特威尔（Steven Hartwell）曾记录了一次教学实践，尤其发人深省。这是一次模拟法庭实验，每名学生都要在一个小额诉讼法庭上为诉讼当事人提供建议。他告诉学生们，他会在旁边的办公室随时为他们提供帮助。哈特威尔这样写道：

这位“客户”其实是知情者，她需要学生们为她提供的建议就是：她在租房纠纷中应该如何进行法庭陈述。尽管客户已经在法庭上宣誓诚实，但是当学生来征求我的意见时，我对他们说应该建议客户说谎，称已经付过房租。学生们问我为什么，我说：“我的建议就是，如果你的客户想赢这个案子，你就必须告诉她要违背誓言。”学生们经历了在忠诚、权威和法律规定的道德行为之间的摇摆。这 24 名学生中，很多人都向我或客户表示对这个建议不满，但 23 名学生最终还是听从了我的意见，建议客户撒谎。

服从研究在法律界最具效果的地方应该是在法庭审判中。这个研究和其他一些社会学和心理学基础研究曾在法庭上拯救过生命。20 世纪 80 年代，发生在南非的两起暴乱案件中有 13 名被告被控犯了谋杀罪。社会心理学家安德鲁·科尔曼（Andrew Colman）作为专家证人出庭作证。他表示，在这两起案件中，可以用服从权威以及其他一些社会心理学现象来解释罪犯的行为，他们的罪责应该酌情减轻。法庭接受了他的证言，最终有 9 名被告免于死刑。

米尔格拉姆的服从研究还产生了一个弥足珍贵的结果，人们可能会通过这个研究改变自己的行为，并对自我或他人有一个全新的认识。很多人在了解服从研究之后，拥有了站起来反对非正义专制权威的力量。米尔格拉姆去世之后的一次纪念集会上，他的一名学生所说的一番话尤其能证明这一点。这名学生曾经在一个拉丁美洲国家居住了一段时间。他发现，反抗专制政府的组织特别推崇米尔格拉姆的研究，认为米尔格拉姆给予了他们反抗暴政的勇气和信念。

1982 年，米尔格拉姆收到了一封读者来信。写信的人曾是 1967 年服从实验中的一名被试。那时候他还是明尼苏达大学的学生。他在信中感谢米尔格拉姆：“我对自我和自己的价值观有了深刻的认识，这主要是您的功劳……拜读您的书时，实验中的经历栩栩如生地在我的脑海里回放了一遍。

我是一个亲切、善良、有思想的人，过去是，现在也是。我永远都不会在生活中做出您在书中所描述的那些坏事，但却在实验中这样做了……我想，那次经历让我更深刻地意识到，正确的人类行为具有至高无上的价值。但是我也明白，这些价值必须真真切切、长久以往地扎根在我的心里，才能帮助我对抗权威那不可思议的力量。”

一位名叫爱德华多·格鲁斯基的瑞典人认为，米尔格拉姆帮助他认清了他的过去：“我是一名犹太人，70 年代曾被关进阿根廷的一个纳粹监狱，长达 7 年……其实，折磨我和杀害我朋友的人大多都是‘普通人’。几年前，通过米尔格拉姆的研究，我对这个世界有了全新的认识……”

克罗地亚心理学家维拉·库贝拉也是通过米尔格拉姆的书，理解了在她生活中发生的一些事情：“第一次读《服从权威》时，他在实验室中发现的那些行为就让我特别感兴趣。波斯尼亚和黑塞哥维那的战争打响之后，我发现战争中出现的一些行为与书中的描述如出一辙，当然，我绝不会对这种行为感兴趣。现在，我经常随身携带这本书，反复阅读。它准确呈现了很多残酷行为的潜藏本质，让我越来越着迷。”

Metafilter.com 网站的社区中有一个帖子写道：“我这儿有一本《服从权威》。它在我的内心点燃了对人类恨意的星星之火，让我夜不能寐。我不是夸大其词，我真的相信，米尔格拉姆的服从实验不仅是我在大学时最重要的学习收获，可能也是我一生中学到的最重要的事情。”

从“平庸的恶”看纳粹大屠杀

服从实验掀起了跨学科的广泛争论，但有一点是不可否认的，服从研究有助于我们更深入地理解纳粹对犹太人的大屠杀。汉娜·阿伦特曾经提出了“平庸的恶”概念，米尔格拉姆的研究为这个概念提供了科学基础。在他之前，人们在试图解释大屠杀的时候，通常只是简单地将纳粹头目和战犯妖魔化，认为他们的行为超越了理性探讨的范围。而米尔格拉姆的研究是对这种简单化解释的挑战。米尔格拉姆坚持认为，纳粹的这种行为是可以进行理性研究的。他通过社会科学的工具和方法对这个问题提出了一个新概念。无论同意与否，研究大屠杀的学者们都会严肃地思考他的观点。

丹尼尔·戈德哈根（Daniel Goldhagen）曾经写过一本备受争议的书《希特勒的志愿行刑者》（*Hilter's Willing Executioners*）。一名评论人在对这本书的书评中这样说："戈德哈根是在向我们声明，他就像汉娜·阿伦特、斯坦利·米尔格拉姆、劳尔·希尔伯格（Raul Hilberg）以及耶胡达·鲍尔（Yehuda Bauer）一样，是对大屠杀有着深刻理解的伟人。"

服从研究和大屠杀之间到底存在着怎样的关系？米尔格拉姆这样解释：

> 通常，大家会认为使用强烈电击伤害学生的被试是妖魔，是社会中的极端虐待狂。但是如果你想一想，几乎2/3的参与者都属于"服从"的范畴，他们代表的就是普通群众，那么上述观点就站不住脚了。的确，这很容易让我们想起汉娜·阿伦特在她的《耶路撒冷的艾希曼》中探讨的问题。阿伦特坚持认为，当我们控诉艾希曼的罪行时，不应该将他描述成一个虐待狂魔鬼。事实上，他只是一个平凡的官僚，坐在桌子前做他的工作而已。
>
> 在服从实验中，数百名普通群众臣服于权威。目睹了这一切后，我得出这样的结论：阿伦特的"平庸的恶"如此接近真实，远远超过我们的想象。那些普通人之所以电击受害者，只是在履行他们的义务，作为被试的义务，而不是出自任何特别的攻击性倾向。我们能从这个研究中学到的最本质的经验就是：那些埋头分内工作、对自我角色毫无异议的普通人，会成为可怕的破坏性行为的媒介。

米尔格拉姆也明白，实验室中的服从和纳粹行径在"环境和广度上有着巨大的差异"，但他认为"两者的核心心理学过程是类似的"。他认为，他的实验可以解释所有类型的等级关系。在这些等级关系中，普通人成为一个合法权威的中间人，交出了对行为负有的责任，心甘情愿地服从。他们的行为不再受意识的左右，他们想的只是如何才能充分实现权威的意愿。

但是，当我们用米尔格拉姆的实验研究大屠杀时，一定不能将两个概念混淆：解释大屠杀和为大屠杀辩护。米尔格拉姆的方法可能会解释为什么普通人会做出特别残忍的行为，但是却不能用这种方法为大屠杀找借口。当年，米尔格拉姆为德文版的《服从权威》写前言的时候，曾经在草稿中明确地区分了这两点，但是最终这段话没有出现在书里。

> 本书翻译成德文是十分恰当的，因为这本书与德国人有着一种特别的联系。毕竟，服从是德国人喜欢的辩词。在结束了服从实验之后，我开始意识到，如果在美国出现了类似集中营或毒气室那样的地方，想要找到足够多的美国“雇员”应该也是毫不费力的。事实上，所有人身上都潜藏着盲目服从，但是德国将这种潜藏转变成真正的兽行和血腥的屠杀，他们不能因“服从”而得到赦免。
>
> 斯坦利·米尔格拉姆

米尔格拉姆的方法特别值得我们深入研究。第二次世界大战结束之后，在纽伦堡对主要纳粹头目进行了审判。这些血债累累的战犯在审判过程中反复申辩“我只是在服从命令”，这与米尔格拉姆的实验惊人地一致。此外，阿伦特在《耶路撒冷的艾希曼》中，对审判艾希曼进行了分析。她表示，艾希曼其实是一个特别传统的人，引领他做出这种可怕行为的动力只是为了升官，而不是因为他仇恨受害者。

有一位历史学家曾将大屠杀期间发生的一些事情与米尔格拉姆的服从实验直接联系在一起。克里斯托弗·布朗宁（Christopher Browning）在他的书《普通人》（*Ordinary Men*）中，描述了 1942—1943 年一个纳粹特别行动队[1]在波兰乡间执行搜捕犹太人的任务，士兵们在指挥官的命令下残忍无情地杀害了38 000名犹太人。这个部队的编号为“101”。布朗宁将这些士兵的行为与服从实验被试的行为进行了详细比较，最后得出了这样的结论：“将101部队成员的行为和证词列成表，与米尔格拉姆的观点十分吻合。”

劳尔·希尔伯格是著名的大屠杀历史学家，他在自己的文章中也支持“平庸的恶”这个概念。希尔伯格指出，纳粹之所以能成功地实行如此大范围的破坏计划，是因为无数的官僚和机构在执行任务时，一直在套用他们再熟悉不过的方法和标准程序。他举出了几个例子，其中之一就是，当年党卫军用火车将无数犹太人运往死亡集中营时，德国的铁路部门还要求党卫军按人头支付费用。

纳粹横行期间，很多机构或个人都全盘接受了纳粹的理念，心甘情愿接受纳粹的指挥。最近，这个问题引起了一些学者的研究兴趣，他们的结论与希尔伯格的观点相似。第二次世界大战期间，法国的维希傀儡政权（Vichy government）出台了一系列种族法律，最终导致75 000名犹太人被驱赶到纳粹的死亡集中营。法律历史学家理查德·威斯伯格（Richard H. Weisberg）对当时的法制体系和律师的行为进行了研究，他这样写道：

> 在维希政权执政的4年中，法律工作一如既往，法庭的职能也和平时没有什么不同，唯一的区别就是，在法庭上要朗诵一条奇怪的宣言，宣誓效忠维希政府的首领贝当元帅（Pétain）。私人律师们毫不费力地接受了各种涉及宗教、种族、流放等方面的新法律，然后依照这些法律办案，没有任何人提出抗议。法律学者撰写以反犹太法为主题的论文，态度“中立”地探讨驱逐等问题。论文还为他们赢得了“年轻的法律教授”的头衔。

① 特别行动队，又称流动武装警察部队，由保安警察、盖世太保和保安处组成，任务是进攻和处决被占领国的敌人。——译者注

同样，纳粹期间的德国心理学家基本上也都充当了墙头草。希特勒当权之后颁布了第一条反犹太法《国家重建法》(*The Law for the Reconstitution of the Civil Service*)，各大院校中的犹太教授因此被免职，包括格式塔心理学奠基人马科斯·韦特墨（Max Wertheimer）。面对着被驱逐的同行，德国心理学会不仅没有提供任何帮助，还要求当局尽快补齐那些空出来的职位，保证各大院校的正常教学。

米尔格拉姆在德国文化中也找到了一些证据，显示服从权威可能是一把解开大屠杀之谜的钥匙。在德国的文化和纳粹的意识形态中，服从是一种备受推崇的价值观。比如，有一本向年轻的纳粹分子灌输意识形态的初级读物，其中有12条戒律，第一条就是"领导永远都是正确的"。父母给孩子们讲述的童话大多数都含有一个共同的核心寓意：不服从会产生严重的暴力后果。比较具有代表性的故事就是《蓬头彼得》(*Struwwelpeter*)。

这个故事常以图画书的形式出现。故事开始，妈妈马上要出门，她嘱咐年幼的儿子彼得，她不在家的时候不得擅自出门，她还警告说，如果违背了妈妈的话，就拉他去见裁缝。她一走，蓬头彼得就跑出去玩。妈妈回来之后发现儿子违背了她的命令，立刻带着他去裁缝店。在最后一个画面上，一个小男孩哭着走出裁缝店，手指被切断，鲜血滴落下来。

但是，服从研究是否可以真正全面地解释大屠杀？是否能与历史资料相契合？难道那些灭绝人性的纳粹党徒真的只是机械地执行上司的杀戮命令，而不是对受害者有什么恨意或者敌意吗？

前文提到，米尔格拉姆认为，阿伦特的"平庸的恶"与他的发现几乎吻合。但是，面对纳粹犯下的数不胜数的滔天罪行，很多人都无法相信，艾希曼这样的纳粹战犯的行为本质只是冷漠无情和服从命令。首先，阿伦特关于艾希曼的观点就受到了很多人的质疑。历史学家雅各布·罗宾森（Jacob Robinson）指出，艾希曼的目标是将尽可能多的犹太人运送到死亡集中营，他是如此积极主动、一刻不停地实现着这个目标，显然已经超越了职责的范畴。

此外，纳粹多选择在犹太节日的时候执行针对犹太人的大规模行动，其目的不言自明，就是为了增加犹太人的痛苦。比如，驱逐华沙犹太人的行动开始于1942年7月22日，这一天是犹太人的禁食节前夜，禁食节是纪念耶路撒冷圣殿被毁的哀悼日。历史学家马丁·吉尔伯特（Martin Gilbert）认为："自从1939年9月德国入侵波兰的那天起，德国人专门选择在犹太节日进行野蛮兽行。这些传统节日已经被犹太人称为'戈培尔日历'，以纳粹德国宣传部长戈培尔命名。纳粹罪行很难完全用服从权威命令来解释，我们也无法相信这些犯下不可饶恕罪行的犯人厌恶自己的行为，并且对受害者没有一点恶意。很多历史证据显示，纳粹羞辱、伤害并杀戮受害人，是一种史无前例的、狂热的自发行为。罪行的动力可能来自罪犯的内心，而不只是权威的命令。"

这里仅从数不胜数的例子中选择几个："犹太人西蒙尼·拉格兰和她的父亲都被抓到奥斯维辛集中营。有一天她看到一群士兵押着父亲从远处走过。她向父亲挥手。一名近卫军士兵问她，那是不是她的父亲，然后又说：'去亲亲他吧，姑娘。'她向父亲跑去，与此同时，那名士兵的枪响了，父亲就倒在了她的面前。"这是在审判人称"里昂屠夫"的盖世太保头目克劳斯·巴比（Klaus Barbie）的过程中，记者理查德·里维斯记录的一位证人的亲眼所见。

一位幸存者描述了在马伊达内克集中营每天都会发生的各种残忍兽行。党卫军最大的嗜好就是用厚重的皮靴踢犹太人。犹太人被迫立正站好，党卫军不停地踢他们，直到踢断他们的骨头。受害者周围的人甚至能听到骨骼断裂的声音。这是一种令人惨不忍睹的可怕折磨，很多受害者会在剧烈的疼痛中死去。

在乌克兰的乌曼执行任务的一个特别行动队更是灭绝人性。在纽伦堡审判中，一名德国官员讲述了他们将这个地区的犹太人集中到机场附近，四周是党卫军和其他德国军队。这些犹太人被迫交出身上所有的东西，脱去衣服后在一个沟渠前排成一排。军队开始向他们扫射，犹太人如同落叶般跌落进沟渠里。目击者称没有一个人幸存。

> 即使是那些怀抱几星期大婴儿的年轻妈妈也不能幸免，要知道，这些婴儿还在吸吮着母亲的乳汁。士兵们抓住婴儿的两条小腿，用枪柄或木板将其一击而死，然后扔在沟渠的人堆之中，那里面有些人并没有完全断气。德国士兵让母亲们目睹着这无以比拟的人间惨剧，经历着无可名状的痛苦，然后才用子弹结束了她们的生命。

尤其值得注意的是，目击者称，杀人犯们“如此热衷于这种行为，看上去好像他们这一辈子都在做这样的事情”。

还有一个令人悲恸心碎的故事，这是迈耶·伯恩鲍姆的亲身经历。伯恩鲍姆是一名犹太人，第二次世界大战期间任美国军队的中尉。战争末期，他的军队开拔到奥德鲁夫劳改营，这里属于布痕瓦尔德集中营的一部分。集中营里面一片死寂，没有一点儿生命的迹象，看到的只有在集中营空地上一堆堆体温尚存的尸体。这是已经撤退的德军们上演的“最后的疯狂”。伯恩鲍姆试图寻找幸存者。最终在斑疹伤寒隔离区找到了两个尚有一息生命的犹太人，一个是35岁的波兰男性，另一个是16岁的匈牙利男孩。他们虚弱到无法行走，这才免于一死。他们向伯恩鲍姆提出的第一个请求就是想要一片面包。当回忆起被屠杀的亲人，他们无法抑制地抽泣。伯恩鲍姆接着描述道：

> 他们哭了将近15分钟，那个16岁的男孩忽然看着我，问我是否能教他如何忏悔。这个问题让我很震惊。我试图安慰他：“你已经在地狱中经历了这么多的痛苦，不必担心忏悔的事情。你的操守记录是干净的，你还活着，你一定要让自己活下去，不要担心做忏悔的事情。”但是我的话没有起作用，他坚持着：“我想要做忏悔，我必

须做忏悔。”

后来我问他：“那么你为什么一定要忏悔呢？”我希望聊天能够缓解他眼中流露出来的悲恸。他指着窗外问我，是否看到了外面的绞架。我说我看到了，他于是开始对我说：

“两个月前，集中营里有人逃跑了……德国军官大为光火，非要找出那个逃跑的人到底是谁。但是没有人能够告诉他。愤怒之余，军官决定和我们玩一个变态的游戏。他把大家召集到一起，要求集中营里的亲兄弟或者父子站出队列。我们不敢违背这个命令。于是我和父亲站了出来。

“他们逼着我父亲站在绞架下面的凳子上，用套索套住他的脖子。然后，军官用手枪顶住我的太阳穴，咬着牙说：‘如果你或者你的父亲不告诉我跑出去的那个人到底是谁，你就必须踢翻你爸爸脚下的凳子。’我看着我的父亲，对他说：‘别担心，爸爸，我不会这样做的。’但是他回答：‘我的孩子，你必须这么做，他的枪正顶着你的头，如果你不这么做，他会杀了你，然后他会自己把凳子踢倒，我们都完了。如果你踢凳子，至少你还能活命。如果你不这么做，我们都要死。’

“‘我不能这么做，我不能这样对待我尊敬的父亲。’

“他听了我的话并没有释怀，相反，他忽然大声冲我嚷道：‘既然你叫我尊敬的父亲，我现在命令你踢凳子，这是你父亲的命令！’

“‘不，父亲，我不能。’

“但是我父亲变得更加愤怒，他知道如果我不遵命，就要亲眼看到儿子死在自己的眼前。他嚷道：‘既然我是你尊敬的长辈，这是你父亲对你最后的命令。听我说！踢凳子！’

“父亲的尖叫让我感到害怕和困惑，我最终踢倒了凳子，眼睁睁看着绞索在父亲的脖子上越缠越紧。”

他的故事结束了，然后看着我……我泪流雨下。他问道：“现在你告诉我，我是不是一定要忏悔？”

1963—1965年，22名奥斯维辛集中营近卫军战犯在法兰克福接受了审判。有一本书对这次审判进行了详细的记录，其中的目击者证词更是揭露了战犯们血淋淋的罪行和疯狂杀戮。这本书的前言中陈述的观点与阿伦特的“平庸的恶”完全不同，作者心有余悸地写道：

> 没有谁曾经命令他们必须将婴儿扔到空中，充当射击的靶子。或者把婴儿活生生地扔到火里，或者揪着他们的头向墙上砸，直到头骨断裂……无法计数的罪恶行径，一个比一个可怕，组成了一场空前浩大的灭绝罪行。

这本书的作者不是别人，正是汉娜·阿伦特。她此刻已经意识到，大屠杀不仅仅只是官僚履行职责那么简单，它还有另外一面。阿伦特表示，法兰克福审判“从很多方面来看，都像是对耶路撒冷审判的一个必要补充”。因此，当很多人还在引用她的“平庸的恶”来解释纳粹破坏行径的本质时，阿伦特自己似乎已经意识到，真相远非如此简单。

米尔格拉姆的服从研究不能为大屠杀提供一个完整而全面的解释。很显然，纳粹这场有预谋的种族灭绝，不仅仅是普通百姓消极地服从权威，只是为了履行命令而参与到谋杀同胞的行为之中，不存在私人恶意。此外，如果没有每一名纳粹分子的主动参与，这场屠杀也不可能达到如此残忍的程度。米尔格拉姆的研究可以解释官僚的消极行为，他们将犹太人押送到奥斯维辛，就像把土豆运到德国的不来梅哈芬一样没有任何感情色彩，这只是一种履行义务的行为。但是，他的服从研究却无法令人信服地解释纳粹在大屠杀中所做的那些充满恨意的狂热行为。

尽管如此，米尔格拉姆的观点对于解释大屠杀依旧有着重要价值。主要表现为如下几点：尽管大多数德国人并没有直接参与杀害犹太人，但是他们却接受了自1933年起颁布的若干种族法，只是有些人主动积极，有些人被动消极罢了。这些法律导致犹太人面临越来越大的经济损失，并且被社会所孤立，比如：解雇犹太员工；犹太人企业“雅利安化”，即财产充公；对犹太人实施宵禁；限制他们使用公共交通设施和电话等。最终，这些法律引向了种族灭绝。纳粹安全警察长海德里希（Heydrich）宣称，所有德国人都是后备警察，每个德国人的义务就是确保犹太人“守规矩”，并且向政府汇报任何可疑的情况。大屠杀开始之后，很少有德国普通群众试图保护他们的犹太朋友。米尔格拉姆的研究虽然不能令人信服地解释纳粹的滔天罪行，但可以解释大多数普通德国人的行为就是对权威的服从。

米尔格拉姆的观点还可以从另一个角度来解释纳粹杀手的残忍行为。这些杀手似乎在屠杀中获得快感，但米尔格拉姆认为，破坏性服从中包含着两个过程：放弃责任，将其交给上级管理人员，也就是进入“中间人”状态；另一个就是接受权威对情境或现实的描述。米尔格拉姆说：“人类倾向于接受合法权威对行动的描述。也就是说，尽管被试做出了行动，他却允许权威来定义这种行动的含义。”

THE MAN WHO SHOCKED THE WORLD
电醒人心

一个人把责任交给发布命令的权威之后，他自己就不必决定行为中的伦理性，权威为他做出了选择。

纳粹领导人把反犹太行为定义为：“犹太人不是人类，而是低级生命物种，是害虫。德国人一旦与之接触，就会感染致命疾病。”在国家宣传机器的引导下，纳粹分子接受了这种定义，然后狂热地用各种无法想象的方法杀害犹太人，这种行为显示了他们对犹太人深植内心的恨意，这是他们行为背后的主要驱动力。而另一方面，米尔格拉姆提出的这两个过程可以解释为什么他们在实施罪行的时候没有任何犯罪感。

米尔格拉姆服从实验中最显著的特点就是被试不断增加电击强度，学生的“痛苦反应”也随着电击的强度而加强。米尔格拉姆认为，这种施加电击的方法是“将被试强制限定在其角色之中的”因素之一。这种逐级递进的方式是米尔格拉姆实验中破坏性服从的催化剂。这提醒我们，纳粹在杀害犹太人的过程中也采用了逐级递进的形式。正如希尔伯格所说：

> 这种破坏过程以一种明确的模式向前发展，是一个有步骤的行动。破坏过程的各个步骤以如下方式逐级发展：第一，定义“犹太人”概念；第二，没收财产；第三，将犹太人集中在犹太区；最终，纳粹做出决定，彻底消灭欧洲的犹太人。机动部队被派往俄罗斯，而在欧洲其他的地方，受害者被驱赶到死亡集中营。这是一种官僚性的破坏过程，一环套一环，不断向前发展，最终导致几百万犹太人的死亡。

在谈到实验过程逐渐升级的特征时，米尔格拉姆说：“实验室中的整个过程是一个逐渐展开的过程，每一个行为都会影响到下一个。服从行为是一个连续性的过程。”希尔伯格认为：“破坏的过程绝对不是单一性的发展过程，总是一个结果接着一个结果。破坏过程的每一个步骤中都包含着下一步骤的种子。”这种观点想必会得到很多人的认可。

THE MAN WHO
SHOCKED
THE WORLD
电醒人心

米尔格拉姆的观点给我们带来了深刻的启示，让我们了解了人性中的另一面，那是我们不曾察觉到的一面：服从权威命令的倾向如此强大，即使那些命令违背了道德标准，我们依旧会服从。那么，既然已经看到了这种极端的服从倾向，我们就能想办法做出改变，反对那些不必要的、应该受到谴责的命令。

在服从研究的影响下，美国的一个政府部门就做出了重大改变：美国陆军。很显然，军方真正吸取了米尔格拉姆研究中的经验教训，并采取了相应的修正行动。1985 年，有一位大学生正在写一篇关于服从实验的研究论文，他写信给西点军校，询问“米尔格拉姆的研究是否是该校的重点课程之一”。学校行为科学和领导学部主任霍华德·普林斯上校在回信中说：“我的回答是：确实如此。美国陆军军官学校所有学生都要学习两门心理学课程：普通心理学和军队领导学。这两门课程都探讨了米尔格拉姆的研究及其深刻的意义。”

服从实验对军队还产生了其他的影响。军事心理学家大卫·格罗斯曼（David Grossman）上校曾经写过一本书：《杀敌：在战争与社会中学会杀戮的心理成本》（*On Killing:the Psychological Cost of Learning to Kill in War and Society*）。他在书中深入剖析了士兵拒绝杀戮现象以及如何克服这个问题，其中很多地方都引用了米尔格拉姆的研究。我在阅读该书之后与格罗斯曼取得联系，询问米尔格拉姆研究是否对军队产生了重要影响。他的回答令我大吃一惊。他在 20 世纪 70 年代早期进行军官培训期间，军队就曾放映过一些教育士兵如何反抗不合理命令的电影，当时米尔格拉姆的服从实验问世不过几年。他认为这是“军队历史上真正的进步”，直接受益于米尔格拉姆的研究，同时也是从美军越南战争期间的米莱村大屠杀（My Lai massacre）[①] 中吸取了经验教训。

这里需要重点指出的是，尽管纳粹的杀戮催生了服从研究，但米尔格拉姆认为两者之间的关系并不是其研究中最重要的部分。事实上，当年他结束了服从实验之后就曾表达过这种想法。

1964 年 3 月末，他收到了一名中学生的来信，她为了参加州科学展模仿服从研究进行了一个实验。实验中的“电击器”有 7 个开关，还在实验过程中加入了一些巧妙的细节以增加真实感，比如一个可以发出火花和产

① 1968 年越南战争期间，由于怀疑米莱村民掩护北越军队，美军杀害了包括婴儿在内的 500 多名村民。——译者注

生电流电弧的变压器。她向米尔格拉姆报告说：在她的“学习”实验中，77% 的青少年被试完全服从了命令，按下了所有开关，向学生施加越来越强烈的电击。最后她得出了这样的结论，她的美国被试与盲目遵循希特勒命令的纳粹年轻人如出一辙。米尔格拉姆在回信中告诉她：“仅仅从这样一个实验就得出关于纳粹时代的泛泛结论，未免有点言之过早。我自己也感觉，有时候我在归纳总结的时候太过急躁。归纳总结一定要小心。”

1967 年，他在一篇文章的草稿中这样写道：

> 我在开始服从研究的时候，是将其建立在纳粹德国行为的背景之中的。服从是一个重要的人类行为问题，纳粹只是其中的一个例子，而不是全部。研究服从问题对理解社会和人类在社会中的角色至关重要，这种重要性已经超越了纳粹这个单一案例。的确，我们很容易过多地将实验室里的实验和纳粹德国的行为问题联系在一起，这是一种错误的思维方式。即使德国从未存在，即使犹太人从未受到伤害，我们依然需要对服从进行心理学分析。我们要理解服从，因为它是社会生活架构中的基础部分。如果我们不能成熟地运用服从的力量，社会就无法运转。但是，如果我们被人性中的服从倾向所左右，道德就会消失。

在最终发表的文章中没有看到上面这段话。很显然，当时米尔格拉姆在这个问题上的观点还没有完全成熟。多年之后，他在《服从权威》的书中又提到了服从和纳粹之间的关系问题，此时他已经有了明确的态度。这本书的最后几页中有这样的一段话：

> 高尔顿·奥尔波特在世的时候，喜欢把这个实验范式称为“艾希曼实验”。这个词也许还算恰如其分，但是我们不能对这个研究的重点产生错误的认识。如果只将注意力放在纳粹问题上，只关注纳

粹的行为多么可憎，认为那些广为人知的残忍罪行只与服从研究相关，那么就大错特错了。本次研究主要关注的是普通人在服从命令后进行的常规性破坏活动。在道德和权威之间挣扎是社会的内在本质，这不是因为纳粹德国引发的新问题。如果只将其作为一个历史问题来对待，我们就会对服从产生错误的认识。

瑕不掩瑜的服从实验

在人类实验法的发展过程中，服从实验的伦理问题所引发的争论产生了不可磨灭的影响。20 世纪 70 年代早期，针对以人类为被试的研究，美国心理协会制订了伦理规则，并成立机构审查委员会，保护人类被试的权利。1974 年 7 月，美国国会通过了一项国家研究法案，正式规定必须成立机构审查委员会，以审查实验的伦理问题。

当然，服从研究并不是这种转变的唯一催化剂，其他的案例还包括：1953 年，在堪萨斯州威奇托，芝加哥大学的研究人员在陪审员不知情的情况下，对陪审团商讨案件的过程进行了电话录音。20 世纪 60 年代，美国从欧洲进口了一种名为萨利多胺的镇静剂，超过 1 000 名医生向他们的病人开出了这种药物，却没有告知病人这种药在临床实验过程中产生的副作用，即孕妇服药可能会造成胎儿畸形。1963 年，布鲁克林医院的研究人员在没有告知病人实验反应的情况下，将癌症活体细胞注射到年老体弱的病人体内。1972 年，一项持续了 40 多年的秘密医学实验被揭发出来。这项名为塔斯克基研究的实验始于 1932 年，同样是以人类为被试，研究目的是梅毒患者在不采取任何治疗的情况下会出现怎样的后果。实验的被试是一组黑人。40 年中，研究人员跟踪了这些被试的疾病发展过程，但是，被试对自己的病情始终不知情，研究人员任其病情自然发展，甚至在青霉素问世之后也没有采取任何治疗措施。

政府的这些监管规定固然出自好意，但还是引起了心理学家和其他行为和社会科学家的不满。米尔格拉姆自己就认为，“上层建筑（美国联邦政府）对社会心理学实验进行监管，其实有点小题大做”。当代很多社会心理学家都同意这个观点，他们认为，真正需要政府监管的应该是生物医药业，社科类的研究就大可不必费此周章了。

先不论各方在这个问题中的立场如何，时代发展到今天，科学研究中的被试福利问题受到了前所未有的关注。在《美国心理学家》的一篇文章中，作者甚至将这个问题称为“心理学伦理敏感度的后米尔格拉姆时代”。谁能够想象，如今哪个政府部门会在被试不知情或不同意的情况下，将他们暴露在危险的辐射中？或者明知道有对症治疗的药物，却出于研究的目的而对被试听之任之？这些可怕的实验在当今社会中是根本无法想象的，很显然，在过去的几十年中，服从实验和其他一些广为人知的实验引发了人们对研究伦理问题的关注和思考，整个社会对这个问题越来越重视。

如果是在今天，米尔格拉姆的服从实验能否通过伦理问题的审查顺利进行？从原则上讲可以。但在实际操作过程中，几乎不可能实现。在美国心理协会的道德标准和美国联邦政府的规定中，特别强调了被试知情同意的问题。在实验之前，潜在的被试必须了解实验的相关细节，确保他们在知情的基础上做出是否参与实验的决定。但在服从实验中，如果被试事先知道并不会对学生进行真正的电击，学生只是一个演员假装痛苦，这个实验也就无法进行下去了。不过，在美国心理协会和联邦的规定中，被试知情同意这一点并不是硬性条件，前提条件是，研究机构能够提供一个分析报告，证明该项研究对被试或社会的益处大于其潜在的危害性。这就为类似服从实验这样的研究留出了余地。但这些联邦规定的执行机构并不是联邦政府，而是地方的机构审查委员会。

很长时间以来，心理学家和其他社会心理科学家发现，研究获得机构审查委员会批准的难度越来越大。因为在联邦规定的实际执行过程中，地方机构审查委员会会对规定做出自己的解释，比联邦规定更加严格。机构审查委员会在审查一个项目时，往往对潜在风险过于敏感，事实上，很多潜在风险发生的几率微乎其微。心理学家路易斯·派纳（Louis Penner）曾在他的大学中担任社会和行为研究机构审查委员会主任。他这样说：

> 坦率地说：我认为成立机构审查委员会是个好主意。但是请注意，我的意思并不是说，这个好主意在实际运作中是必要的。有多少个机构审查委员会，几乎就有多少种对联邦规定的解释。在有的机构中，研究人员提交了机构审查委员会申请后就等于进了“地狱之门”。有些机构审查委员会或其主席几乎没有多少实际的研究经验，他们考虑的只是如何保护机构不受政府的谴责或遇到更糟的结果，因为让研究对象“受委屈”而吃官司。在另外一些机构中，机构审查委员会有丰富的研究经验，能够判断哪些研究确实能将研究对象置于危险之中，但与此同时，他们还要顾及研究机构自身的任务问题。无论是哪一类的机构审查委员会，他们实行的都是同一套联邦政策，这就产生了问题。

阿希的从众实验范式产生了很多实验变体，米尔格拉姆对此深感佩服：“对我而言，阿希的实验如同一个流光溢彩的学术珍宝，每次对其进行分析研究，就会像光线投射其上，反射出变化无穷的光芒，带来有趣的新思路和新方法。”米尔格拉姆的服从研究渗透到了现代文化中的方方面面，应用范围如此之广，将其称为“永恒的学术珍宝”也是恰如其分、毫不为过的。

为什么服从实验具有如此广泛的影响和魅力？最可能的原因就是，它展示了人性中强大的服从权威特性。米尔格拉姆准确地抓住了一个社会行为的普遍概念，这个概念超越了时空，人们能够本能地感受到它。

斯坦福大学的社会心理学家李·罗斯在他的文章中阐述了米尔格拉姆

服从实验的广泛影响，一语中的。

> 在社会科学的历史中，米尔格拉姆实验所做出的贡献可能是其他实验不可望其项背的，它已经成为共享智慧遗产的一部分。人类智慧遗产的数量稀少，其中包括重大历史事件、圣经箴言和古典文学等。思想家在思考人性或人类历史的时候，尽可自由地对这些智慧遗产旁征博引。

丢信方法和小世界理论

除了服从之外，米尔格拉姆还在很多其他现象中尽情挥洒着他的创新触角。尽管那些研究在服从实验的光芒下略显暗淡，但也是他学术遗产的重要组成部分。

自从米尔格拉姆丢信方法诞生以来，一直都是测量态度和意见时经常使用的方法。这种间接、非侵入式方法被用来研究各种各样的问题，从北爱尔兰天主教和新教的斗争到公众对流产的态度。

最近，研究人员利用这种方法进行了一项研究，特别值得我们的关注，因为这项研究在取样数量上出现了重大的突破，而米尔格拉姆曾经建议，这种方法在应用时需要使用大数量的样本。

1999 年夏天，为了参加英特尔科学奖的评选，长岛高中学生卢卡斯·汉伏特花费了三个星期的时间，在纽约的富裕社区和长岛郊区“丢了”1 600 封信。德鲁大学的安·肖茨曼是他的指导老师，肖茨曼当年曾在纽约城市大学师从米尔格拉姆。这些信的收信地址有与教育券[①]、同性恋有关的组织，还有在议员竞选中支持鲁比·朱利亚尼（Rudy Giuliani）或希拉里·克

① 政府把教育经费以教育券的形式发给每个有适龄儿童的家庭，家庭可以持券自主择校。——译者注

林顿的组织，从回信的比例可以看出人们在这些问题上持有的立场。正如所料，城市和郊区的回信比例与这些地方持自由或保守倾向的居民比例一致。但这次研究中有一些意外的发现，比如，曼哈顿的结果显示出居民对教育券制度的压倒性支持。汉伏特对这个结果做了一番深入的解释。

> 大都市中“支持教育券”信件的回信率如此之高，这是一个很有意思的现象。从政治角度来说，支持教育券政策的大多为保守派。为什么大多数自由派的纽约人也强烈支持这个政策呢？这显示出一个事实，高消费阶层的父母基本都将孩子送到私立学校读书。对这些父母而言，教育券与“钱袋子问题”息息相关，与他们的利益密切联系。至少本次研究显示，政治倾向在这个问题上已经退居其次了。丢信方法在此体现了具体问题具体对待的特征，证明了这种方法的准确性，是一个特别鼓舞人心的发现。

米尔格拉姆进行的各种研究中，除了服从实验之外，还有一个成果因其产生的深远影响而备受瞩目，那就是小世界现象。它在科学界和其他的领域中激发了无穷的想象，其中对社会关系网研究的影响最为直接。科学家在小世界方法的激发下，寻找到一种研究人际交往关系模式的新方法。在米尔格拉姆之前，社会关系网方面的研究惯常采用自我汇报方法，比如向被试提出问题，让他们列出与哪些人有着特别亲密的关系等。而在小世界方法中，被试通过“行动”展示他们社会关系的信息源，这是米尔格拉姆做出的最大贡献。著名社会关系网研究专家查尔斯·卡达辛（Charles Kadushin）认为，米尔格拉姆的方法已经成为“最重要的关系网分析方法之一”。

但在20世纪80年代之前，米尔格拉姆在小世界方面的研究并没有引起广泛的关注，了解这个研究的人很少，基本上只局限于社会网络研究等社会科学范围内。这种默默无闻部分要归结于他发表论文的方式。他在

1967 年发表这份研究的时候，选择了《今日心理学》的创刊号，这本杂志当时的读者群特别小。

但是在 1990 年，小世界概念却以一种看似不可能的渠道走进了公众的视野。这一年，约翰·格尔（John Guare）在百老汇首次推出了他的新剧《六度分离》（*Six-Degree of Separation*）。剧中有一个角色叫作奎莎·奇崔兹（Quisa Kittredge），她在剧中有一句台词："我读过一篇文章，说这个星球上的每两个人之间只隔着 6 个人。我们和这个星球上的任何人之间都存在着六度分离。" 1993 年，这部剧被改编成了电影，越来越多的人通过这个途径了解到米尔格拉姆在小世界现象上做出的先驱工作。

1998 年，康奈尔大学的两位应用数学家专门对小世界现象进行研究，得出了一个具有开创性的结论，研究成果刊登在《自然》杂志上。史蒂文·斯托加茨（Steven Strogatz）教授和他的博士学生邓肯·瓦茨（Duncan Watts）通过研究显示，米尔格拉姆可能找到了一个具有普遍性的潜规则，这个规则并不只局限在社会交往之中。他们通过数值模拟的方式展示出，只需很少的几个步骤就可以贯穿一个巨大的网络。这表明小世界现象存在于各种形式的网络之中，从美国西部的电网到线性虫的神经传导路径，再到网络电影数据库中的 25 万名演员等。斯托加茨这样说：

> 米尔格拉姆开创性的小世界研究在很多领域中"复兴"，促进了这些领域的发展，包括数学、电脑科学、物理学、传染病学、神经科学……小世界现象之所以用途如此广泛，因为它不仅是一个社会关系网研究的课题，事实上，它是大型稀疏网络的普遍特性，这些网络中的节点既非整齐有序，也非完全随意。

艾伯特·拉斯洛·巴拉巴西在他的书《链接》（*Link*）中，结合他在电脑网络方面的研究，对这种"复兴"进行了详细描述。他和同事们所做的研究显示，因特网也有小世界特征。他们发现，在对超链接进行的分析中，平均只需点击 19 次，就可以将全世界网络中任意选择的两个网页链接在一起。

哥伦比亚大学的助理教授邓肯·瓦茨最近完成了一项雄心勃勃的计划：在网络中使用米尔格拉姆的小世界方法。他的目标是在全球范围内复制小世界现象，为了实现这个目标，他将传递的普通信件换成功能对等的电子邮件。参与这个计划的志愿者，即“起始者”，只需登录这个项目的网站 http://smallworld.sociology.columbia.edu 即可参与。

目标人共有 18 名，位于世界不同地区的 13 个国家，年龄、种族、社会经济地位以及职业都各不相同。实验方法是：起始者向可能与目标人有关的亲属或朋友发邮件，最终找到目标人。瓦茨和他的项目同事彼得·夏瑞登·多德斯（Peter Sheridan Dodds）和罗比·穆哈穆德（Roby Muhamad）在 2003 年 8 月的《科学》杂志中刊登了结果。但在小世界概念正确与否的问题上，该论文给出了一个复杂的结论。

一方面，真正完成任务的比例特别低。最初的 24 163 个邮寄人中，只有 384 人最终找到了目标人。此外，那些最终找到目标的案例中，平均的链接数为 4 个。瓦茨和他的同事们曾经用数学外推法计算，假设所有信息最终都找到目标，平均需要多少中间链接。推断的结果是 5 ~ 7，这与米尔格拉姆的发现一致。哥伦比亚大学的研究小组还证实了米尔格拉姆在研究中发现的另外两个现象：信息更多地传递给朋友而不是亲戚，同性间传递比异性间传递的比例更高。但是，研究没有找到米尔格拉姆所描述的“漏斗”现象的证据。在米尔格拉姆的研究中，从内布拉斯加州出发的邮件，大都通过一位服装商人直接传递到马萨诸塞州的股票经纪人手中。

尽管电子邮件实验与米尔格拉姆的发现之间具有连续性，但是这个实验的完成率特别低，令人很失望，我们有必要对之进行仔细分析。所谓“我们生活在一个小世界”的含义就是：人们能够在令人迷乱的巨大社会关系网中，发掘出一条相对短的路径彼此相连。但是为什么实验的成功率如此低？难道“小世界”概念是错误的吗？

想要分析这个问题，首先要了解大多数人失败的原因是什么。如果失败的原因是实验参与者无法找到一个正确的联系人，那么米尔格拉姆的发现就值得考虑。但瓦茨和同事们的报告显示，只有 0.3% 的参与者表示，之所以放弃是因为找不到下一个正确的联系人。这表明，大多数人放弃实验都是由于缺少兴趣或动力。米尔格拉姆也曾对被试失败的原因做过类似的解释。

哥伦比亚大学实验中如此高的失败率又引出了米尔格拉姆的另一个概念：信息超载，他曾用这个概念解释城市居民的行为。在当今的电脑时代，几乎每个人在打开邮箱之后都要面对收件箱中超载的信息，其中很多都是垃圾邮件。面对那些优先级低的邮件，大多数人的反应通常就是不理会，甚至连看都不看就立刻删除，这样做的目的是为了避免身处一个过于拥挤的网络环境。1997 年，戴维·申克（David Shenk）在《信息烟尘：在信息爆炸中求生存》（*Data Smog: Surviving the Information Glut*）中将超载概念从城市环境进行了延伸。作者认为，信息科技进步引发的信息超载降低了我们的生活品质。他写道：“米尔格拉姆的超载概念研究的是 70 年代的都市居民，我们也可以用这个概念研究 90 年代受信息污染的网民。”

马尔科姆·格拉德威尔（Malcolm Gladwell）在他的书《引爆点》（*The Tipping Point*）中介绍了芝加哥文化局的路易丝·威斯伯格（Lois Weisberg），她的人际交往广泛，三教九流几乎无人不识。作者利用小世界现象对她的超级人际圈进行了解释。

在 1999 年 12 月 11 日的《洛杉矶时报》中，报道了德国汉堡的报纸《时代周报》（*Die Zeit*）所做的一个实验，同样采用了小世界方法。该报在读者中随机选择了一位伊拉克移民，让他说出一个目标人，然后通过全球的关系网络去联系这个目标，并对整个过程进行报道。这位移民选择的目标可不一般，那是他的偶像马龙·白兰度。在接下来的 6 个月中，45 万名读者怀着极大的热情关注着事件的发展。最终，米尔格拉姆的猜测得到了验证，报纸“几乎”找到了目标，之所以是“几乎”是因为最后联系到的是白兰度的经纪人，但是出于隐私方面的考虑，报纸无法与这位演员建立直接联系。但这个过程完全符合六度分离理论。

伦敦的电影制作人露西·莱文格（Lucy Leveugle）曾经进行了一个高度原创的小世界实验。2002 年 10 月，她决定选择一个目标，然后把她自己作为“传递的信息”，从一个熟人“传递”到另一个熟人，来验证找到目标的过程是否只需 6 步，并对整个过程进行了跟踪拍摄。她采用了米尔格拉姆的规则，每个人只能将她“邮寄”给关系密切的朋友。她打算在世界的另一边寻找一个遥远的“目标”。她在遥远的蒙古国当地报纸上刊登了一个广告，希望为她的这个纪录片寻找志愿者，志愿者只需提供名字和照片即可。她在回应的志愿者中选择了一位名叫普瑞奥齐尔·甘尕的游牧民。这位牧民身处茫茫蒙古草原深处，莱文格认为，如果她能找到这个人，那么她就可以找到任何人。

THE MAN WHO SHOCKED THE WORLD **六度分离实验**

她选择的第一个联系人是住在迪拜的老校友弗朗西斯。她为此飞到迪拜。弗朗西斯让莱文格去找他的姐姐艾米丽，艾米丽又让她去找日内瓦的朋友罗尔夫，罗尔夫是一位环保人士，他出乎意料地直接给出了一个蒙古联系人，也就是第四个联系人。然后她在横跨西伯利亚的列车上度过了 5 天，这段旅行对她而言尤为艰难，因为她是一个素食者，火车上几乎没有什么可以选择的食物。最终她到达蒙古首都乌兰巴托，见到了第四个联系人。接下来的第五个和第六个联系人都是蒙古的公务员。然后是第七个，一位生意人。

她此时感觉特别沮丧，因为她未能实现6步骤的目标，而那位游牧民似乎连影子都没有。但是事情忽然出现了转机。这位生意人将她送到几百公里之外的一个偏僻的牧场，去见第八个联系人，一位名叫奥云图亚的乡村教师。令莱文格惊讶万分的是，这位教师居然是那个牧民的母亲！她把莱文格领到一片荒芜而寒冷的草场，寻找她儿子的帐篷。但是这位游牧民总是带着他的600多头牲畜四处寻找草场，奥云图亚也不确定是否会在那里找到他。让她喜出望外的是，她终于在草场上看到普瑞奥齐尔骑着马走来，这是第九个也是最后一个步骤。她之前因为未能6步实现目标的失望转瞬消失。

事实上，米尔格拉姆的6步联系方法并不是一个有着严格数字限定的社会规则。这里的数字只是一个平均数。他的小世界研究得出的联系链数量是2~10个。小世界发现之所以具有启示性，其中的关键并不是具体的数字，而是它具有反直觉的特点。这个出乎人们意料的发现表明，**人们可以在一个巨大的复杂社交网络中开辟一条通路，中间只需要数量很少的连接点。**2003年2月，莱文格的录像在英国的电视台中播放，至今依旧是对小世界现象做出的最重要的证明。

做最有趣的社会心理学实验

米尔格拉姆留下的文献明白易懂、用词平实，读者群广。他告诉了公众一个重要的事实：用严谨的科学方法来理解日常社会行为具有很高的价值。

更重要的是，米尔格拉姆让社会心理学变得兴趣盎然，不再单调乏味。当年，他的同事或学生们在聊天过程中提到他时，肯定会有人问："真想知道他现在做什么呢？"而他所做的不仅是一些特别有意思的事情，而且在不断超越着社会心理学的常规范畴。社会心理学的一些基础概念常常受到批评，甚至被称作谬误、人为制造出来的结论。但是米尔格拉姆却拓展了社会心理学的疆域，他关注的是这样一些主题：照片、熟悉的陌生人、城市心理地图以及地铁规范等，这些研究都基于日常生活中的现象，而不是虚幻的理论。

此外，社会心理学是一个备受争议的学科，社会心理学家经常会受到批评的困扰。但米尔格拉姆的创新研究就像是社会心理学界中的一抹愉悦的亮色。他称自己的研究是“愉快的实验发明活动”，比如丢信方法、小世界方法或者西哈诺交互方式等。心理学界的同行们在采用他的这些方法进行研究的同时，也能间接分享到米尔格拉姆的快乐，暂时忘却外界的批评。

米尔格拉姆是一位知识探险家。这也是为什么人们对他的看法出现两极化的原因。他的这种性格使他在一些心理学家心中是一个令人讨厌的局外人。而对另外一些人而言，尤其是年轻一代的社会心理学家，他却被看作自愿冲在科学前沿阵地的英雄。津巴多的斯坦福监狱实验合作者克雷格·哈尼（Craig Haney）认为：

> 服从研究极具吸引力，难以计算它到底激励了多少学生在个人的事业道路上奋勇向前，探索人性潜藏的层面，至少我是他们中的一员。他的成就推动我们冲破实验研究的伦理束缚，冲破来自同行的指手画脚。他的工作帮助我们拓展自我感知，了解在实验室环境中可以做出怎样的成就。他的成就还给予我们勇气，帮助我们大胆地在研究中使用从实验室中获得的知识。

主流的社会心理学强调情境，米尔格拉姆就是情境主义的领军人物，服从研究为情境主义提供了一个强有力的武器。他所有实验的关注点都是情境处理，而不是人格或其他个体差异变量，比如丢信方法和电视研究。但是米尔格拉姆并不教条。比如，他在 1982 年指导了沙龙·普瑞斯利

（Sharon Presley）的博士论文，这篇博士论文就是利用个体差异变量区分政治抵抗者和非抵抗者。在理解社会行为的时候，米尔格拉姆将重点放在情境因素，但他也不否定人格和个体差异。事实上，在米尔格拉姆的文章中很容易看到他在个人倾向方面的考虑。比如，他在一篇摄影心理学的文章中说，这个研究中有一个重大的挑战：如何描述专业摄影师的心理学构成。

更广义地说，米尔格拉姆意识到个人倾向方法是他研究社会行为方法的一种补充。

> 我的实验研究中有一个内在的模式，都是在研究受社会力量影响的人的模式，而人们经常对这种影响浑然不知。因此，这是研究反应个体的社会心理学，这些个体承受的是源自外界的力量和压力。当然，这只代表着社会生活硬币的一面。每个人作为一个个体，也会出于内在需要而自发行动，主动构建我们居住的社会世界。这是社会的另一个辅助面，我将检验这一面的任务留给了其他的发现者。

米尔格拉姆职业生涯中的绝大部分时间都是在纽约城市大学中度过的。他是大学中指导社会心理学博士论文最多的一名教授，很多学生通过课堂和研究班受其教诲。此外，作为论文委员会的委员，他为更多的学生提供了帮助。他的学生们后来进行了许多明显带有米尔格拉姆印记的创造性研究，但却没有在社会心理学中产生重大影响。很多著名的心理学家都引领了一个社会心理学派，比如费斯廷格的认知失调理论。但学术界却没有一个清晰可见的“米尔格拉姆”学派。

之所以会出现这种无以传承的情况，原因就是米尔格拉姆的研究方式。他的研究以现象为导向，而不是基于理论。正如一篇文章指出的：“大多数的心理学家都是在实验中论证一个假设，米尔格拉姆却在提问题。”他的大多数研究都是受到好奇心驱使，他想要做的就是去证实那些主观存在的行为现象或规律。当他证实了某个现象后，就会去寻找哪些因素会影响这种现象。比如，地铁研究是为了找出一个问题的答案：如果要求地铁乘客让座，他们是否会这样做？得到了答案之后，他就改变了研究的本质，开始寻找哪些因素会导致不同的让座率。

任何一门科学的发展都依靠研究进行积累，至少从理论上来说如此。也就是说，有些实验是为了检验从理论中得出的假设，这些实验能够带来更多的实验，或者有助于理论完善，或者帮助解决首次实验中产生的问题。而另外一些实验以现象为核心，这种实验则无法积累。当你证实了某种行为规律确实存在之后，也许还可以确定这种行为的范围，接下来，你就无处可走了。比如说，米尔格拉姆证实“熟悉的陌生人”是城市生活的产物，然后，他也许可以进行一些后续的追问，寻找怎样的心理障碍导致人们不愿意接近“熟悉的陌生人”。然后呢？他又该去向哪里？

米尔格拉姆让我们感知到社会世界隐藏的运作方式，展示出人们在跨越意图和行为之间的鸿沟时所遇到的问题。他让我们明白，在瞬间情境的压力之下，我们不一定会始终按照道德标准行事，情境压力可能会超越道德标准的力量。尽管人们会对瞬间情境中的一些微妙细节做出反应，但是却经常对情境巨大的暗示力量浑然不知。

THE MAN WHO
SHOCKED
THE WORLD
电醒人心

社会规范能够对我们的行为产生强制性影响，如果违背这些规范，我们就会感到难以承受的抑制性紧张，这就是社会规范控制我们的方式。

在阅读米尔格拉姆的研究文章时，每位读者都会或多或少地受到启发。

他帮助我们感知微妙的社会压力，对控制和心理授权有了进一步的了解。也许，在他的字里行间，你会更深刻地认识大屠杀，会从一个平衡公正的全新视角观察城市生活，抑或是在各种熟悉的现实世界活动中找到一个令你兴奋不已的全新发现……正如他在一次采访中所说：

> 我相信，潘多拉的盒子就藏在日常生活的表面之下。因此，有时候应该向那些想当然的看法发出挑战，这是非常值得一做的。你的发现常常会让你大吃一惊。

未来，属于终身学习者

我这辈子遇到的聪明人（来自各行各业的聪明人）没有不每天阅读的——没有，一个都没有。巴菲特读书之多，我读书之多，可能会让你感到吃惊。孩子们都笑话我。他们觉得我是一本长了两条腿的书。

——查理·芒格

互联网改变了信息连接的方式；指数型技术在迅速颠覆着现有的商业世界；人工智能已经开始抢占人类的工作岗位……

未来，到底需要什么样的人才？

改变命运唯一的策略是你要变成终身学习者。未来世界将不再需要单一的技能型人才，而是需要具备完善的知识结构、极强逻辑思考力和高感知力的复合型人才。优秀的人往往通过阅读建立足够强大的抽象思维能力，获得异于众人的思考和整合能力。未来，将属于终身学习者！而阅读必定和终身学习形影不离。

很多人读书，追求的是干货，寻求的是立刻行之有效的解决方案。其实这是一种留在舒适区的阅读方法。在这个充满不确定性的年代，答案不会简单地出现在书里，因为生活根本就没有标准确切的答案，你也不能期望过去的经验能解决未来的问题。

湛庐阅读APP：与最聪明的人共同进化

有人常常把成本支出的焦点放在书价上，把读完一本书当做阅读的终结。其实不然。

时间是读者付出的最大阅读成本
怎么读是读者面临的最大阅读障碍
“读书破万卷”不仅仅在“万”，更重要的是在“破”！

现在，我们构建了全新的“湛庐阅读”APP。它将成为你“破万卷”的新居所。在这里：

- 不用考虑读什么，你可以便捷找到纸书、有声书和各种声音产品；
- 你可以学会怎么读，你将发现集泛读、通读、精读于一体的阅读解决方案；
- 你会与作者、译者、专家、推荐人和阅读教练相遇，他们是优质思想的发源地；
- 你会与优秀的读者和终身学习者为伍，他们对阅读和学习有着持久的热情和源源不绝的内驱力。

从单一到复合，从知道到精通，从理解到创造，湛庐希望建立一个“与最聪明的人共同进化”的社区，成为人类先进思想交汇的聚集地，共同迎接未来。

与此同时，我们希望能够重新定义你的学习场景，让你随时随地收获有内容、有价值的思想，通过阅读实现终身学习。这是我们的使命和价值。

湛庐文化 Cheers Publishing
a mindstyle business 与思想有关

湛庐阅读APP玩转指南

湛庐阅读APP结构图：

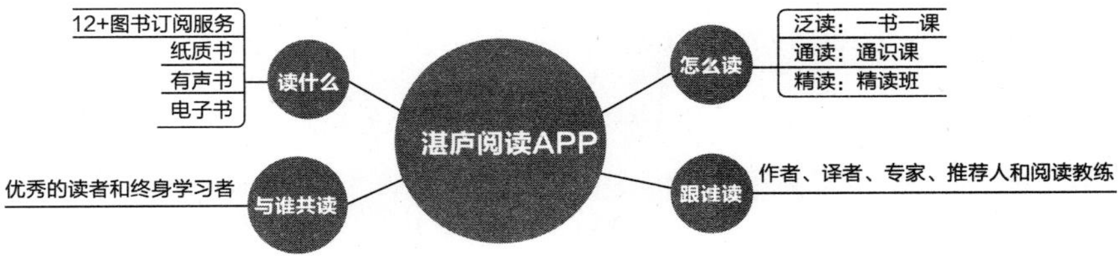

三步玩转湛庐阅读APP：

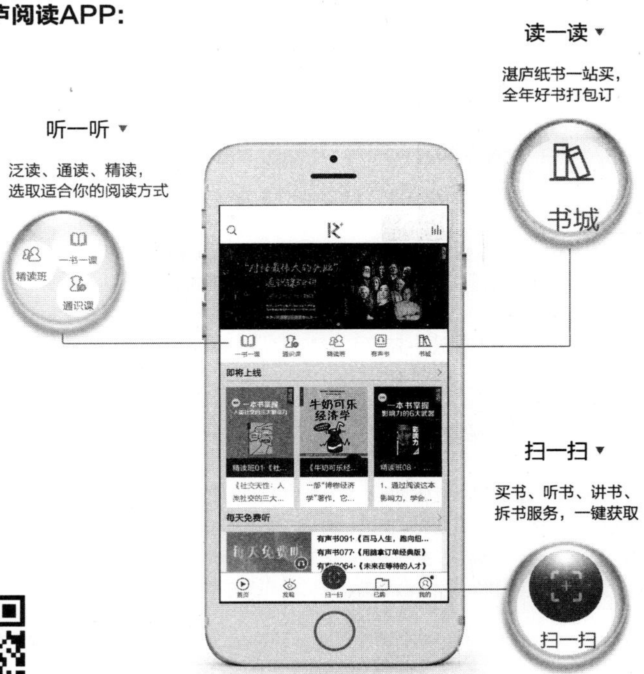

APP获取方式：
安卓用户前往各大应用市场、苹果用户APPStore
直接下载"湛庐阅读"APP，与最聪明的人共同进化！

使用APP扫一扫功能，
遇见书里书外更大的世界！

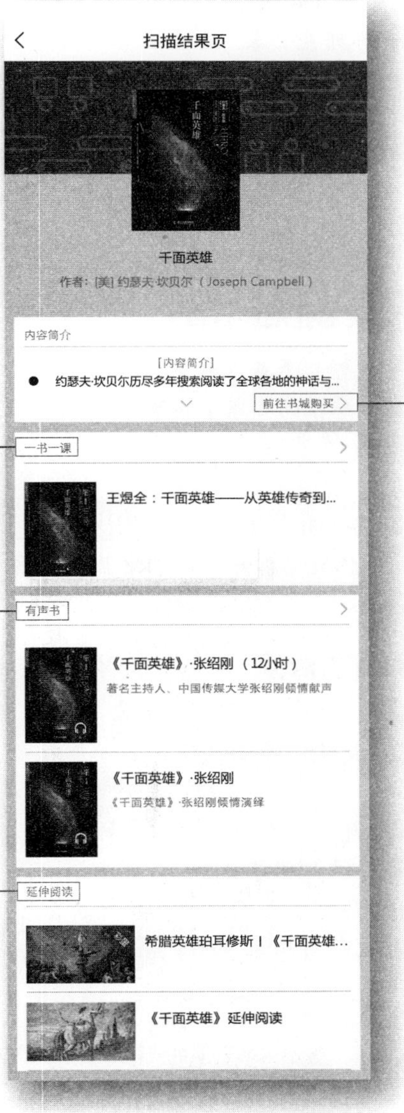

快速了解本书内容，
湛庐千册图书一键购买！

大咖优质课、
献声朗读全本一键了解，
为你读书、讲书、拆书！

你想知道的彩蛋
和本书更多知识、资讯，
尽在延伸阅读！

延伸阅读

《棉花糖实验》

使用“湛庐阅读”APP，
“扫一扫”获取本书更多精彩内容
ISBN 978-7-5502-8867-6

◎ 自控力之父、当代最著名的人格心理学家沃尔特·米歇尔权威之作。
◎ 棉花糖实验设计者对自控力的权威注解，每个人都应该熟知的决定一生的科学研究。

《绝非偶然》

使用“湛庐阅读”APP，
“扫一扫”获取本书更多精彩内容
ISBN 978-7-213-05101-2

◎ 当代最杰出的社会心理学家埃利奥特·阿伦森自传，经典研究背后的故事。
◎ 既是一个男人不断超越自我的奋斗史，也是一位学者学术成就的忠实记录。

《双脑记：认知神经科学之父加扎尼加自传》

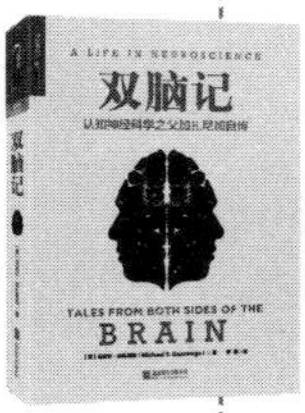

使用“湛庐阅读”APP，
“扫一扫”获取本书更多精彩内容
ISBN 978-7-5502-7130-2

◎ 六位诺奖获得者、数十位学科奠基人和重大科学理论的提出者轮番登场，超越你想象的心理学巨擘的朋友圈。
◎ 脑科学一代宗师的科研人生，每位心理学学生的必读之书。
◎ 深圳大学特聘教授罗跃嘉，北京大学教授、《最强大脑》“科学判官”魏坤琳，哈佛大学心理学教授史蒂芬·平克专文作序推荐。

《津巴多普通心理学（原书第7版）》

使用“湛庐阅读”APP，
“扫一扫”获取本书更多精彩内容
ISBN 978-7-300-22964-5

◎ 享誉全球的心理学大师、“当代心理学的形象与声音”菲利普·津巴多主笔，凝聚作者五十多年第一手教育经验。
◎ 心理学专业学生的入门首选，业余心理学爱好者的必备手册，“比小说还好看的心理学教材”。构建系统的知识网络，强调批判性思维方式，更有来自生活方方面面的案例，让心理学变得好用又有趣。

《雄性衰落》

使用“湛庐阅读”APP，
“扫一扫”获取本书更多精彩内容
ISBN 978-7-5502-7412-9

◎ 享誉全球的心理学大师、“当代心理学的形象与声音”菲利普·津巴多振聋发聩之作。
◎ 源自震撼人心的TED演讲，揭露高科技时代下，一代男性的群体性孤独。

图书在版编目（CIP）数据

好人为什么会作恶 /（美）布拉斯著；赵萍萍译 .—杭州：浙江人民出版社，2017.10

ISBN 978-7-213-08397-6

Ⅰ. ①好… Ⅱ. ①布… ②赵… Ⅲ. ①斯坦利 · 米尔格拉姆（Stanley Milgram, 1933–1984）– 传记 Ⅳ. ① K837.125.1

中国版本图书馆 CIP 数据核字（2017）第 233353 号

浙江省版权局
著作权合同登记章
图字：11–2017–249 号

上架指导：心理学 / 社会学

本书法律顾问　北京市盈科律师事务所　崔爽律师
张雅琴律师

好人为什么会作恶

[美] 托马斯 · 布拉斯　著

赵萍萍　译

出版发行：浙江人民出版社（杭州体育场路 347 号　邮编　310006）
市场部电话：（0571）85061682　85176516
集团网址：浙江出版联合集团　http://www.zjcb.com
责任编辑：蔡玲平　陈　源
责任校对：朱　妍　俞建英
印　　刷：中国电影出版社印刷厂
开　　本：720mm × 965mm　1/16　　印　　张：20
字　　数：268 千字　　插　　页：5
版　　次：2017 年 10 月第 1 版　　印　　次：2017 年 12 月第 2 次印刷
书　　号：ISBN 978-7-213-08397-6
定　　价：69.90 元